978 7101 115567
U0709719

經典釋文集説附箋殘卷

三

中華書局

趙少咸文集

趙少咸 著

經典釋文集說附箋卷第二十一

成都趙少咸

春秋公羊音義

唐國子博士兼太子中允贈齊州刺史吳縣開國男陸德明撰

春秋公羊序

掾弋絹反　治世直吏反　之論盧困反下持論同　釀嘲陟交反　胡毋音無

隱括古奪反結也

春秋公羊經傳解詁佳買反下音古訓也隱公第一

何休學學者言為此經之學即注述之意

元年　正月音征又音政後放此　開辟婢亦反本亦作闢○攷證云注疏本作闢箋曰說文十二闢開

也鉉音房益切房益即婢益則辟為闢之借字　之稱尺證反下之稱卑稱同　徽號許韋反　器
械户戒反　夏以户雅反後放此以意求之　物見賢遍反下並見同　之治直吏反
夫不音扶○攷證云注疏本夫作天元本及今官本皆作夫校勘記云鄂本元本閩本天作夫誤也監毛本夫作天是也
釋文作夫不音扶按此陸德明一時誤會未審其文理也箋曰阮說是也竊攷何注云王者不承天以制號令則無法故先言
春而後言王天不深正其元則不能成其化故先言元而後言春是夫字為天形近之譌陸從誤本　而去起呂反下
去惡同○攷證云舊本脫惡字文不足今案後文去惡就善補校語錄云下去下盧補惡字箋曰盧補是也今依增　刺
欲七賜反後皆同更不音　隱長丁丈反注及下皆同　巳冠工亂反下同　適子丁歷反下
同　醮於子笑反　俱滕以證反又繩證反○箋曰左隱元傳注以姪娣滕釋文滕以證反又繩證反與
此同　以上時掌反他皆放此　扳隱普顏反又必顏反引也舊敷間反○十三經音略五云扳釋文普顏
翻音攀又必顏翻音班布還翻同宣三年傳甫姦翻非都翻交互出切亦同舊敷間翻敷滂交互出切即音攀也箋曰何注云扳引也此用何義莊子馬

蹄釋文攀本又作扳普班反普班普顏用字異敷閒敷紐山韵普顏滂紐删韵聲則輕重交互韵則山删混用周謂音攀是也

必顏釜讀若班喪大記釋文扳本又作攀普班反一音班則此又音同彼一音矣　**能相**息亮反　**背正**

步內反下同　**為桓**于偽反注同　**繆公**音穆　**玃且**俱縛反下子餘反　**姪娣**大結

反下大計同　**愛爭**爭鬭之爭下同　**郲**音誅　**婁**力俱反郲人語聲後曰婁故曰郲婁禮記同左氏穀梁無

婁字　**儀父**音甫本亦作甫人名字放此　**于眛**亡結反穀梁同左氏作蔑○校勘記云唐石經監毛本同閩本

眛作眛石經考文提要云宋景德本宋鄂泮官書本皆作眛按說文眛從目末聲與從眛未聲之字別眛與蔑古音同箋曰說

文四眛目不明也鉉音莫撥切段注莫佩切之眛下云今音眛在末韵眛在隊韵攷從末之字見於公穀二傳及吳都賦從未

之字末之見依是則此當為末聲之眛左隱元經釋文于蔑亡結反則此音為蔑作釋從左氏讀矣　**及暨**其器反下

皆同　**曷為**如字或于偽反後皆同此　**褒之**保刀反　**不見**賢徧反下皆同　**為其**于偽

反注為其獨為皆同　**歃血**所洽反又所甲反○箋曰左隱七年傳釋文歃歃色洽反歃血也色洽即所洽則此首音為

本讀所甲在狎與所洽讀同以其時狎洽混用也　詛命莊慮反　約束並如字一音上於妙反下音戍　倡始尺亮反

故復扶又反下復為同　王魯于況反下而王同一音如字後王魯皆放此

造次七報反　期處昌慮反○孜證云案注云會盟戰皆錄地其所期處重期也則當作期處其字似譌

箋曰依釋文例盧說是也其當期之殘壞依正　惡之烏路反下惡不惡其皆同　大甚音泰或勑賀反

近正附近之近　柯之音歌　克段徒亂反　于鄢音偃　郤缺去逆反下起悅反○孜證

云舊郤作郤譌今改正箋曰去逆為郤之本音左傳六傳郤芮成二經郤克釋文俱音去逆反作從卩之郤可證若為從卩之

郤則讀去約切藥韵與此陌韵不相通盧以為譌改之是也今依正　忍戾力計反　讞于魚列反

宥之音又救也　內難乃旦反下此難同　州吁況于反　宰咺況阮反一音況元反○箋

曰況阮為咺之本音說文鍹音況晚切可證況元蓋讀為喧此以字形小異故音分平上也　之賵芳仲反

稱禰乃禮反　稱妣必履反　乘馬繩證反注乘馬同　玄纁許云反　以共

音恭 曰賻音附 曰襚音遂 猶遺唯季反 隱爲于僞反下注爲內並年末注同〇孜證云舊脫內字今案後文補校語録云注爲下盧補內字箋曰盧校是也依補 告于古毒反一音古報反〇箋曰易蒙釋文告古毒反示也語也書序誥故報反告示也故報即古報則此一音讀告爲誥矣 歸唅本又作含戶暗反下同〇孜證云注疏本作含校勘記云按唅非也依說文應作琀箋曰說文一琀送死口中玉也鉉音胡紺切胡紺戶暗用字異段注云琀士用具經傳多用含或用唅按含爲借字琀爲後出專字唅爲俗字注疏本用借字釋文本用俗字盧謂唅爲非未審 一使所吏反 别公彼列反 上僭子念反 而治直吏反下皆同 所傳直專反下文所傳並注同 故省所景反後省文皆同 來被皮寄反 于宿音夙國名 者說音悅 而逮音代又大計反 祭伯側界反五年注放此 選舉息戀反 不肖音笑 采邑七代反 不日人實反此傳皆以日月爲例後放此 見恩賢徧反下見治皆同 少殺所介反 麤觕才古反又七奴反說文大也〇校勘記云閩監毛本同段玉裁曰觕說文無此字葢觕字

轉寫之譌本義角長貌假借為粗糙字箋曰說文四觕角長貌讀若粗鉉音徂古切段注引何注曰用心尚麤觕以麤觕連文則觕非麤字也麤觕若今人曰粗糙雙聲字也轉寫譌其形作觕其音讀才古反又或讀七奴反矣按段說謂觕為觕之形譌是也徂古即才古為觕本音正說文之擬讀七奴則讀作麁禮記檀弓注不當物謂精麤廣狹不應法制釋文麤作麁本又作麤七奴反月令粗音同大也可見陸引說文大也釋之者明觕讀同麤以麤觕為連語耳段謂麤觕連文觕非麤字殊失陸氏之指矣

諸夏戶雅反凡諸夏皆放此　攢函才官反下音咸　大平音泰　毋期音基

○王校云朞余仁仲本作基箋曰音朞為期之音音基讀為稘稘者復其時也此謂母喪期服則期為稘之借余本音基是也

今依正　齊衰音咨本亦作齋下七雷反　自盡津忍反　二年　惡其烏路反

外好呼報反　非朝直遙反凡此字不音者皆同　踰竟音境今本多即作境字更不音　所

傳直專反年末相傳同　莒人音舉　八向舒亮反國名　更相音庚　報償時亮反　擅

興市戰反　無駭戶楷反　貶彼檢反損也　昉於甫往反適也　滅郜古報反

復見扶又反下不復同見音賢偏反　當為于偽反下為後背隱同　背隱音佩　屨緰

音須左氏作裂繻　遠別彼列反　猶譴遣戰反　親迎魚敬反注及下同　先女

悉薦反　妃匹音配又芳非反　下治直吏反　未離力智反下同　將取七住反

紀子伯左氏作子帛　遠害于萬反　將燔扶元反　胡毋音無　奴氏

音似　已去起呂反　卑下遐嫁反　三年　殺其申志反下殺其君同　子

暈許韋反　諂謀勑檢反　懦弱乃亂反又乃臥反○箋曰禮記王藻注舒懦者所畏在前也釋文懦

乃亂反又奴臥反怯懦也奴臥即乃臥　越紼音弗　以別彼列反下同　恩殺所界反

為天于偽反下故為主為傳所為同○周云為主之主王底本作王朱加頂上墨批云王余本同筠案主為在求賻傳注

箋曰注疏本引釋文無所字按何注云書崩者為天下恩痛王者也又云故為恩錄又云主為求賻書也傳云先君之所為不

與臣國而納國乎則王底本余本作王俱為主形之殘壞王筠說是也此言傳所為者陸明上之為天故為主為皆注語所為

獨傳語恐人混亂故特以傳字別之所為連文注疏本删所字當誤　尹氏左氏作君氏　子朝如字

劉卷音權　貶去起呂反　見識賢編反下同　造次七報反　覆問芳服反

孫順音遜　宋繆公音穆左氏作穆凡此後放此　北首手又反　解緩古邂反又古賣反○校語録云賣為買之譌箋曰古邂讀解除之解為此解之本讀古賣古邂字異音同莊子人間世釋文解徐古賣反句古邂反則此首音本於向又音本於徐若賣作買古買即讀解說之解則與解緩義不合法說所以誤者不以同音而有二反語故也　當時丁浪反又如字下同　與夷如字又音餘凡人名字及地名之類皆放首音假借字則時復重出○攷證云假借字舊作借假案後多作假借語順今移正校語録云借假二字盧移轉箋曰注云與夷者宣公之子如字讀余呂切說文鉉音可證為此人名字之本讀音餘轉上為平乃假借字之音故陸並著明之假借字通志堂本亦誤作借假今依盧移　愛女音汝下及注同　盇終户臘反四年傳同　公馮皮冰反　生毋音無下同

傳與直專反下音与○攷證云舊作音與譌宋本作与疑亦未是校語録云音與盧云宋本作与疑亦未是箋

曰注云暫攝行君事不得傳與子也謙辭按說文舁部與黨與也勺部与賜予也此與予同意徐鉉俱音余呂切段注云與從
舁義取共舉不同与也依何說則與為賜予之義謂我暫攝朝政行君之事不得傳位予子也故當作与音与即讀與為与不
獨明其音而更明其義臧校與作与江校及北館本俱從宋本是也今依正盧法疑而不決殆未細攷　馮弑音試
注同　不爭爭鬪之爭　四年　牟婁武侯反　見疾賢編反年末見衆同　差
為初賣反　弑其申志反弑字從式殺字從殳不同也君父言弑積漸之名也臣子云殺卑賤之意也字多亂故
時復音之可知則不重出也　君完音丸　要之一遙反注同　慢易以豉反　與弑音預
下及注同　說子音悅　將辟音避今本多即作辟字後不更音○攷證云今本多即作避字舊避仍作辟今
改正校語錄云辟葢避之譌文法與二年竟字注同箋曰說文辟下段注云引伸之為辟除如周禮閽人為之辟孟子行辟人
以及辟寒辟惡之類是則辟即讀為避攷二年釋文踰竟音境今本多即作境字更不音因彼境為俗字故云後更不音若此
小字作避則可不音且與文義不合故知舊本作辟不誤二條迴然有別法以形似為比葢未審其實耳　可復扶又

反　本爲于偽反下自爲傳吾爲皆同　作難乃旦反注同　禱解丁老反或丁報反下古賣
反又古買反〇箋曰注云巫者事鬼神禱解以治病請福者也
按說文一禱告事求福也鉉音都浩切都浩丁老用字異則此
首音爲本讀丁報讀上爲去亦爲禱之音穀傳十一釋文雩禱
丁老反又音丁報反則此或音同彼又音也古賣讀解除之義
謂巫者禱事鬼神消除其病患也古買讀解說之義謂巫
者禱告罪過於鬼神以求福也二義兼通故此云又也
曰
覡户狄反　于濮音卜一音剝〇箋曰音卜爲濮之本讀說文鉉
音博木切可證音剝蓋雙聲相轉故云一音一
音者謂一本有作此音也　石碏七畧反一音七洛反〇箋曰七畧在藥爲
碏之本音七洛在鐸蓋讀如唶以其時藥
鐸清紐混用故二音無別今語猶然　篡初患反　五年　觀魚左氏作矢魚　浚思俊
反　洙常朱反　登來依注登音得〇十三經音畧五云登來之登
釋文依注音得非也中原韻入聲轉爲平聲
登即得之平聲其義爲得其音爲登以登音得失其旨矣箋曰
本經云登來之也注云登讀言得來得之者齊人語也齊人名
求得爲得來作登來者其言大而急由口授也校勘記云按此
當作登讀言得猶云登讀爲得也來當誤衍按得來齊人名求

得之語謂登來者登得雙聲音得即讀為登得得來者來為語尾何氏破字以解陸氏故云依注周謂義為得音為登以登音
得為失葢何注及釋文之旨矣阮謂來誤衍亦未審也　罟音古　郭谷之尚反又音章○攷證云注疏本作
障校勘記云閩監毛本同釋文障作鄣箋曰之尚葢讀作障正為注疏本字作釋音章始為鄣之本音僖三年傳云桓公曰無
障谷釋文障之亮反一音章一音即或音是其比矣　未解户買反或佳買反○箋曰注云弟子未解其言大小緩急
故復問之户買讀為廣韵曉也之解佳買讀為說也之解此為解曉之意故以佳買為或音　故復扶又反下不得
復同　濟上子禮反注同濟水之上　入盛音成左氏作郕　將尊子匠反注及下皆同　咎
如音羔　分別彼列反　元率所類反本又作帥　隱為于偽反下注同　下傚户教
反　八佾音逸列也　之相息亮反注及下同　自陜失冉反何云弘農陜縣也一云當作郟古
洽反王城郟鄏　邵公上照反又作名音同○攷證云注疏本作名校勘記云唐石經諸本同釋文作邵公云又作名按
作邵乃俗字也箋曰余本同校記云閩本從經倒改說文六邵晉邑也鉉音寔照切段注云依許則經典獨此字從邑名凡周

名字作卲者俗也按段與阮說同是也詩關雎釋文名公本亦作卲同上照反禮記曲禮釋文名公時照反又作卲音同俱與此大小字互易

絀陟勑律反　夫樂音扶發句之端放此　朝廷徒佞反　好義呼報反下同　聞徵張里反　好施式豉反　不敢爭爭鬭之爭　離也力智反下同

姦邪似嗟反　未曾在能反下同　淫辟匹亦反　釋縣音玄　治定直吏反

簫韶常昭反　夏曰户雅反下同　大護户故反　伐紂直久反　螟亡丁反蟲食苗心　設苛音河　彄卒苦侯反　始見賢徧反　彊渠羌反下同

惡其烏路反　六年　輸平式朱反墮也左氏作渝平　猶墮許規反　狐壤如丈反　見隱賢徧反　獨惡烏路反　死難乃旦反　于艾五蓋反　編年必連反字林聲類皆布千反一音甫連反○攷證云舊千譌千今從宋本改校語錄云千盧依宋本改千甫連與必連同

箋曰王校千余作千按必連為編之本讀甫連與之輕重交互穀梁桓元釋文編年必連反字林聲類韵集皆布千反史記音

義甫連反莊子大宗師編必連反字林布千反史記甫連反則此一音本於史記宋本余本干作千盧依改俱是也今據正

昊天户老反　更年音庚　暴師步卜反　七年　從適丁歷反本亦作嫡下同○攷證云注疏本作嫡箋曰說文十二嫡孎也鉉音都歷切段注云嫡庶字古祇作適適者之也所之必有一定也凡今經傳作嫡者蓋皆不古都歷丁歷用字異依段說則嫡為今字儀禮喪服釋文嫡本又作適同丁狄反丁狄即丁歷與此大小字互易　賢行下孟反下異行同　以鄶户圭反　號稱尺證反　美惡烏路反又如字注同　所傳直專反　見其賢徧反　故復扶又反　至令力呈反　崩弛尸爾反又式氏反○校語録云據廣韵式氏與尸爾同疑有一誤再通考之箋曰式氏尸爾為用字異本書此例至多　分別彼列反　大廟音泰注同　其難乃旦反　惡凡烏路反　八年　要宋一遥反　為事于偽反下欲為魯為小國為桓並年末注皆同　使宛於阮反人名也一音烏卯反又烏勉反○校語録云卯蓋卯之誤箋曰王校余本卯作卯按注疏本同左隱八年經釋文使宛於阮反則此首音為

本讀烏卯益讀若盌方言五盌烏管反可證是此卯為卯之殘壞當依全本注疏本正之烏勉在獮與首音阮混用集韵獮韵烏勉切宛注人名鄭有大夫宛即據本書

歸邴 彼命反又音丙鄭邑左氏作祊○箋曰傳云邴者何鄭湯沐之邑也此解本傳義音丙為邴之本讀說文鉉音兵永切為直音反語用字之異彼命轉上讀去益其時之讀故陸列于首左隱八年經釋文歸祊必彭反與邴音平上相承陸引之者明二傳用字雖異而音相近也

皆從 才用反

巡守 手又反本又作狩下除猶守守視以外同○箋曰左八年傳釋文巡守手又反同此按說文十狩犬田也鉉音書究切書究即手又段注云孟子曰天子適諸侯曰巡狩巡守者巡所守也此謂六書假借以守為狩有假守為狩者如明夷于南狩天王狩于河陽皆或作守是也依段說則陸以此本用假字他本用本字

絜齊 側皆反本多即作齊字後放此更不音○攷證云注疏本作潔校勘記云鄂本同閩監毛本絜改潔非釋文出絜齊二字校語錄云齊字齊當音齋說見四年辟注箋曰禮記曲禮立如齊釋文側皆反本亦作齋音同詩思齊同以彼證此則小字齊即齋字注疏本正如是說文絜下段注云故又引申為潔淨俗作潔經典作絜阮氏謂閩監毛本以潔改絜為非是也

而共 音恭下同

其費 芳味反

廣四古壙反○攷證云宋本四作卌下裦四同校勘記云葉鈔釋文作廣卌裦卌按漢石經論語有卌字說文無之惟林部森下云卌數之積也箋曰臧校四亦作卌北館本同俱依宋本按余本注云凡為邑廣四十里裦四十二里注疏本同可見原本作四十其後傳寫作為卌字耳　裦卌音茂　豪轂古老反　甚惡烏路反下同　背叛步內反　錄使所吏反　循行下孟反　度量音亮　贄音至　至嵩凤忠反　歸格本又作假同古百反　于禰乃禮反本又作藝　復書扶又反下故復同　難也乃旦反一音如字注及下同○箋曰注云入者非已至之文難辭也乃旦讀如廣韵患難之難如字讀如艱難之難二讀平去相轉調異而義無殊一音同於又音矣　見重賢徧反下同　包來左氏作浮來○校勘記云九經古義云古浮包字通漢書楚元王傳浮丘伯鹽鐵論作包丘按包聲浮聲古音同第三部箋曰六書音均表第三部為尤幽韵此惠氏說用之明左氏作浮公羊作包形異音近故其義同陸故引以著之　高傒音兮　公行户孟反　死難乃旦反　令翬力呈反　僅能其靳反　之應應對之應　九年　震

黿徒練反　雉雊古豆反　可見賢編反　雨雪于付反　俶甚尺叔反始也
大甚音泰　佽卒音協穀梁云所佽　少略詩照反　于邴左氏作防　十
年　復稱扶又反又音服　明爲于僞反下先爲同　公敗必邁反凡臨佗曰敗皆同此音
于菅古顏反　取郜古報反　取闞苦暫反　取漷火號反又音郭○箋曰注云據取漷
東田及沂西田按左哀二年經春王二月季孫斯叔孫州仇仲孫何忌帥師伐邾婁取漷東田及沂西田釋文取漷火號反又
音郭與此同詳彼箋　及沂魚依反　數動所角反　因見賢編反下同　易也以豉
反下及注同　屬爲音燭適也　入盛左氏作郕後皆放此　十一年　別外彼列
反　見法賢編反年末注同　復出扶又反下文不復注故復同　祁黎祁音巨之反又上之
反黎音力兮反又力私反左氏作時來○箋曰詩七月釋文祈祈巨之反一音上之反書禹貢黎鄭力兮反徐力私反此地名
之音讀與詩書祁黎二字同祈在脂與之混用力兮在齊與力私在脂混用以其時脂韵與之齊俱無別矣按左氏作時來者

時上同是禪紐來黎同是來紐俱以雙聲相轉耳　為弟于偽反年末注同　數行所角反　之
釁許靳反　弒也申志反注及下並同　冠氏古亂反下同　僵尸居良反　之處昌慮
反　去正起呂反

桓公第二　何休學

元年　繼弒申志反注皆同二年放此　為下于偽反下為告同　去王起呂反　以見
賢徧反　故復扶又反下同　恭孫音遜　朝朝上如字下直遥反　莫夕音暮　别
治直吏反　背叛音佩凡背叛之類皆放此　近許附近之近　分别彼列反　于越
本亦作粵音同　以上時掌反凡言以上皆放此　蓄積勑六反　二年　舍此音捨
下同　見先賢徧反下形見目見斥見見恩並同下悉薦反　殤公式羊反　死焉於虔反注同
致難乃旦反　嚴然魚檢反本又作儼○攷證云注疏本作儼箋曰魚檢讀作儼論語子張篇儼然人望

而畏之釋文儼然魚檢反本或作嚴音同按說文八儼昂頭也鉉音魚儉切魚儉即魚檢又二嚴教命急也不合此義可知嚴

借為儼陸以此本用借字與論語或本同他本用本字與論語今本同互詳彼箋　重道直用反　故為于偽反傳為隱諱下注不為諱為後同　傳聞直專反注傳聞及下注傳之皆同　以復扶又反下不復

同○王校不復余本反復箋曰注疏本不亦作反臧校同北館本注于旁余本校記云音下不復誤反復按校記是也注云所

以復發傳者下注不復二見一為儀而可以為其有矣注其有不復追錄繫本主一為得見乎公矣注得禮失禮在公不復在

鞏則此作不復正與經本注文合　少殺所介反下同　煬宮餘亮反舊始鄣反○箋曰餘亮為煬之本

讀廣韵漾韵式亮切有傷注未成人或作殤禮記祭法釋文魯煬餘讓反徐音傷音傷始鄣為直音反語用字之異則此舊音本於徐讀矣

子般音班　令宋力呈反　相長丁丈反下同　有師所類反下同

為卒子忽反下皆同　封疆居良反　未解音蟹　妻媚音胃妹也　大廟音泰

下及注同　所嗜市志反　僾音愛又烏改反○箋曰音愛為僾之本讀烏改益讀如欬轉去為上集韵海韵

倚亥切有僾云仿佛也殆依本書 慨然苦愛反 與會音預 三年 于嬴音盈

以見賢編反下并年末以見同 以復扶又反下同 去之起呂反 不歃本又作歃所洽反又所甲反○箋曰干祿字書入聲揷插上通下正則此歃為正歃為通所甲在狎與所洽音同本書狎洽混用 近正附近之近下及注同 相背音佩 于盛音成 于讙呼官反 親迎魚敬反下同

為夫于偽反下同 分別彼列反 僅有其靳反劣也 之行下孟反 秏減呼報反下佳斬反○攷證云注疏本秏作耗字俗箋曰段注說文秏下云改禾旁為耒旁罕知其本音本義本形矣盧謂耗字俗是也 國喪息浪反

四年 公狩手又反冬獵也 曰廋本又作搜亦作蒐所求反簡擇也○攷證云注疏本作蒐箋曰本經云秋曰蒐注云蒐簡擇也則此義本於何按左昭二十九傳注云文公搜被廬釋文搜本又作蒐所求反僖二十七傳釋文蒐于所求反正與此或本所作字同 長大丁丈反年末同

末離智反 蒐周音又 左膘毗小反又扶了反三蒼云小腹兩邊肉說文云脅後髀前肉○箋曰

毗小並紐小韵扶了奉紐篠韵並奉輕重交互小篠本書混用故其音同詩小雅車攻釋文左膘頻小反又扶了反三蒼云小腹兩邊肉也說文云脅後髀前肉也則此俱省也字頻小毗小用字異詳彼箋 射之 食亦反下同 右髃 本又作髃魚俱反又五苟反說文云肩前也字林云肩前兩乳骨也五口反○箋曰魚俱為髃之本讀五口五苟為用字之異按詩小雅車攻釋文右髃本亦作髃音愚又五厚反謂肩前也說文同郭音偶謂肩前兩間骨可知詩作髃故此云本又作髃詩音愚即此魚俱反詩之五厚即此五苟與音偶並為直音反語用字之異詳彼箋 中心 丁仲反下同 如鐙 都鄧反又音登○箋曰禮記祭統釋文鐙丁鄧反豆跗也丁鄧即都鄧則此首音為本讀說文五弄禮器也讀若鐙同錠音都滕切都滕音登為直音反語用字之異俗作登則鐙為假借故此又音讀鐙為弄矣 遠心 于万反 之庖 步包反 左髀 方爾反又步啓反股外也本又作膘○攷證云注疏本作膘校勘記云釋文云云按左右髀皆髀股之髀非髀肺之髀箋曰詩小雅車攻釋文左髀本又作髀方爾反又薄禮反謂股外薄禮步啓為用字之異方爾讀如俾步啓讀如陛俱為髀字之音阮說是也詳車攻箋髀余本亦作膘俱與陸所言他本同 右⿰骨肖 羊紹反字林于小反一本作胘

音賢○攷證云注疏本作膶下作中腸膶皆譌詩傳作腸膶亦䯦之譌校勘記云宋本閩本同監毛本䯦誤膶釋文云云按五經文字卷下骬羊絡反見春秋傳又作䯦見詩見春秋傳者即指公羊此注也見詩者指毛氏車攻傳也今詩傳作䯦此注作䯦皆䯦字形近之譌作䯦從肖故音羊絡反毛詩音義云字書無䯦字一本作骬與張參所據春秋傳正合然則毛詩傳公羊注皆當定作骬字矣廣韻三十小云骬堅骨按䯦骬䯦字皆不見於說文而集韻䯦骬二同以絡切則丁度等所據作䯦矣集韻無䯦字五經文字注中䯦乃䯦之誤詩音義䯦字亦䯦之誤校語錄云子當依詩車攻作于經籍舊音辨證一云疑子為于之形譌箋曰詩小雅車攻釋文右䯦餘繞反一本作骬音羊絡反呂忱于小反餘繞羊絡用字異並在喻于小在為音賢在匣此喻為匣三紐混用本書往往如此是子為于形譌法吳說是也依正按說文四胘牛百葉也鉉音胡田切胡田音賢為直音反語用字之異而此何注釋為腸膶膶即胃之俗則其本字為胘故云一本作胘骬為胘之譌而䯦即䯦之譌䯦又以䯦之聲不相近而改阮說是也互詳詩箋

汚泡 普交反又百交反○箋曰漢書藝文志師古曰泡水上浮漚也普交反此肴音為本讀百交益讀如包塞擦轉為破裂也

因以捕 音步本又作搏音博又音付○校勘記云捕禽獸按當作搏禽

獸箋曰說文十二捕取也鉉音薄故切搏案持也鉉音補各切薄故音步與補各音博俱為直音反語用字之異段注云小司徒注之伺捕盜賊即士師注之司搏盜賊也一用今字一用古字古捕盜字作搏而房布反又音付按搏擊與案取無二義凡搏擊者未有不乘其虛怯扼其要害者猶執盜賊必得其巢穴也本無二義二音謹案段說是也房布為捕之讀音付為搏之讀陸以此本用今字故音步列首敘錄所謂會理合時標之於首也以他本用古字故音博又音付列末敘錄所謂音堪互用義可並行也阮氏言捕當作搏殆未審陸之意矣　共承音恭　為田于偽反下皆同　伯糾居黝反　氏采七代反後放此　盍弟大計反　五更音庚　食音嗣　於辟必亦反　親祖音但　而饋其愧反　而酳以刃反又士刃反○攷證云七刃反注疏本依宋本士刃反校語錄云七刃疑當為士刃再攷注疏本依宋本作士刃箋曰臧校七亦作士王校余本士刃箋曰禮記曲禮注虛口謂酳也釋文酳音胤又士覲反嗽口也以酒曰酳祭統音士作仕餘同以刃音胤為直音反語用字之異則此七形近士誤依余本及諸家校改作士　其近附近之近下同　王札側八反　叔肸許乙反　下去起呂反

見其賢編反　五年　怴呼述反狂也齊人語○校勘記云唐石經諸本同按怴當作怴字之訛也廣雅釋詁二怴怒也又釋訓怴怴亂也曹憲音呼述今亦誤作怴禮記禮運故鳥不獝注云獝狘飛走之貌也釋文狘況越反怴狘義同皆戉聲玉篇心部怴許律切怒也廣韵六術怴狂也皆從戉不誤箋曰戉聲在術廣雅正作從戉之怴故曹音呼述戉聲在月禮記即作從戉之狘故釋文況越反二字形音截然不紊此音呼述反即與廣雅從戉之怴同並未誤玉篇廣韵怴從戉實為形近傳寫之譌阮校以誤本為是未審　不與音預　著治直吏反　見意賢編反下文注並同　以別彼列反　縣車音玄　從王如字又才用反下及注同　撮要七活反　不為于偽反下所為與為六年同　一與音餘下同　苞苴子餘反　應變應對之應下同　螺音終本亦作螽說文螽或螽字○箋曰說文十三螽蝗也螺螽或從虫衆聲鉉音職戎切段注云公羊經如此作職戎音終為直音反語用字之異按螽即螺位置小異耳　過我古禾反又古臥反　六年　寔來市力反　慢易以豉反　見其賢編反下見無正同　大閱音悅　任用音壬

陳佗大阿反○校語録云阿他處多作何箋曰阿何同在歌韵故可任用　侯般音班　据戕在良
反　鄫子才陵反　惡乎音烏烏乎猶於何也注同　而去起呂反　嚴公音莊本亦作莊
案後漢諱莊改為嚴○攷證云注疏本作莊公箋曰余本同注疏本俱與此云本亦作用字同惟此本用嚴音莊即讀嚴為莊
陸恐人不了申其故曰後漢諱莊改為嚴按漢書五行志莊公多作嚴公是也　桓與音餘　正稱尺證反
疾惡烏路反　射天食亦反　徧告音遍　七年　樵之似遥反薪也○
箋曰樵在從左桓十二釋文樵在遥反薪也爾雅釋木樵祖焦反在祖俱是從紐可證似遥則在邪此為從邪混用　火
攻音貢又如字下同○箋曰周禮秋官翦氏釋文攻如字劉音貢則此音本於劉又音始為其本讀也調異而義無殊
可復扶又反　郱步丁反　鄑子斯反一音晉○箋曰説文六鄑宋魯閒地鉉音即移切即移子斯用字
異音晉益雙聲相轉故云一音一音者謂一本有作是音也　郚音吾　其難乃旦反　不愉他侯反本
又作偷○攷證云注疏本作偷下作柔亦作媮校勘記云按當依陸本作愉今本從人旁非周禮大司徒以俗教安則民不愉

今本亦改偷按愉偷古今字說文無偷鄭箋詩有之箋曰論語泰伯釋文不偷他侯反則此所云本又作者正指論語所用字說文十愉薄也段注云此薄也當作薄樂也轉寫奪樂字唐風他人是愉傳曰愉樂也别製偷字從人訓爲偷薄訓爲偷盜按偷盜字當作媮媮鉉音託侯切偷爲後出字故阮謂愉偷古今字從人之偷許書所無詩山有樞鄭箋云愉讀曰偷偷取也故阮謂鄭箋詩有之 下去起呂反 見不賢編反 八年 烝之承反冬祭也

曰祠嗣緣反 韭卵力管反 猶食音嗣下同○余本校記云八年音猶食音飼通志本音嗣箋曰嗣飼字異音同 以别彼列反 曰礿予若反本又作禴同○箋曰說文一礿夏祭也鉉音以灼切以灼予若用字異爾雅釋天夏祭曰礿釋文礿本或作禴字同餘弱反餘弱即予若陸以此本與爾雅用礿他本用禴故詞同 於

祊必庚反 少牢詩照反 索牛所百反 識亟去冀反數也注及下同 數也所角反 屬十音燭下同 今復扶又反下同 則黷徒木反 渫黷息列反 敬

養餘亮反 散齊素旦反下側皆反 相君息亮反下同 洞洞大董反 弗勝

音升

濟濟 子禮反又似兮反○校語錄云似字亦從紐之誤箋曰詩文王釋文濟濟子禮反多威儀也則此首音為本讀禮記玉藻齊齊才兮反恭慤貌此似兮在邪齊韻四等無邪則讀同才兮之齊本書從邪混用法以似字為從紐之誤殆未審本書條例矣

愉愉 羊朱反

勿勿 如字

䟽 音踈下注同

急解 古賣反

折中 之設反下丁仲反

御寒 魚呂反又如字○注疏本作禦寒余本同校記云閩本禦作御校勘記云鄂本同閩監毛本禦作御按釋文作御箋曰左昭四年傳注禦止也釋文禦魚呂反詩谷風釋文御魚據反禦也則此首音讀御作禦又音即魚據始為御之本讀依谷風義雖音分上去而義實無殊

不與 音預

雨雪 于付反

冰

血 古流字

祭公 側介反後祭仲祭叔放此

下應 應對之應

成使 所吏反注及下成使同

為媒 亡盃反

請期 音情又七井反○箋曰左襄二十四年傳是以請請罪焉釋文請並七井反徐上請字音情音情讀請受之義為被動七井讀延請之義為主動因有主動被動之別故徐分讀平去二音此首音即本於徐也

親迎 魚敬反

妃匹 音配絕句

九年

治自 直吏反

射姑 音亦

齊與音餘絕句下同　重惡如字或烏路反　十年　見要一遙反注同　惡乎音烏　明近附近之近　幾與音祈　不復扶又反下同　戮力音六又力彫反字亦作勠〇致證云勠字為正宋本注作勠箋曰說文十三勠勠力并力也鉉音力竹切力竹音六為直音反語用字之異戮注云左傳國語或云勠力同心或云勠力一心皆謂數人共致力古書多有誤作戮者桉段說是戮者殺也與勠音同義異則戮為勠之假借故盧謂勠字為正僖五年釋文戮力音六又作勠力彫反與此正同左成十三傳釋文勠釋文相承音六嵇康力幽反書湯誥舊音六說文力周反力幽力周尤幽混用力彫則與之為來紐雙聲之轉　十一年　公行下孟反　屬上音燭　今復扶又反下故復同　故為于偽反　寤生吾故反　鄭相息亮反　欲見賢徧反下同　防難乃旦反下同　稱也尺證反　以別彼列反　鄶公古外反　為我于偽反下注為突非能為突為賂為突歸為承同　令自力呈反下同　乘便婢面反　大甲音泰　反覆芳服反　出使所吏反　挈乎苦結

反提挈也　質省所景反　于折之設反又時設反一本作析思歷反○校語錄云今作今乃本之誤箋曰余本注疏本今俱作本臧校及北、館本並同法校是故依正箋曰左桓十一年經釋文于折之設反又市列反市列時設用字異是地名俱有二音陸並著之詳彼箋思歷則為析作音從才從木之字漢後多淆亂故此言有一本如是耳　夫童音扶下音鍾又如字左氏作夫鍾○箋曰左十一年經釋文夫鍾音扶如字為童之本音音鍾蓋讀童為鍾從左氏之讀矣

于闞口暫反

十二年　毆蛇丘于反又音曲侯反蛇音移又音池左氏作曲池○箋曰丘于為毆之本音穀梁隱五年釋文毆丘于反可證集韵侯韵墟侯切毆注地名春秋傳盟于毆蛇墟侯即曲侯正據本書音移讀如委蛇之蛇音池則從左氏之讀　燕人音烟　躍卒予若反　佗子大何反　故復扶又反下同　去躍起呂反　于郯音談二傳作虛　武父音甫　惡乎音烏十三年傳同

十三年　[illegible]音安　以勝詩證反　不蔽必婢反　于菅古顏反

其處昌慮反　行伍戶郎反　背殯音佩後背殯皆放此　為龍于偽反

十四年　淫泆音逸　陽行下孟反　莅盟音利又音類下同　御廩力甚反

粢盛音咨下音成　委之於鬼反注同○校語錄云于鬼二字殆並誤再攷當依釋草音義於詭反莊二十八年音於鬼反於字尚不誤箋曰于爲紐於影紐影爲不通則于字誤本書紙尾混用作詭作鬼音讀並同故莊二十八年釋文之委猶音於鬼反法謂此于誤是謂鬼並誤則未審今依正作於　積也子賜反　以共音恭　天

應應對之應　難曰乃旦反　背恩音佩　分別彼列反　見輕賢編反

十五年　共費音恭下芳味反　桓行下孟反下行惡同　今復扶又反下注故復及傳文復入并注下不復皆同　別之彼列反　于鄗戶老反又火各反左氏作艾穀梁作蒿○校勘記云艾蒿同物也蒿鄗同音也箋曰左哀四年傳齊國夏伐晉取鄗杜注鄗即高邑縣釋文鄗呼洛反郭璞三蒼解詁音臛韋昭呼告反呼洛即火各與音臛同爲直音反語用字之異呼告曉紐号韻戶老匣紐晧韻則此首音轉清爲濁讀去爲上廣韻晧韻胡老切有鄗注光武立處邑名義用說文音依本書　于櫟力狄反一音匹沃反○箋曰注云櫟者何鄭之邑力狄爲櫟之

本音轂梁桓十五同左襄十一年傳釋文于櫟力的反的狄用字異匹沃蓋讀作濼左桓十八經釋文于濼說文匹沃反轂梁

同說文作舊音是其比詳彼箋　易得以豉反　于脩昌氏反二傳作褰〇校語錄云示當依注疏本作氏

箋曰脩氏俱在紙若示則在至與脩異韵余本與注疏本同左桓十五經釋文褰昌氏反轂梁同則此作示誤法說是也今依

正　為桓于偽反下同　十六年　復加扶又反　城向式亮反　屬

負茲音燭注同屬託也諸侯有疾稱負茲言朔託有疾　十七年　于趡翠癸反　去夏起呂

反下同　國幾音祈　并於必政反又如字　桓行下孟反　深為于偽反　十

八年　于濼郎沃反又音洛說文云匹沃反〇箋曰郎沃在沃音洛在鐸本書沃鐸混用故其音同轂梁桓十八

年釋文于濼力沃反又音洛舊音匹沃反同此左桓十八年經于濼盧篤反一音洛說文匹沃反盧篤郎沃用字異此又音同

彼一音詳彼箋　內為于偽反　譖公側鴆反下同　乘便婢面反　以別彼列反

之稱尺證反　懲惡直升反　遣使所吏反

莊公第三　何休學

元年　君殺申志反，下皆同。○注疏本作君弒，校勘記云唐石經諸本同，釋文作君殺云云。箋曰：申志為弒之本音，則陸亦讀殺為弒。穀梁釋文：君弒，申志反，又作殺，如字。　孫于音遜，下及注皆同。孫猶遁也。○箋曰：穀梁莊元釋文：孫于，音遜，本亦作遜。左氏釋文：遜于，本亦作孫，音同。則穀與此同，左正相應。字雖作孫，皆讀為蘇困切之遜，其義為遁。孫遜古今字，詳左傳箋。按本經云夫人孫于齊，注云孫猶遁也，則此釋本於何說矣。　遁也徒困反　與殺音預，下同　譖公側鴆反。加誣曰譖。○校語錄云：鴆當作鴆。箋曰：本經云夫人譖公于齊侯，注云加誣曰譖，則此義本於何。按左昭二十七年傳釋文：譖郤，側鴆反。以彼證此，知鴆為鴆形之殘壞。余本、注疏本俱作側鴆反，法校是也，今依正之。　將上時掌反，下同　拹幹路合反，本又作搚，亦作拉，皆同，折聲也。幹音古旦反，脇也。○攷證云：注疏本二字互易。校勘記云：唐石經諸本同。釋文出拹幹云：本又作搚，亦作拉，皆同。按詩南山正義引作拉幹而殺之，玉篇引作拉公幹而殺之，皆作拉字。段玉裁云：依說文當作拹，許云摺也，從手劦聲，作搚者或體也，作拉者假借字也。余本校記云：拹幹，本又作搚，閱

本從傳倒改十三經音略三云擠本又作搚亦作拉音同路合翻音臘箋曰注云榦脇依阮校補擠折聲也則此義本何說按說文十
二搚摺也一曰拉也鉉音虛業切拉摧也鉉音盧合切盧合路合用字異段注引傳注云云按搚亦作拉此上文摧一曰折也
之義按段說是也依陸音讀作拉則以搚為假借字矣　背本音佩　蒯聵苦怪反下五怪反　見
王賢徧反下同　為內于偽反下為卑為營同　逐去起呂反　單伯音善後放此　逆
王姬左氏作送王姬　共治直吏反　之好呼報反　風旨如字又方鳳反○箋曰如字為
風之本讀名詞方鳳蓋讀作諷動詞以有名動之別故音分平去也　陽倡昌亮反　陰和戶臥反　惡
天烏路反　齊衰音咨下七雷反　為解古賣反　必為于偽反下必為為襄公并注同
遠別彼列反　大卑音泰一音他賀反　來錫星歷反　令有力呈反　虎賁
音奔　鈇鉞音甫又方于反下音越○箋曰音甫讀作斧方于始為鈇之讀依陸音次第則此鈇為斧之借字希麟音
義五明王經斧方矩反切韻斧鉞方矩音甫為直音反語用字之異可為其證　秬音巨黑黍也　鬯勑亮反香酒

善行下孟反下同　復加扶又反　尤悖補內反　郱步丁反　鄑子斯反又音晉

郚音吾　二年　幼少詩照反　于郜古報反二傳作禚四年亦爾　則近附近之近亦如字

三年　溺乃歷反　不見賢遍反下皆同　以酅戶圭反　共

祭音恭　難辭乃旦反下皆同　惡公烏路反　四年　曰犒苦報反勞也

絕期音基　絕緦音絲　為襄于偽反下為賢注為諱及下注為諱為襄同　亨乎普庚反注同煮殺也

祖禰乃禮反　師喪息浪反注同　著曰音尸筮市利反○校語錄云利乃利之譌箋曰王校利余本作制按注疏本亦作制制筮同在祭韵利在至韵本書至祭混用故禮記冠義釋文筮曰市至反與此正同法以利為利譌似未審陸氏音例

幾世居豈反　崧高息忠反本亦作嵩○攷證云注疏本二字互易箋曰爾雅釋山山大而高崧釋文崧思忠反又作嵩崧即嵩也俱是高大之貌詩大雅崧高崧高維嶽釋文崧胥忠反禮記孔子閒居公羊定四年注並引作嵩高思忠胥忠息忠俱為用字之異陸以此本作崧與爾雅毛詩用字同他本作嵩與禮記及

何休注用字同按說文新附嵩從山從高亦從松韋昭國語注云古通用崇字則嵩崧為一字異體皆即崇之後出字互詳爾雅

箋　怒與音餘　無說音悅注同　說懌音亦　將去起呂反下及注同　若行

下孟反注同　於治直吏反　闋其苦鵙反　大斂力驗反　夾之古洽反

以見賢編反下同　以共音恭　可勝音升　不復扶又反　五年　俔

五兮反二傳皆作郳　黎來力兮反　小邾婁力居反二傳亦無婁字　得見賢編反　為

僖于偽反下文注同　六年　之稱尺證反　一使所吏反　令交力呈反

為王于偽反下因為不為危錄皆同　不復扶又反下皆同　殺而申志反下皆同　屬託

音燭　螟亡丁反　衛寶左氏經作衛俘　極惡烏路反　七年　辛卯夜

一本無夜字穀梁作昔　不見賢編反注及傳皆同　雨星于付反一音如字下注雨星同○箋曰詩邶風

終風釋文雨土于付反說文十一雨水從雲下也鉉音王矩切王矩即此如字之音故一音即又音讀名詞首音讀動詞因分

上去以著之按本傳云春秋曰兩星不及地尺而復君子修之曰霣星如雨何注云明其狀似雨爾不當言雨星依傳前義則雨為動詞後義則雨為名詞陸從傳讀故並列之以示其讀隨義轉耳 常宿音秀下同 參伐所林反下同 狼注張又反與咮同咮鳥口星也一音之住反○箋曰左哀二十六年釋文咮張又反鳥口則此首音為咮之本讀之住始為注作釋故云一音一音者又音也按咮鳥口星注疏本余本咮皆作朱通志本作未俱是其殘壞也今正攷證校語錄俱未及此 斬艾魚廢反 未墜直類反 齊分扶問反 螟螽音終 數出所角反 淫泆音逸 八年 屈完居勿反 本為于偽反傳及注為久皆同 屬與音燭 祠兵音辭祭也左氏作治兵下文注同○校勘記云唐石經諸本同經義雜記曰禮記曲禮注引春秋傳甲午治兵正義引異義公羊說以為甲午祠兵左氏說甲午治兵鄭駁之云公羊字誤也以治為祠因為作說案周禮左傳穀梁爾雅皆為治兵知公羊是聲近之誤故詩箋周禮注用公羊徑改作治詩正義所言是也箋曰本經云甲午祠兵傳云祠兵者何出曰祠兵注云禮兵不徒使故將出兵必祠於近郊陳兵習戰殺牲饗士卒按杜注左傳云治兵於廟習號令將以

圍城觀何杜二家之說左氏以為治兵者謂習戰之號令公羊以為祠兵者謂殺牲饗士卒各著其一端耳陸云祭也即殺牲
之義音辭則為祠作釋正從公羊傳注之義故引左氏以示其異也鄭箋詩注周禮引作治兵者依爾雅左氏之文非改用公
羊也阮說祠為治聲近之誤不知各有其義也 士卒子忽反 振訊音信又音峻本亦作迅○箋曰詩邶
風雄雉釋文訊音信又音峻字又作迅同左僖十六年傳釋文迅風音信又音峻疾也俱以音信為首音是即迅之本讀也訊
則為其音借字陸以此本作訊與詩經同他本作迅與左傳同 相見賢徧反下同 難在乃旦反
長幼丁丈反 圍成如字二傳作郕 降于戶江反傳及下注皆同 慰勞力報反下同
其罷音皮下同 諸兒如字一音五兮反○箋曰兒說文鉉音汝移切即此如字之音五兮益讀為旄倪之倪孟子
梁惠王音義旄倪丁云下音鯢倪謂繄倪小兒也音鯢五兮為直音反語用字之異左穀莊八年釋文諸兒音并與此正同
從弟才用反 九年 于暨其器反左氏作蔇 為其于偽反注為是及下注實
為魯為同 歃血所洽反又所甲反○箋曰詳前桓公三年釋文不歃箋 之難乃旦反 納糾

左氏經亦作納子糾○校勘記引釋文云云無子字者與左氏經異按注疏本所據左氏作納子糾釋文本所據左氏作納糾亦作納子糾　**去國**起呂反下故去同　**別嫌**彼列反　**見臣**賢徧反　**自誇**苦瓜反本又作夸下同○校勘記云按夸大字作夸從言者詞之誇誕也見爾雅校勘記郭景純注釋詁云陵犯夸奢箋曰說文大部夸奢也言部誇譀也徐鉉並音苦瓜切此文二義兼通故陸此本作誇他本作夸阮記並釋之是也　**夏徵**戶雅反　**邵忽**本又作召上照反○攷證云注疏本作召箋曰上隱五釋文邵公上照反又作召音同按召正字邵俗字注疏本用正釋文本用俗詳彼箋　**惶恐**丘勇反　**當坐**才臥反後當坐之類皆放此　**浚**思俊反濬也　**洙**音殊水名○攷證云注疏本改作音珠箋曰說文十一洙水出泰山蓋臨樂山北入泗鉉音市朱切市朱音殊為直音反語用字之異按殊洙皆禪紐珠則照紐可見珠為殊形近之譌當依釋文

十年

長勺時灼反　**觕者**七奴反又才古反○校勘記云唐石經諸本同周禮大司馬職賊賢害民則伐之注引春秋傳曰粗者曰侵精者曰伐按何注觕麤也周禮音義云粗音麤本亦作麤何訓觕為麤而鄭引傳即作粗麤猶何訓野為鄙而鄭引傳即作鄙留

也箋曰禮記儒行釋文麤本又作麁七奴反秋官士師犄劉音粗沈才古反則七奴爲麤之本音才古爲粗之本音何注以犄

爲麤鄭引以犄爲粗陸並存之首音讀作麤正爲本經注作釋又音讀作粗蓋師說相傳如此阮記所言是也　有數

所主反　屬兆音燭　不復扶又反　乘丘繩證反　齊與音預下及注同　折

衝之設反下昌容反　于莘所巾反　梁雍於用反　以見賢編反　孫順音遜

惡惡並如字一讀上烏路反　其傳直專反　而近附近之近　卒暴七忽反

減譚文南反○校語錄云人乃文之譌箋曰人余本作徒臧校及北館本並同徒譚同在定紐人在日紐當非作文則在澄紐爲舌音類隔且

文人形近人似文之殘壞法謂爲譌是也今依正之　別於彼列反　惡不烏路反　十一

年　于鄗子斯反　漷移火虢反又音郭○箋曰前隱公十年釋文取漷火虢反又音郭與此同詳彼箋

不見賢編反下同　不省所景反　報應應對之應　過我古禾反　十

二年　君接左氏作捷　仇牧音求下音木○箋曰廣韻屋韻牧莫六切三等木莫卜切一等此以木爲

作音則其時入聲洪細混同今讀亦然臧校本敚作敚殆不明陸書音例北館本同臧益沿而誤也 舍此音捨下舍

孔父同 復扶又反年末同 反覆芳服反 驕樂音洛下宴樂同 彊禦魚呂反

數月所主反 公博如字戲名也字書作簙 慢易以豉反 故訐九列反九謁反又音九刈反又一本作揭其例去列二反○校語錄云九謁上疑脫又字箋曰論語陽貨注包曰訐謂攻發人之陰私釋文居謁反字林紀列反居謁紀列九列九謁俱為用字之異依本書例九謁上似有脫字法疑為又或是按廣韵祭韵居例切訐持人短九刈在廢為祭廢混用臧校刈為列北館本改字上則與首音用字無別故知非是爾雅釋水釋文揭衣或丘竭反說文云高舉也丘竭即去列按詩匏有苦葉揭起例反左襄十四爾雅釋水論語憲問並同禮記內則揭起例反又起列反詩褰裳起例作欺例餘同俱讀溪紐此其例讀羣紐者去聲溪羣混用也 姤其丁故反 爾女音汝下同 稱

譽音餘又音預○箋曰易大過釋文无譽音預又音餘與此互易故音雖分平去而義益無殊矣 惡乎音烏注同

搏閔音博 其脰音豆頸也 而叱昌實反 萬臂必賜反本又作辟婢亦反○校勘記

云唐石經臂作辟釋文云云按此當作辟音婢亦反是辟擜非臂擜也箋曰說文四臂手上也鉉音卑義切卑義必賜用字異謂萬以臂擜仇牧也又有本作辟者讀婢亦反其義同臂二本字義兼通故陸並著之阮記謂當作辟殆以臂為誤非陸之意矣

擜素葛反又素結反側手擊也○箋曰本傳云萬臂擜仇牧碎其首注云側手曰擜則此注本於何素葛讀同廣韻桑割切之擜彼引本傳及何說為釋集韻薛韻私列切擜擜誤注側擊也春秋傳擜仇牧按列在薛結在屑本書屑薛混用可見廣韻依此首音集韻依此又音二音俱為擜之讀矣

齒著直略反

門闟户臘反門扇也

乳犬如任反

攫虎俱縛反又九碧反一本作搏又音付○箋曰莊子徐无鬼釋文攫俱縛反一徐居碧反三蒼云搏也居碧即九碧則此又音本於徐俱縛在藥為攫正讀九碧在昔音近混用此有一本作搏正與彼三蒼解字同互詳彼箋王校攫余本作玃按說文十玃母猴也鉉音俱縛切音同義異則玃為攫形似之誤

伏雞扶又反○攷證云注疏本扶六反係妄改箋曰說文八伏司也鉉音房六切段注云司今之伺字伏伺即服事也禮記樂記羽者嫗伏釋文伏扶又反觀彼二證則扶六反非此伏雞之義盧謂妄改是也

搏貍力之反

復見賢編反

十三年

信鄉

許亮反年末同　卑下遐嫁反、于柯音歌　易也以豉反注及下同　猶佼古卯反

能復扶又反下同　升壇大丹反　以長丁文反　上壇時掌反　造桓七報

反下同　公卒七忽反愕五各反　能應應對之應　為此言于偽反下為殺同

壓境於甲反又於輒反○王校境余本作竟注疏本同校勘記云唐石經諸本同鄂本竟作境按釋文亦作壓境是俗竟

字箋曰按境見說文新附為後出字阮謂為俗是也左襄三十一年釋文將厭本又作壓於甲反徐於輒反則此又音本於徐

矣　齊數所角反　圖與音輿○校語錄云音與與當作輿箋曰注疏本音預余本音餘字俱相異按傳曰

云君不圖與注云圖計也猶曰君不當計侵魯太甚則與讀作歟為語末之辭廣韵九魚以諸切歟語末之辭亦作與余本音餘

是也音預則讀為參與之與蓋非此義若作音與則與所音之字無殊是與正為輿字形似誤法說是也今依正之　摽

劒普交反辟也辟劒地劉兆云辟捐也　置　辟也婢亦反下同　去離力智反　要盟一遙

反注同　强見其丈反○王校强余本作彊箋曰說文十二彊弓有力也廣韵養韵其兩切彊注引說文云云或作

强則彊為正字釋文用借字

十四年　分別彼列反　于鄄本亦作甄規面反○攷證云注疏本面作因係妄改箋曰余本同彼校記云音鄄規面反閩本規因反按左莊十四年傳注鄄衛地今東郡鄄城春秋地理考實云濮州今屬曹州府釋文鄄作甄音絹史記田敬仲世家甄正義音絹即濮州甄城縣北則此云本亦作者與左氏釋文互見正指史記所用字矣漢書地理志濟陰郡鄄城師古曰鄄工掾反工掾即規面與音絹為直音反語用字之異則因為面之誤可知盧謂注疏本妄改是也

十五年　伐兒音郳

十六年　滑于八反　為慕于偽反　如瑣息果反

十七年　鄭瞻二傳作詹　為甚于偽反　惡之烏路反下惡之皆同　遠佞于万反下同　瀸于子廉反二傳作殲　積也本又作漬　齊强其丈反　將帥子匠反下所類反　重言直用反　明行下孟反　多麋亡悲反

十八年　濟西子禮反　為中于偽反注及下皆同　有蜮音或短狐也蜮謂之射工音食亦反○校語錄云食下益脫亦反二字見穀梁莊十原漏八年箋曰穀梁莊十八年釋

文有蟚本亦作蜮音或短狐本草謂之射工又射人食亦反則公穀二傳音義並同法故取彼音以為此證按左莊十八年傳釋文蟚本又作蜮音或短狐也本草謂之射工然則音或為蜮之本讀食亦益為射之音左氏不音者省文於公穀互見耳法說是也今依補臧校音工為盲工益從誤本段注說文蜮下云今惟五行志左傳釋文作弧不誤矣竊孜詩小雅何人斯釋文蜮音或短狐也狀如鼈三足一名射工俗呼之水弩在水中含沙射人影則此以射工水弩為名故當為從弓之弧段說是也互詳左氏及何人斯箋

十九年　滕陳以證反又繩證反○箋曰穀梁莊十九年釋文滕陳以證反又繩證反爾雅云送也此省義釋者互文以見也儀禮燕禮釋文媵以證反又繩證反送也與此同詳彼箋　娣從才用反下注同　嫉妬音疾又音自○箋曰易旅釋文所嫉音疾字林音自本亦作疾則此又音本於呂忱二音俱為其讀也　為其于偽反注及下注同　專矯居表反　之難乃旦反　後背音佩

二十年　大瘠在亦反病也本或作癠才細反一本作漬才賜反鄭注曲禮引此同○校勘記云唐石經諸本同釋文云云經義雜記曰禮記曲禮下四足死曰漬謂相瀸汙而死也春秋傳曰大災者何大漬也呂氏春秋貴公篇仲

父之疾病矣漬甚高誘注漬亦病也公羊傳曰大災者大漬也然則鄭高所據公羊皆作大漬按此當是嚴顏之異箋曰注云瘠病也齊人語也則此義本何休按在亦為瘠之本音才細則為癠之本音禮記玉藻注癠病也病也釋文才細反病也可證廣雅釋詁一殰病也曹音才賜是殰為漬之後出專字然則癠漬俱與瘠義同而音則雙聲相轉矣故此本作瘠他本作癠作漬

㾐 力世反疾疫也○王校世余本作二校勘記引惠棟云㾐即癘字古屬列通箋曰注云㾐者民疾疫也此本何説後昭二十年釋文癘力世反左昭元年癘疫之災則癘即㾐故此音為本讀㾐世在祭同韻二則在至釋文至祭混用多矣此本世故余本作二為用字異

疾疫 音役

邪亂 似嗟反

二十一年

鄭伯突 徒沒反厲公也

二十二年

肆 音四本或作佚

大省 所景反除自省皆同二傳作眚

跌也 大結反過度也

此行 下孟反

之思 息嗣反

猶為 于僞反

無適 丁歷反下同

高傒 音兮

玄纁 許云反

儷皮 力計反本又作麗

二十三年

陳佗 大何反

祭叔 側界反

惡公 烏路反下同

宮楹 音盈柱也下傳及注同

為將于偽反　斲而丁角反下同　礱之力工反　射姑音亦　不復扶又反

于扈音戶　有汙汙辱之汙一音烏臥反後放此○箋曰禮記深衣釋文汙汙辱之汙一音烏臥反玉藻一音作又餘同按此汙本音汙辱之汙烏臥蓋讀作涴尚書胤征汙汙辱之汙涴泥著物也一音烏臥反與此互文耳　之

行下孟反　二十四年　宮桷音角椽也　親迎魚命反　見宗賢編反下傳文見也見用幣及注同

難也乃旦反下及注同　不僂力主反疾也注同　約遠于万反

要公一遙反　縰笄所買反又所綺反○箋曰說文十三纚冠織也鉉音所綺切段注云亦作縰同則此又音為纚之讀首音為縰之讀儀禮士冠禮纚廣終幅長六尺注曰纚一幅長六尺足以韜髮而結之矣禮記內則注曰縰韜髮者也是縰纚義同聲轉故莊子讓王縰履所倚反或所買反又與此音互易矣互詳彼箋

惻隱初力反

覿用大歷反見也　為贄音至　斷脩丁亂反注同本又作腶音同鍛脯加薑桂曰脩○攷證云注疏本作腶脩校勘記云唐石經諸本釋文作斷脩云丁亂反注同本又作腶音同此本腶誤暇今訂正校語錄云一當作丁王校

余本一作丁腶作腶鍛作腶箋曰余本校記云音鍛脯通志本閩本同此誤腶按一作丁腶作腶余本是也丁亂爲斷之本音即爲腶之本讀故阮記以腶爲誤法說以一爲誤今俱依正禮記郊特牲釋文腶脩丁喚反鍛脯加薑桂曰腶脩昏義段丁亂反本又作腶同加薑桂曰腶脩丁喚即丁亂依彼二說則此曰脩之間似漏斷字盧法未及故詳之

耿介古幸反下音界

行列户郎反

不號户刀反

必跪其委反

而醇音純

粹雖遂反

爲調于僞反下仕爲同

令力呈反

昭穆上遥反凡昭穆之例皆同

復水扶又反

曹羈居宜反下同

則守手又反又如字下同

成魄普白反

素餐七干反

諷諫方鳳反

自墮許規反

爭諫爭鬭之爭

贛諫陟降反又呼弄反又丑用反○校語錄云贛當作戇王校同箋曰說文十戇愚也鉉音陟絳切廣韵一送呼貢切戇悻戇愚也陟絳即陟降呼貢即呼弄則此首音爲本讀又音爲別讀丑用益讀作惷惷亦愚也周禮司刺釋文惷劉癡用反癡用丑用爲用字異則此末音本於劉贛通志本作贛依王校法說及北館本正

赤歸于曹郭公此連爲句郭音虢亦如字連讀郭公爲一句

二十五

年女叔音汝　故去起呂反年末同　營社一傾反又如字本亦作縈同　爲闇于僞反注爲闇爲日光同　大廟音泰　應變應對之應　不復扶又反　二十六年

子髡苦門反　爲曹于僞反下同　避難乃旦反　爲去于僞反下起呂反

二十七年　于洮他刀反　惡公烏路反下惡莊同　不別彼列反　告糴音狄下同　使乎所吏反　内難乃旦反注及下皆同　之治直吏反下之治同　得與音預　嘗更音庚　不背音佩　喪婦息浪反　長女丁丈反　悖德補内反

夏後戶雅反　城濮音卜

二十八年　伐者爲客何云讀伐長言之伐人者也　伐者爲主何云讀伐短言之見伐者也　益爲于僞反　見直賢徧反　瑣卒素果反　築微左氏作糜　之委於鬼反　之儲直魚反　之畜勑六反　不匱其位反

二十九年　延廄九又反　功費芳味反　差輕初賣

反　有蜚扶味反臭蟲也　之行下孟反　别君彼列反　三十年　降

鄣户江反下注同鄣音章　為桓于偽反注同　而復扶又反　惡其烏路反下同

比殺申志反　魯濟子禮反　以操七刀反迫也注同　已蹙子六反　故去

起呂反　貶見賢徧反　三十一年　漱素口反○校勘記云唐石經鄂本閩本漱作漱

此誤釋文及注疏同王校漱余本作漱箋曰說文水部漱從水欶聲．阮記王校俱是依正　浣户管反　無垢古口

反　去垢起呂反　為漬于偽反下為盛同　桓殺申志反　之觀工喚反

恐怖丘勇反下普故反　軍幟音志又申志反又尺志反本又作織同○箋曰說文新附幟旌旗之屬鉉音昌

志切昌志尺志用字異詩小雅六月織文鳥章鄭箋織徽織也釋文織音志又尺志反左宣十二年傳注楚以茅為旗識釋文

申志反一音志按幟織俱以音志為首者即其本讀也識以申志為首者即其本音也識幟古今字織為假借字互詳詩箋

忌難乃旦反　因見賢徧反　不施申豉反　三十二年　叔肸

許乙反　爲季于僞反下爲季而爲注故爲同　之遏於葛反止也　以別彼列反　將
焉於虔反　般也音班　夫何音扶下及注同　反覆芳服反　思難乃旦反
俄而五多反　牙殺申志反注及下親弒同○余本校記云音牙殺云云通志本同閩本從傳改弒按下親弒當亦
作殺後改尤明盧未校箋曰臧校殺作弒按申志爲弒之音若其字作弒一見而知則不出音余本校記是然陸此加音者明
字作殺當讀爲弒也　械成户戒反　而飲於鴆反注同　酖毒本亦作鴆直蔭反下文同○箋曰説
文四鴆毒鳥也鉉音直禁切直禁即直蔭段注云左傳正義鴆鳥食蝮以羽翮櫟酒水中飲之則殺人按左傳鴆毒字皆作酖
假借字也酉部曰酖樂酒也陸以此本用借字他本用正字　無倮無本又作巫倮音力委反又力追反○箋曰無
巫字異音同力委在紙力追在脂亦平上相承以本書支脂混用此爲人名故字形與音皆無定也　王堤丁兮反
無將如字閔公本將不誅將而皆同或子匠反非也○箋曰子匠蓋讀説文將帥之將義與欲殺之義殊故陸云非
之與音餘　不去起呂反　見隱賢徧反　扈樂音洛　不暴步卜反

閔公第四　何休學

元年　繼弒申志反　復發扶又反下同　不見賢徧反　不探他南反　之辟婢亦反　首匿女力反　惡乎音烏　扈樂音洛或如字　曾淫才能反　盍殺户臘反　故令力呈反　主為于偽反下文注皆同　子女子音汝○王校女乎筠案乎當作于箋曰攷注疏本毛刻本余本俱作子女子曰子于隸書形近故王以乎為于誤則是于乎皆為子之誤盧本即作子今依正　仲孫與音餘

二年　不為于偽反下為淫同　吉禘大計反　大廟音泰下同　君數所主反下同　則祫音洽　取期音基下同　而禫大感反　弒音試下及注同　當復扶又反下同　見賢徧反下文復見同　别尊彼列反　故絕去起呂反下欲去同　甲革更百反　皆鎧苦愛反　胄直又反　鹿門魯南城東門也○攷證云注疏本誤入注末箋曰毛刻本同惟余本在注文末與此條肴作一墨○始劃然不混　其使所吏反

惡其烏路反下及注同　將也子匠反下同　趙盾徒本反

僖公第五　何休學

元年　繼弒申志反　斬衰七雷反　聶北女涉反　爲桓于僞反下爲桓昌爲并下注爲諱爲桓爲內爲僖皆同　夏陽戶雅反　大平音泰　陳儀左氏作夷儀　復言扶又反下同　鄫子似陵反○箋曰鄫本在從似在邪此爲從邪混用　而縊一賜反一本作搤於革反○校語錄云搤當作搤王校搤余本作搤箋曰毛刻本注疏本俱與余本同則作搤是也按說文糸部縊經也鎰音於賜切於賜即一賜經者言自經死也手部搤捉也鎰音於革切捉者謂人捉持也本傳云桓公召而縊殺之何注桓公召夫人于邾婁歸殺之于夷則作縊言夫人自殺作搤言桓公召殺之也是縊爲搤形似之譌今依正之　因見賢徧反

淫泆音逸　于朾勑貞反又他丁反左氏作檉○十三經音略五檉敕呈翻音赬徹公羊傳作朾敕貞翻音同又他丁翻音汀透箋曰左僖元年經釋文于檉勑呈反勑呈勑貞用字異周謂音同是也他丁則爲朾之音是此首音依左氏作

釋益以二讀有徹透清音之差殊也　惡之烏路反下同　于纓左氏作偃　于犂力知反又力兮反左氏作鄮○箋曰左僖元年經釋文于鄮力知反則此首音為左氏作釋又音始為本經之讀然知在支兮在齊支齊混用本書音例也故二讀無別今音猶然　莒挐女居反一音女加反一本作茹音同○箋曰穀梁僖元年經釋文莒挐女居反又女加反左氏同則此一音與彼二傳又音同居在魚加在麻為一聲之轉耳因其為人名故有此二讀益方音也

內難乃旦反下同　南涘音俟　曰嘻許其反　抗輈竹由反車轅也　外購古豆反　去氏起呂反　與殺音預又如字下申志反○箋曰余本校記云音與殺下申志反通志本同閩本從傳注改弒按傳云與殺公也注云與慶父共弒閔公申志為弒之本音陸釋之者明殺讀為弒也臧校殺作弒未審陸音例說文三與黨與也鉉音余呂切余呂即此如字之音言姜氏黨同慶父共弒閔公也音預則讀參與之與言姜氏參與慶父謀弒閔公也二義小異故音別上去以著之耳　差輕初賣反又初佳反○箋曰詩綠衣釋文差初賣反又初佳反禮記雜記並與此同　別逆彼列反

二年　為桓于偽反下為桓昌為注深為同　見

桓賢偏反下傳荀息見并注同　復發扶又反　倉卒寸忽反　夏陽左氏作下陽

安與音餘下者與見與同　不應應對之應　虞郭音虢又如字注及下同○箋曰郭讀如字音本在鐸

音虢則在陌此本書以郭為虢故陸列音虢為首也　屈產具物反　之乘繩證反注及下同　垂棘

一本作棘音同　內藏才浪反注同　內廄九又反　何喪息浪反　知則音智下及

注同　而好呼報反　牽馬本又作掔音同　已長丁丈反注同　又惡烏路反

戲謔許略反　之別彼列反　貫澤古亂反二傳無澤字○校勘記云唐石經同釋文貫澤二傳無

澤字按九年傳貫澤之會解云即上二年秋九月齊侯宋公江人黃人盟于貫是也而此言于貫澤者蓋地有二名然則公羊

僖二年經本作盟于貫九年傳云貫澤陸氏猶未深考又云按此九年疏奪澤字耳前說非也箋曰二傳無澤字陸已明言之

各本其師說也陸氏依文作音故未增刪阮記或謂陸未深考或謂疏奪澤字俱有所牽就矣　偏至音遍下同

三年　大平音泰　飭過音勑下同　理冤於元反　澍雨之樹反　其

應應對之應後災祥之應皆放此　易也以豉反注同　不為于偽反　無障之亮反一音章注同○箋曰注云無障斷川谷專水利也按説文十四障隔也鉉音之亮切此言無阻隔則首音為本讀音章轉去為平廣韵陽韵章紐諸良切障隔也則此調異而義不殊一音同於又音矣　障斷丁管反　曰溪口兮反

無貯中呂反　莅盟音利又音類注同○箋曰穀梁音同禮記祭義釋文莅官音利又音類亦與此同則其字有二讀也詳彼箋　以見賢徧反下同　遺使所吏反　四年　蔡潰戶內反下及注同　重出直用反　惡蔡烏路反下惡其專并六年注同　于陘音刑　召陵上照反下文同　屈完居勿反　卒暴寸忽反　為下于偽反下為桓公同　去月起呂反

方見賢徧反　袁僑其驕反一本作驕音同　之重直用反又直容反○箋曰直用讀去聲廣韵柱用切更為也直容讀平聲廣韵直容切複也兩義不同故音調有別也　之復扶又反年末乃復同又音福○箋曰左傳三十三年釋文復扶又反重也音福蓋讀為複複為重疾音雖為二然義不殊故陸云又　而亟去冀反

數侵音朔　若綫思賤反　而攘如羊反却也　卒怗他協反一本作貼服也劉兆同廣雅云靜也玉篇又丁篳反一本作拈或音章貶反○攷證云注疏本作帖校勘記云唐石經鄂本同閩監毛本怗誤帖釋文怗他協反本作貼服也劉兆同一本作拈或音章貶反石經考文提要云唐玄度九經字樣宋景德本鄂泮官書本皆作怗箋曰余本作怗校記云閩本怗作帖注音同通志本作怗按怗服本作從忄之怗從巾蓋隸書形近之誤阮記是也注云怗服也此義即本何說有一本作貼則為怗之同音假借字作拈疑為怗之轉寫形譌字丁篳蓋讀如玷詩抑釋文玷丁篳反可為其證章貶則讀如颭說文新附鉉音颭隻冉切隻冉章貶為用字異是其比也　濤塗徒刀反　辟軍匹亦反又音避下同　濵海音賓　涯也五佳反　近海附近之近　所便婢面反　沛澤音貝又普貝反草棘曰沛漸洳曰澤○箋曰注云草棘曰沛漸洳曰澤則此義本何說音貝在邦普貝在滂此破裂與塞擦聲之轉耳　漸子廉反　洳人庶反　故令力呈反　所傳文專反　公孫慈左氏作茲　蒐誑九況反

五年　今舍音捨　為下于偽反　初冠古亂反

如牟莫侯反　首戴左氏作首止　殊別彼列反　再見賢編反　省文所景反下同　不與音預　爲解古賣反　比殺申志反　知去起呂反下同　戮力音六又作勠力彫反○校勘記云鄂本戮作勠此本文十三年疏所引同釋文戮○又作勠王校余本同此本箋曰江校戮作勠北館本同臧校勠作戮北館本朱改同按説文十二勠勠力并力也鉉音力竹切戮之義爲殺此蓋假戮爲勠江校戮作勠臧校勠作戮似未審陸依舊文之恉　六年　彊也其良反　七年　子款苦管反　窅毋音無或音某○攷證云舊作毋宋本作毋今據改校勘記云閩本毋作毋釋文窅毋音無或音某葉鈔本及唐石經作窅毋校語錄云毋盧改毋是箋曰穀梁作毋音無又茂后反茂后即音某音無爲毋作釋音某爲毋作釋言或者謂或有他本作毋音隨字讀故音爲某毋毋形近隸混也依陸列音條例則公羊本作毋字釋文此本是也余本正作毋他本作毋與穀梁同轉寫形變故耳盧法以毋爲誤似未深攷故今仍舊　八年　于洮他刀反　遣使所吏反下錄使同　大廟音泰　始見賢編反下同　以省所景反　墓

嫡初患反下音的下同　九年　禦說音悦　爲襄于僞反下注爲天爲桓皆同　惡
不爲烏路反　勝其音升　而笄古兮反　不泄息列反　逮別彼列反　簪也
莊林反　猶俠音協　不預音豫○孜證云注疏本作與箋曰余本毛刻本並同注疏本按注云會盟一事
不舉重者時宰周公不與盟則作與言周公不參與盟也作預言周公不先會盟也二字皆是惟陸所據異各本耳左氏釋文
又作不與音預　詭諸九委反　殺其音弒下及注放此○王校音弒余本音試箋曰余本校記云音殺其
音試下及注放此通志本音試誤音弒閩本從經傳改弒按注有據弒其君舍當據改文十四年經傳傳弒未踰年君之號也
閩本弒作殺未盡改弒之一按左傳九年釋文殺其君之子又音弒傳同公羊音試弒試同音本無是非俱讀殺殺爲弒也毛本
殺作弒臧校同則誤矣　冠子古亂反　見矣賢徧反　十年　君卓子勑角
反又丁角反左氏經無子字○箋曰穀梁十年釋文卓勑角反則此首音爲本讀丁角讀同廣韵竹角切之卓此舌音類隔也
與首音爲破裂與塞擦之殊耳　舍此音捨下同　驪姬力知反　少傅詩照反　大傅

音泰 之選息戀反 欲爲于僞反下文爲文公不爲故爲皆同 廢長丁丈反注同 嘗

訊音信上問下曰訊 不背音佩 鄉生許亮反 所復扶又反下同 欲難乃旦

反 殺夫音扶 二孺如住反 踊爲音勇豫也 言渾户昆反又户本反下同○箋曰户昆

爲渾之本音户本轉平爲上調異義同殆方音也 美見賢編反下同 較然音角下同 大兩

于付反 雹步角反 十一年 㔻鄭父普悲反○王校余本作㔻箋案丕隼卒古作㔻焦交

隸書截爲十字非有異也箋曰説文丕下段注云丕隸書中直引長故云丕之字不十漢石經作㔻可證非與丕殊字也則王

説與段同故穀梁釋文㔻鄭浦悲反亦同此 十二年 陳侯處臼左氏作杵臼

十三年 于鹹音咸 不復扶又反下同 十四年 見恐丘勇反 曷

火葛反○校勘記云九經古義云恐曷即漢書恐猲也陳羣新律序云盜律有恐猲漢書王子侯表曰葛魁侯戚坐縛家吏恐

猲受賕棄市平城侯禮坐恐猲取雞免承鄉侯德天坐恐猲國人受財臧五百以上免籍陽侯顯坐恐猲國民取財物免師古曰

猲者謂以威力脅人也音呼葛反箋曰呼葛即火葛此陸讀曷為猲阮記引臧説是也按曷在匣猲在曉則此入聲清濁混同矣　為桓于僞反下為桓為天下并注臣為同　使要一遥反　遮諸奢反　淫泆音逸

甚惡烏路反　侯肹許乙反注同　其背音佩　十五年　别尊彼列反

伐厲如字舊音賴○箋曰如字即讀厲之本音音賴蓋讀如賴此雙聲之轉也　激揚古歷反　解古賣反　隋也徒臥反　蝝之戎反　久暴步卜反　冥也亡丁反又亡定反注同○箋曰易升釋文冥覓經反闇昧之義也又云曰冥也禮記曲禮注闇冥也釋文作暝云本亦作冥莫定反覓經即亡丁莫定即亡定調異而義不殊故陸云又也　當去起呂反　為滅于僞反　据泓烏宏反　以惡烏路反

十六年本或從此下别為卷案七志七録何注上十一卷公羊以閔附莊故也後人以僖卷大輒分之爾○校語録云上當作止箋曰臧校及北館本並同審此文義即當作止則上為止形殘壞法説臧校俱是也今依正

賈石于敏反　是月如字或一音徒兮反○攷證云注疏本本作提月初學記晦日條下引作提月宋陸佃注

鶡冠子王鈇篇家里用提注云提零日也亦引公羊為證今本作是乃後人依釋文改之陸氏不云本或作提亦疏漏也校勘記云是月唐石經諸本同釋文云云盧文弨曰是月有作提月者故一音徒兮反初學記晦日條引此作提月又鶡冠子陸佃注引公羊為證按是月與月令是月似異而實同改作提者俗人所為也箋曰盧說以注疏本作是為後人依釋文改阮記以作提為俗人所為各持一見竊攷經文是月上為春王正月何注謂是月邊也在正月之幾盡則明言是月即在正月也陸以如字讀列為省者乃從經文之義也徒兮則為提之音云或一音者謂或有一本作提字始讀此音故不云本或作提可知注疏本作是正與陸氏所本同毛本余本皆然並非後人依釋文所改甚明初學記和陸佃注鶡冠子引此俱作提月者殆其所本異耳盧阮所說俱似失

六鷁 五歷反水鳥○攷證云注疏本依左氏作鷁非校勘記云諸本同唐石經六鷁字缺釋文作六鶂五歷反經義雜記曰說文鶃鳥也從鳥兒聲春秋傳曰六鶂退飛不收從益字左氏正義曰鷁字或作鶂釋文六鷁本或作鶂公穀釋文皆云六鶂五歷反可證三傳本皆作鶂與說文同今公羊注疏皆作鷁穀梁注疏皆作鶂惟經文六鷁退飛此一字從益益因唐時左傳已有作鷁者故後人據以易二傳也穀梁疏引賈逵云鶂水鳥陽中之陰象君臣之訟閱也以閱

解鶂取同聲爲詁可證左傳字本從兒箋曰余本亦作鷁彼校記云此六鶂通志本同閩本從經改鷁按説文四鶃鳥也鷁鉉音五歷切段注云今字多作鷁漢書司馬相如傳鷁張揖曰水鳥也劉向傳師古曰鶂水鳥也並音五歷反則鷁爲鶂之異體盧以注疏本作鷁爲非殊失

磌然之人反又大年反聲響也一音芳君反本或作砰八耕反○校勘記云唐石經諸本同釋文磌然之人反又大年反本或作砰八耕反經義雜記曰穀梁疏云説文玉篇字林等無磌字學士多讀爲砰公羊古本並爲磌張揖讀爲磌是石聲之類今玉篇有磌字云音響也蓋孫强等增加廣雅四釋詁砰普耕反聲也而無磌字楊云張揖讀爲磌是古本廣雅有磌矣五經文字磌之人反又大年反聲響也見春秋傳校語録云芳君未詳或字從賁作乎箋曰之人讀若真大年讀如田俱爲磌之音廣韻側鄰徒年二切俱有可證芳君蓋讀爲砏唐寫本玉篇石部砏普巾反埤蒼砏磤大聲南都賦注引埤倉無磤字芳君普巾脣音文真混用文選西征賦注砰字書曰大聲也普耕切八耕普耕僅爲破裂與塞擦之差耳

僅其靳反劣也

逮音代又大計反及也○箋曰易説卦釋文逮音代一音大計反詩桑柔音同及也俱與此同詳彼箋

幾盡音祈

卓佹九委反○王校九余本作尤汲古同箋曰余本校記云音佹尤委反通志本九委反

按九俛俱在見紐，若尤則在喻紐，是尤爲九形似之譌，本書是也。

趡盟翠軌反 不復扶又反下同 所治直吏反 爲王于僞反注同 耿介音戒 之行下孟反 墮功許規反

十七年 滅項户講反國名 爲桓于僞反下及注同 惡惡並如字一讀上烏路反 其行下孟反 于卞皮彥反○皮王底本作度王校度余本作皮汲古同箋曰皮卞俱並紐度則在定紐則度爲皮形近之誤王底本非各本皆是

十八年 于巘魚輦反又音言○箋曰巘梁釋文同左氏釋文于巘魚免反又音言魚免魚輦用字異詳彼箋 與伐音預下不與同 豎刀音彫○攷證云舊作刀字俗今從宋本作刀刀亦有貂音校語錄云刀盧依宋本改刀箋曰臧校及北館本並同盧改按刀與刀本一字蓋爲俗寫釋文例用俗字何必拘泥于許書正字也故仍舊余本毛刻本俱作刀 爲是于僞反注同

十九年 爲襄于僞反下故爲起爲爲襄公深爲若不爲皆同 見其賢遍反 惡無烏路反 用處昌慮反 惡乎音烏

二十年 惡奢烏路反 郜子古報

反姬姓之國下同　為適丁歷反本又作嫡○箋曰余本作嫡校記云注以齊媵為嫡閩本從音改為適按詩碩人釋文適丁歷反本亦作嫡同此言本又作者與余本用字合儀禮喪服嫡本又作適同丁狄反丁狄丁歷用字異與此大小字互易詳彼箋

二十一年　為犯中于偽反下不為襄下文為執皆同　會于霍左氏作盂　溴梁古闃反　復出扶又反下同　獻捷在接反○攷證云應在溴梁之上此置復出之下音經不音上注也校語錄云盧移獻捷條於溴梁條上箋曰按傳云孰執之楚子執之注云以下獻捷則攷證說是　乘車繩證反下同　隋之許規反　誰諼誰本亦作詐諼音許元反詐也又音援○校勘記云詐諼釋文作誰諼云本亦作詐余本毛本並與注疏本同余本校記云誰諼誰本亦作詐閩本從注作詐刪此音箋曰釋文以他本作詐與各本用字同以此本作誰則陸所本如是說文三諼詐也鉉音況袁切況袁許元用字異則此首音為本讀音援蓋讀如援　守械手又反又如字　應之應對之應　國為于偽反下為襄為公子注為沒故為皆同　惡乎音烏　幾亡音祈　遭難乃旦反

二十二年　須朐其俱反左

氏作句　升陘音刑　不殺所戒反注同　殺省所景反　喪國息浪反注同

幾為音祈　畢陳直覲反下及注同○校語錄云近當作覲箋曰王校近余本作覲汲古同按覲陳俱震韵近則在隱韵左僖二十二年傳釋文盤陳直覲反是其明證法說是也今依正之　王德于況反又如字下王佐同○箋曰于況讀作霸王之王如字讀平聲始為君王之王禮記經解釋文霸王徐于況反可證此首音本於徐讀矣以義小異故音分平去著之也　醇粹音純下雖遂反

二十三年　圍緡亡巾反　重故直用反又直龍反注同　故創初良反下同　屬為音燭　雜然七合反又如字○箋曰雜本徂合切如字即此七合在清入聲清濁混用耳　以惡烏路反　慈父左氏作茲父　故復扶又反　不去起呂反　始見賢徧反

二十四年　謂與音餘　不復扶又反　供養九用反下餘亮反

二十五年　侯爨況委反　為魯于偽反下同　見姑賢徧反　絶去起呂反　惡國烏路反　不別彼列反

二十

六年　甯遫音速○王校遫余本作遫汲古同箋曰說文二速遫籀文從欶欶殺注云二傳作速公羊作遫如衛侯遫仲孫遫是也又云欶聲則余本汲古是也今依正　于向舒亮反　至巂户圭反又似兖反○孜證云本或作雋故有似兖一音箋曰左僖二十六年經釋文至巂户圭反一音似轉反似轉似兖用字異其形當作雋盧說是也詳左氏箋　侈也昌爾反又昌者反大也○箋曰論語學而釋文奢侈尺紙反尺紙昌爾用字異則此首音為本讀注云侈猶大也是此義本於何昌者蓋讀為哆轂梁僖四年哆然昌者反詩巷伯哆音同大貌　士卒子忽反　自為于偽反下深為同　當復扶又反下同　别外彼列反下同　滅隗五罪反二傳作夔　惡不烏路反下同　所傳直專反　見治賢徧反下直吏反

二十七年　屬脩音燭　為執于偽反　有難乃旦反　今復扶又反　以見賢徧反　得與音預

二十八年　衛雍於勇反下同又作壅同○孜證云注疏本二字互易箋曰毛刻本與注疏本同余本與釋文同校記云閩本從注倒改是各所本異耳此音於勇陸即讀為壅也　遏於葛反

起爲于僞反下爲下卒爲晉深爲不爲同 畀宋必二反與也下同 師斷丁亂反下當斷同

數侵所角反下數道同 城濮音卜 据郯皮必反 數道音導 譎也古穴反

卒致七忽反下倉卒同 以見賢徧反下不見當見見其同 當復扶又反 令殺力呈反下令自同 元咺況阮反 所惡烏路反下惡衛同 此難乃旦反下方難同

分別彼列反 爲叔武于僞反下爲賢爲叔武及注而爲故爲深爲皆同 爲去起呂反

篡我初患反 大深音泰下同 放乎甫往反 屬己音燭 爭也爭鬭之爭下注同 悖君必內反 能降戶江反

二十九年

介葛音戒國名○余本同

校記云通志本同閩本作介葛音个龔橙曰此古音古義閩本是也後從俗改音戒下文十二年音一个古拜反尚書音古賀反可證介古讀个許書奪个字段氏補入箇下亦非惠氏遂云古無个字皆由不識古文箋曰經義述聞三十一通說云介字隸書作仐省丿則爲个矣介音古拜反又音古賀反猶大之音唐佐反柰之音奴箇反皆轉音也後人不知个即介字隸書之

省自唐以來見音古拜反者則以為當作介見音古賀反者則以為當作个始强分介个為二既疑說文脫个字於是倉史之遺文竟亂於鄉壁虛造之說矣按王辨介音轉為箇个為介隸者其說是也余本校記謂介古讀个則失之矣　故復扶又反下年末同　惡霸烏路反　大雨于付反　雹步角反　不中丁仲反　三十年　不復扶又反　別尊彼列反　以見賢徧反下同　為殺于偽反

惡天烏路反　撟君居表反本又作矯○余本毛刻本俱作矯余本校記云音撟本又作矯閩本從注倒改箋曰說文十二撟一曰撟擅也鉉音居少切居少即居表段注云擅專也凡矯詔當用此字然則矯為撟之假借矯者揉箭箝也非此義陸以此本用正字他本用借字

三十一年　惡乎音烏　惡差初賣反下同　布徧音遍下文同　奇者居宜反　幼少詩照反　大平音泰　王功于況反　惡之烏路反下皆同　槀席古老反　陶匏白交反　不瑑大轉反○攷證作文轉反云注疏本瑑作琢改釋文作琢大博反妄甚校勘記云鄂本同閩監毛本瑑作琢非疏同釋文亦作瑑箋曰臧校轉作傳

北館本注于旁余本同釋文校記云不瑑閩本不瑑龔橙說瑑瑑一字按周禮春官大宗伯釋文瑑直轉反直丈用字異大則為類陽博傳俱轉字形近之譌竊孜注云大珪不瑑徐疏云大圭不瑑美其質也瑑為治玉依此義則為瑑而陸音又為瑑是各所本不同故龔橙說瑑瑑一字余本校記從之是也阮記以毛本作瑑為非殆泥于形音矣 不和戶臥反 為

天于偽反下則為本為主為皆同 復為扶又反下同 見免賢徧反下以見同 大山音泰

本亦作泰下同 繭栗古典反 天燎力召反 地瘞於例反 山縣音玄 風磔

陟百反 膚寸方于反側手為膚按指為寸 崇朝如字注同 兩手于付反又如字 崇

重直龍反下同 三十二年 鄭伯接二傳作捷 別有彼列反下同 可

去起呂反 復出扶又反 重耳直龍反 三十三年 于殽本又作肴

戶交反或戶高反○校勘記云唐石經諸本同釋文殽本又作肴惠棟云二傳皆作敗秦師箋曰穀梁釋文于殽戶交反左傳於殽本又作崤戶交反劉昌宗音豪戶交為殽之本讀通志本作戶交交交同韵戶高音豪為直音反語用字之異則此或音

即本劉昌宗讀殽肴俱爲假借字崤蓋後出字史記封禪書索隱杜預云崤在弘農澠池縣西南即今之二郩山是也亦音豪

輕行遣政反　**蹇叔**居輦反　**拱矣**九勇反以手對抱　**嶔**苦銜反鄒誕生諸詮之音

上林賦並同徐音欽韋昭漢書音義去瞻反又本或作廞同○攷證云舊誕作深譌今改正下又本或作廞注疏本從厂今從之説文止有厓字云石地也校勘記云嶔唐石經諸本同釋文嶔本或作廞同盧文弨曰説文作欽崟高誘注淮南地形訓作欽吟按説文有岑崟無欽崟義與傳亦不同校語録云深當作誕箋曰傳云爾即死必於殽之嶔巖注云其處險阻隘勢一人可要百襲鄭所當由也按漢書司馬相如傳上林賦嶔巖倚傾注師古曰嶔音口銜反楊雄傳甘泉賦深溝嶔巖而爲谷注云嶔巖深險貌宋祁曰蕭該改嶔從山諸詮賦音苦銜反若銜即口銜則此首音讀嶔爲嵌本於諸音正與司馬楊賦義同深爲誕譌褚爲諸譌今俱依正左傳僖三十二年釋文相嶔許金反又音欽文選南都賦嶔巇注嶔音香金山相對而危險貌廣韵侵韵許金切作廞巇則此徐音即左氏又音本或作字爲廣韵所依本蓋從山從广義相似也去瞻在鹽讀同廣韵嚴韵丘嚴切之廞本書鹽嚴混用音例如此廞者山側空處也與何注險阻隘勢義合又按穀梁釋文嶔本作崟音吟一音欽可見高誘

注淮南之欽吟即是嶔崟以其無正字也若盧改廞作㕑謂説文止有㙋字阮記説文有岑崟無欽崟俱失經傳通假字陸不改舊之指矣

巖五銜反韋音嚴○箋曰五銜爲巖之本讀音嚴則讀如嚴此蓋疑紐雙聲之轉左隱元年釋文嚴邑五銜反本又作巖巖彼即讀嚴爲巖是巖巖嚴二音可互讀也

其處昌慮反　阻隘於賣反　可要一遥反傳要之同　介胄直又反　爲其于僞反　如蹲音存　賈人音古　矯以居表反　而犒苦報反勞也　勞也力報反下同　虜掠音亮　隻輪如字一本又作易輪董仲舒云車皆不還故不得易輪轍○校勘記云唐石經諸本同釋文云云云經義雜記曰何注隻踦也穀梁傳作倚輪無反者范解倚輪一隻之輪漢書五行志載劉向説謂晉敗秦師匹馬踦輪無反者服虔曰踦音奇偶之奇師古曰踦隻也凡作踦作踦作倚皆奇字之通借疑公羊傳本作匹馬踦輪與穀梁及漢志同何注作踦隻也與范解及顏注同今本及釋文皆誤倒若傳本作隻文義已明反訓爲踦義轉晦矣箋曰臧説以穀梁倚輪證本傳隻輪爲踦輪誤何注隻踦誤倒阮記從之俱非也竊觀下條隻踦也一本作易踦可見有作易之本有作隻之本公羊傳文如此何注以踦釋隻正同穀梁用倚皆奇偶借字

之意與范解爲轉注矣若隻踦果誤倒則一本必作踦易何以解耶易踦非誤可證隻踦也不誤甚明由是以知傳文是作隻輪而非踦輪則穀梁自爲倚公羊自爲隻范何俱各依文爲訓陸仍舊不改亦依字作音故引董子語以釋一本作易之義明不當訓踦也臧記必以二傳用字同故失之

隻踦也居宜反一本作易踦○校勘記云釋文云云按據此則知傳一本作易輪與董仲舒合而何釋爲踦箋曰穀梁釋文倚輪居宜反一隻輪也按居宜即爲奇偶之奇本音作踦作倚皆奇之假借何用借字作釋此音正讀踦爲奇言不偶也陸以申何注正釋隻之義

惡不烏路反下同

詐卒七忽反

取菆才工反左傳作取訾樓

霣霜于敏反

復榮扶又反

列索息各反

文公第六　何休學

元年

歸含本又作晗户暗反五年經同○箋曰左文五年經釋文含本亦作晗户暗反說文作琀云送終口中玉則含爲借字晗爲俗字詳彼箋

且賵芳鳳反

不爲于僞反下不爲同

長幼丁丈反

稱也尺證反　來錫思歷反　復發扶又反　惡天烏路反　無恙餘亮反

于戚千寂反○校語錄云午當作千王校午余本作千筠案當作千箋曰千戚同在清紐午則在疑紐是此午爲千

形似傳寫之譌穀梁釋文于戚倉寂反倉亦清紐可證法王所校俱是也今依正之　君髡苦門反左氏作顆○校勘

記云葉鈔釋文唐石經髡作髡字從兀此從儿非釋文髡左氏作顆箋曰江校字亦從兀作髡阮說是也按穀梁同左氏釋文

君顆又丘倫反是則髡顆字異而聲同蓋雙聲之轉也　二年　彭衙音牙本或作牙　惡烏路

反　其將子匠反　今復扶又反下不復皆同　重師直用反　爲僖公廟于僞反下蓋爲

以爲下欲爲同　下壙苦晃反又音曠○箋曰說文十三壙塹穴也鉉音苦謗切段注云謂塹地爲穴也墓穴也苦謗

音曠爲直音反語用字之異則此又音爲本讀苦晃讀若懬轉去爲上蓋其時方音如此故陸列之於首也　麤觕才古

反又七奴反○箋曰前隱元年釋文麤觕才古反又七奴反說文大也與此同詳彼箋　期年音基三年同

人正音征下同　別昭彼列反下同　去氏起呂反　士穀戶木反　垂斂左氏

作垂隴　大廟音太下大祖皆同　躋僖子兮反升也本又作躋同○攷證云注疏本二字互易箋曰左
氏穀梁俱作躋僖周禮春官釋文躋本又作躋子兮反升也禮記禮器躋子西反升也本又作躋則釋文本與周禮用字同注疏
本與禮記用字同互詳彼箋　大祫音洽大祭　禘數大帝反下所主反　室笮側白反
炊沐昌垂反下音木　東鄉許亮反下同　猶諦音帝　不礿羊略反　先禰乃禮
反　喪取七住反本亦作娶同○攷證云注疏本二字互易箋曰余本與釋文同校記云閩本從傳倒改按詩韓奕
釋文取七喻反本亦作娶易姤娶七喻反本亦作取七喻七住用字異則釋文本與詩用字同注疏本與易用字同互詳彼箋
之好呼報反　傳之直專反　慟杜貢反　三年　伐沈音審國名　沈潰
戶內反　新使所吏反　雨螽于付反下及注同一音如字螽音終○箋曰穀梁釋文雨螽于付反下同
下音終則此首音為本讀按說文十一雨水從雲下也鉉音王矩切如字即讀王矩此上聲為名詞于付去聲為動詞詩邶風
北風雨雪其霶釋文雨于付反又如字可為其證本傳云雨螽者何死而墜也墜落即讀動詞故陸列去聲為首一音同又音

又有言龠隤地如雨也　而隊直類反注同○攷證云注疏本作墜校勘記云諸本同釋文墜作隊唐石經墜字後加土余本作而隊校記云通志本隊作隊閩本從傳改墜箋曰詩小旻釋文隊直類反本又作墜攷工記輪人同落也按說文十四隊從高隊也段注云隊墜正俗字古書多作隊今則墜行而隊廢矣則釋文本用正字注疏本用俗字余本作隊蓋為隊形相似之誤隊者道邊庳垣也徙玩切音義俱非　隋地大果反　地上時掌反　醇音純

為王于偽反　貴近附近之近　重出直用反　為諼許元反　四年

不為于偽反　錄使所吏反　見與賢徧反　窬俞乃定反下音餘○校語錄云俞餘不同音殆誤箋曰俞在虞餘在魚俱喻紐本書魚虞混用故二字同音今讀猶然實非誤　五年　加飯扶晚反　宰咺況阮反　去天起呂反下同　任宿音壬　顓臾音專下音榆　入

鄀音弱　六年　侯讙好官反　數如所角反　射姑音亦又音夜○穀梁作夜十三經音略五云狐射姑穀梁傳作夜姑麋氏又作亦姑釋文云射音亦一音夜案僕射秦官名射羊謝翻音夜顏師古以為闕

中語音之轉（桓九年昭二十五年定二年左傳釋文並亦夜兩音莊二十三年又有示亦翻音石）箋曰穀梁六年釋文夜姑左氏作射左傳六年釋文狐射姑音亦一音夜則音亦為射作音故此與左俱列為首音夜蓋從穀梁之讀故云又音又音同一音一音者謂有一本作此音穀梁用字正同也

君漏　力豆反泄也○王校此余本作泄汲古同箋曰余本校記云六年音泄也通志本誤此按傳云君漏言也注云目上言泄下曰漏則漏泄同義故陸以泄釋漏是此字誤今依正又按力盧本作如力漏同在來紐如則在日紐當依此本作力

言泄　息列反又以制反○箋曰莊子人間世釋文泄思列反崔云泄洩同思列即息列左襄十四年傳益言語漏洩釋文息列反徐以世反以世以制用字異則此首音為漏泄之訓又音即本徐讀益方音之轉與水名讀同左昭二十五年傳釋文泄息列反又以制反漏泄也可為其比

姑將　子匠反下同○王底本子作于王校于余本作子汲古同箋曰子將同在精紐于則在為紐是字形近之譌王說是也正同本書

不說　音悅下同

刺陽　七亦反又音七賜反○王校余又一音汲古亦有一字箋曰七亦讀如刺穿之刺七賜讀如刺史之刺二音去入相轉也本書條例又與一音不並出此又疑一字之誤余本汲古本俱衍又字

大祖　音泰

比時　必利反

朝朝　上如

字下直遙反 敢渫息列反 七年 須朐其俱反 并為于偽反年末注同

城郚音吾 令狐力丁反 先眜音蔑左氏作蔑○校勘記云唐石經鄂本閩本同監毛本眜誤眛下同段玉裁云從末是也解云左氏穀梁作先蔑王底本作先眜王校余本作先眛別本皆先眛江校及北館本並作眛箋曰余本校記云晉先眛閩本眛作眜音同通志本作眜按說文四眜目不明也從目末聲蔑勞目無精也段注云通作眜如左傳公及邾儀父盟于蔑晉先蔑公穀皆作眜是也以此可證音蔑之眜當是從本末之末聲字非是從午未之未聲字阮記引段說是也音蔑即讀眜為蔑蓋從左氏讀明眛為其通假也眛為眜之形誤以其音義皆與蔑不合耳今依正 其咎其九反 眣晉音舜本又作眣丑乙反又大結反以目通指曰眣本又作眣音同字書云眣瞚也以忍反○攷證云本又作眣舊眣作眣注疏本同今案除本又作眣外凡眣晉曰眣眣瞚俱當作眣今改正注疏本丑作伊謞校勘記云諸本同唐石經眣字缺段玉裁云成二年作卻克眣魯衛之使字從目矢從矢釋文眣音舜本又作眣丑乙反本又作眣音同今釋文眣亦誤眹眹誤眣校語錄云正文疑當作作眣注內眣字當作眣眣音亦不能同眹又見成二年今經作眣宜攷唐石經經籍舊

音辨證二云段玉裁曰公羊傳作眹從矢會意從失者其譌體也說文字注眹承仕按字從目矢矢亦聲何注云以目通指為眹指
眹疊韻為訓脂對轉真故字書音以忍反作眹作眹者形近之譌丑乙大結二反並從失聲作音違失傳意黃侃云眹即說文
瞚字字又作瞬故音舜本從寅聲故音以忍反由舌音對轉脣故從失而音丑乙與大結由舌音對轉脂故字從矢而作眹依
何義則字正當作旻說文旻舉目使人也從攴從目讀若颬本喉音字故有以忍之音眹的係譌文箋曰王校丑余本作尹汲
古作伊履芬本以墨口大眹字其旁注眹於書眉云集韵七之眹睽廾基切春秋傳眹魯衛之使或從矣類篇目部眹睽眹眹
不同睽字無異近人妄改此為眹真足一歎辛未閏月閱並記余本校記云音眹音誤者舜本又作眹尹乙反又大結反以目通指曰眹
本又作睽音同字書云眹瞚也以忍反通志本丑乙反眹瞚也作眹閩本眹皆作眹伊乙反並誤按成元年傳郤克眹魯衛之
使字作眹則知此傳亦本作眹此以音改傳也音內兩眹字皆眹之誤按說文四眹目不正也鉉音丑栗切丑栗丑乙用字異
則此所言本又作者正與許書同法謂注內眹字當作眹是也藏校及北館本同今依正丑眹同在徹紐尹在喻紐伊在影紐
余本汲古並誤五經文字上云眹又音舜以目通也見春秋傳則此肴音正作眹陸氏與張參所本同盧阮諸家所校俱是也

今亦依正廣韵稕韵舒閏切瞬瞬目自動也瞚上同眣亦同見公羊傳殆依本書黄説詳之至於集韵七之類篇目部皆以眣為眣之或則沿本書吳黄俱以眣為眣謂是也　故復扶又反　八年　衡雍於用反

雒戎音洛　于暴步報反本又作曝一音甫沃反○校語録云甫疑蒲之誤箋曰按廣韵沃韵無曝屋韵暴蒲木切曝上同甫沃邦紐沃韵蒲木並紐屋韵本書邦並及沃屋俱混用法疑甫為蒲誤葢泥于廣韵矣　再見賢編反

壅塞於勇反　復還扶又反　螽音終　九年　信恩音申　涼音亮又音良　闇如字又音陰○校勘記云鄂本涼作諒釋文作涼音亮箋曰禮記喪服四制引書諒闇鄭注諒古作梁楣謂之梁闇讀如鶉鵪之鵪闇謂廬也釋文依注諒讀為梁闇讀為鵪音烏南反下同徐又並如字烏南即讀闇為庵言高宗守父喪居梁庵也則此涼音良即讀涼為梁葢從禮注之義左隱元年傳弔生不及哀杜注云諒闇終喪釋文諒音亮又音良闇如字按説文十三闇閉門也鉉音烏紺切段注云借以為幽暗字烏紺即是如字之音言處幽暗之地以終父喪也則此涼闇首音正同杜讀音陰即讀闇為陰也　者與音餘　惡文烏路反　陽行下孟反　星孛音佩

使椒 子遥反一本作萩子小反○校勘記云唐石經諸本同釋文椒一本作萩案萩聲叔聲古音同第三部十三經音畧五云椒或作萩穀梁傳作萩子遥翻音椒又子小翻音勦案萩本音秋左傳襄十八年雍門之萩音秋今此音子遥翻蓋字有椒萩之異而音仍同也箋曰穀梁釋文使萩子遥反又子小反或作萩左氏作椒則公羊與左氏用字同子遥為椒之本音穀梁首音蓋讀萩為椒子小則為萩之音與穀梁又音同此一本即與穀梁用字同

見升 賢編反

卒備 七忽反

襚 音遂贈喪之衣服

一使 所吏反

以别 彼列反下同

欲上 時掌反又如字

少繫 詩名反

共公 音恭

十年

女栗 音汝本亦作汝

屈貉 居勿反又音厥下音麥又户各反二傳作厥貉○校勘記云釋文屈貉二傳作厥貉十三經音略五云厥貉厥公羊傳作屈釋文居勿翻又音厥即居勿翻不必重出貉左傳釋文武百翻交互出切穀梁傳釋文亡白翻交互出切並音麥公羊傳釋文音麥又户各翻音鶴校語錄云貉麥不同音此誤户各上有闕文否則麥字衍注疏本户上有又字王校余本又户各反箋曰余本校記云十年音下音麥奪音字又户各反通志本奪又臧校户上亦增又字北館本同按居勿音厥為直音反語用字之異音厥又從二傳讀本書條例如此周謂

重出不明一音之有二反語也麥與户各不同音周法所說俱是余本校記所謂本書奪又字今依補

十一

年伐圈

求阮反一音卷說文作圈字林句万反二傳作麋○攷證改小圈作圈句作曰云舊作說文作圈譌今案

本書改正又曰舊作白今從宋本作曰十三經音略五云麋釋文九倫翻音頵俱倫翻同案麋字有九倫見渠云羣卯粉溪三翻公羊傳麋作圈圈驅圓翻犬平聲則麋字亦讀如囷區倫翻即卯粉翻之平聲也此讀溪母又圈字有求阮句萬二翻又昭元年麋公穀並作卷音權此讀羣母校語錄云卷疑誤說文非異字亦疑誤圈盧依說文改圈句盧依說文改曰經籍舊音辨證二引盧說云云承仕案句曰並句之形譌茲據注疏本正盧校失之箋曰履芬本以墨△於圈右旁又於書眉云依玉篇廣韵當作圈而今本說文無圈字又江校朱筆作圈下同段注說文圈下云考公羊傳文十一年楚子伐圈音義云圈說文作圈而集韵二十五願云圈圈二同類篇圈圈分出皆云養畜閑也疑說文本作圈後入改之耳然則江校與段說同圈者圈之隸省法所謂說文非異字是也圈圈形近易譌今依正之錢馥云案此當作句作白固非作曰誤也圈牙音曰喉音圈字不讀喉音也玉篇巨萬反句巨並牙音羣母則錢吳說同俱斥盧校之失圈圈俱羣紐麋見紐此蓋同位雙聲之轉

于鹹咸音

復扶又反　于犂力知反又力兮反○箋曰力兮在齊為犂之本音讀同耕犁之犂力知在支其時支齊混用故陸列於首也　狄行下孟反　十二年　而笄古兮反　逵別彼列反

使遂二傳作術　賢繆音穆　諓諓徐在淺反又子淺反又音戩尚書作截截淺淺薄貌也賈逵注外傳云巧言也○校勘記云諸本同唐石經缺釋文諓尚書作截九經古義云說文引書曰戔戔巧言李尋傳云昔秦穆說諓諓之言任佹佹之勇王校余本作尚書截截汲古同箋曰廣雅釋訓諓諓善也說文三諓善言也鉉音慈衍切段注云古文秦誓截截善諞言今文秦誓戔戔公羊傳作諓諓賈逵外傳注曰諓諓巧言也韋昭越語注曰諓諓巧辯之言然則此善言謂善為言辭者慈衍在淺用字異則二徐讀同故陸以之為首音子精紐在從紐本書精從混用則此又音讀同音戩蓋讀若戩此精紐雙聲相轉按尚書秦誓釋文截截才節反與諓諓從紐雙聲何注云諓諓淺薄之貌徐疏云謂其念有淺薄則此所釋用何說陸復引賈注外傳證之者明二字義異而音近故經典通借也又案尚書作截乃申明上公羊即作諓字如為尚書截截則與下淺薄貌相屬殆非陸意矣作截二字是也余本汲古皆誤　善竫在井反撰也本或作諞皮勉反又必淺反本作譔七全反

又仕勉反○校勘記云諸本同唐石經缺釋文諍或作諞本作諓王逸楚辭章句引書云諓諓靖言靖與諍同箋曰何注云諍
猶撰也段注說文諓下云鄭注論語異乎三子者之撰撰讀曰諓諓之言善也廣韵曰諓善言也本鄭則諍言猶善言也此義
用何說云本作字即論語鄭說所用者七全為諓之本音銓音此緣切乃用字異可證仕勉亦為諓之音尚書秦誓釋文諞音
辨又甫淺反反音辨皮勉為直音反語用字之異甫淺即必淺脣音輕重交互也此云本或作字即為尚書所用者諞在並諓在
牀位同相轉也　俾君必爾反注同使也　易怠以豉反注同　輕惰大臥反　一介
古拜反一介猶一槩也尚書音古賀反○校勘記云唐石經諸本同釋文一介古拜反尚書音古賀反惠棟云古無个字作一
介為是王校以墨会於尚書音古賀反右旁於書眉云筠案尚書音義介音界字又作个音工佐反箋曰音界即古拜工佐即
古賀俱為用字不同非音有異也故古賀即讀作个此蓋雙聲相轉而字又為隸省阮引惠棟所謂古無个字也陸引之以為
證者明此與尚書音近而義同也何注云一介猶一槩此義則從何說也　斷斷丁亂反專一也注同　佗技其綺反
反　一槩古愛反　奇巧其宜反本又作琦同　休休許虯反美大貌　曲折之設反

數興所角反　不別彼列反下同　及運二傳作鄆後皆同　十三年

盈為于偽反下文盈為周公皆同　故復扶又反　籧篨其居反下直居反　世室屋壞二傳作大室○校勘記云唐石經諸本同釋文云云九經古義云公羊皆以世為大如衛大叔儀為世叔齊末樂大心為樂世心推而廣之如鄭大夫子大叔論語作世叔天子之子稱大子春秋傳云會世子于首止諸侯之子稱世子而晉有大子申生鄭有大子華春秋經齊世子光左傳云大子光是古世與大通宷世出誤與大聲相近故文異箋曰左氏穀梁釋文大室並云音泰泰在透世在審發音之形態同此位同相轉阮記是也　大廟音泰下同　以養餘亮反注皆同

供養九用反下同　死以為如字注死以為為周公主同　千乘繩證反　有王于況反

趣鄉許亮反　騂息營反　犅音岡詩作剛騂犅赤脊也　為盛成政反又音成粢盛也在器曰盛○箋曰說文五盛黍稷在器中以祀者也鉉音氏征切氏征音成為直音反語用字之異則此又音為本讀成政轉平為去殆方音之變禮記禮運注合其所盛釋文盛市正反又音成市正即成政則與此同　公壽徒報反一本作濤音同冒

也　冒也亡報反　公廪力甚反　財令力呈反下同　于沓徒合反　于

斐本又作棐芳尾反○十三經音略五云棐字止有上聲斆尾翻芳尾翻同音簏一音坊本音注去聲音吠者非文十三年釋文又非尾翻非斆稍異

箋曰芳尾本爲斐之音穀梁釋文于棐芳匪反芳匪芳尾用字異則此所云本又作棐正與穀梁同左氏釋文于棐方尾反

又非尾反此一音二反語乃爲棐之音周云音簏當爲此反語之直音與芳尾尚有非斆之異遽以坊本韵讀之故也然釋文

非斆混用故陸於穀梁棐音芳匪與此匪讀同於左氏棐音方尾又非尾與此斐亦同而周則云非斆稍異殊未審矣

之難乃旦反　十四年　爲臣于僞反下爲後故爲同　侯潘普干反　更

相音庚下楚更同　吳篡弑申志反下同○攷證弑作殺臧校及北館本竝同王校余本作殺箋曰余本校記云音篡

殺申志反下同通志本閩本竝從注改弑按下者即本年注齊宋莒魯弑其君而立之應按釋文以申志爲弑與殺作音其見

於此前者如隱四年弑其十一年弑也桓元年繼弑閔元年繼弑僖元年繼弑皆音申志反隱三年殺其莊六年殺而三十一

年桓殺三十二年牙殺僖元年與殺五年比殺亦俱同音則此弑字非誤亦非從注所改故汲古本同臧王諸家所校恐非陸

氏之舊是不敢從　**趙盾**徒本反　**星孛**步內反徐扶憒反○箋曰穀梁釋文星孛步內反則此首音為本讀左氏星孛音佩徐扶憒反音佩步內為直音反語用字之異詳彼箋　**並爭**爭鬬之爭　**接菑**在妾反又如字下側其反二傳作捷捷菑○校勘記云唐石經諸本同釋文接菑二傳作捷菑經義雜記曰莊十二年宋萬弒其君接今左氏穀梁作捷賈景伯所見公羊穀梁皆作接僖三十二年鄭伯接卒左氏穀梁作鄭伯捷接捷二字古多互用王校余本作捷臧校及北館本並同箋曰余本校記云音接菑通志本閩本同此誤捷履芬本書眉藍筆接是捷非千里按穀梁釋文捷菑在接反下側其反左氏釋文捷菑側其反捷字無音即讀如字在接在妾用字異在妾從紐為捷本音接在精紐則此首音即讀接為捷正從二傳之讀又音始讀其本字作接者同位通借也故陸引二傳證之阮引臧說所謂二字古多互用是也余本校記謂此誤捷顧千里謂接是捷非俱未會通三傳用字亦失陸氏列音之旨矣　**百乘**繩證反　**沛若**普貝反有餘貌　**玃且**俱縛反下子餘反　**壓之**於甲反又於輒反服也○箋曰傳云子以大國壓之注云壓服也則此釋義本何說於甲為壓之本音於輒蓋讀作厭禮記曲禮釋文厭冠於涉反伏也於涉於輒為用字異　**齊復**

扶又反下同 也長丁丈反注同 見挈賢徧反下音苦結反 惡商烏路反 卓子勑角反 分別彼列反 惡乎音烏 十五年 華孫戶化反 見宋賢徧反 惡二烏路反下皆同 筍將音峻竹箯也將送也 竹箯婢緜反一音步賢反服虔音編韋昭音如頻○校勘記云九經古義云史記張陳列傳上使泄公持節問貫高箯輿前服虔曰箯音編編竹如今峻可以糞除也韋昭音如頻反云如今輿牀人輿以行案服氏云如今峻峻即筍也同物同音釋文筍音峻王校余本如頻反汲古同箋曰余本校記云音箯韋昭音如頻反通志本無反字是按說文五箯竹輿也鈕音旁連切旁連婢緜用字異則此首音爲本讀步賢在先婢緜在仙本書先仙混用故其讀同一音即又音音編言編竹爲之音如頻即讀如頻蓋雙聲之轉也余本如頻反九經大義引韋昭音同衍反字校記之說是矣 編必緜反一音篇郭璞音步典反○箋曰莊子大宗師釋文編曲必連反字林布千反郭父殄反必連必緜用字異布千帮紐先韻音篇旁紐仙韻本書帮滂先仙俱混用則此一音與彼呂讀同步在並父在奉等韻家所謂輕重交互則郭璞郭象讀皆同其音蓋作辯辯者交也互詳彼箋 輿音餘 爲叔于僞

反下父為子為若為實為同傳送直專反令受力呈反下同解也戶買反不省所景反其郛芳夫反郭也恢郭苦回反大也鄉者許亮反下同幾亦音祈

十六年為叔于偽反乃復扶又反下同犀丘音西左氏作鄭丘穀梁作師丘○校勘記云唐石經諸本同解云正本作菑丘故賈氏云公羊曰菑丘穀梁曰師丘今左氏經作鄭字經義雜記云釋文作犀丘穀梁音義亦云公羊作犀丘則唐以來本不作菑字矣公羊疏唐以前人為之所據皆晉宋古書故猶見正本與賈景伯合也十三經音略五云鄭音西又七西翻音妻公羊傳作犀穀梁傳作師案西犀心師審音近箋曰穀梁釋文師丘左氏作鄭丘與此說同左氏釋文鄭丘音西又七西反七西始為鄭之本音則音西此為犀作釋彼讀鄭為犀從本傳之讀三傳互文甚明按犀在心鄭在清師在疏犀與鄭同位相轉犀與師位同相轉周氏所謂音近者皆其用字之異耳漱素侯反浣戶管反令自力呈反暴揚步卜反巴人布加反處囪二傳作杵臼以別彼列反梟古堯反斬要一遙反刎亡粉反頭如字本又作脰音豆○校

勘記云鄂本同閩監毛本脰改頭按釋文云云余本校記云注
殺人者刎脰閩本從音改頭箋曰脰為項頭為首截頭者必斷
其項說文脰項也故他本頭又作脰矣　十七年　聖善二傳作聲善　十八年
伯螢乙耕反何云穆公也左氏穆公子康公　復見扶又反下同下賢偏反　弒也音試下及
注同

宣公第七　何休學

元年　差輕初賣反　摘巢吐狄反　刳胎口孤反○王校孤余本作狐汲古同箋曰孤狐
同在模韵故此本作孤余本作狐　復屬音燭○王校燭余本作蜀汲古同箋曰燭蜀同在燭韵故此本用燭余本
用蜀　叢棘才工反　咠況甫反　要絰一遥反　又孫音遜　濟子禮反
遺齊唯季反　兼將子匠反　棐林芳尾反　閒音閑　貿音茂　二年
華元戶化反　夷獆戶刀反又古刀反二傳作夷皐○箋曰戶刀為獆之本音古刀蓋讀作皐左氏釋文夷皐

古刀反則此又音從二傳之讀矣

三年

則扳普顏反又甫姦反〇箋曰隱元年及下十二年傳俱有扳條釋文俱云扳普顏反又必顏反引也甫姦即必顏此又音為輕重交互也說文三𠬜引也鉉音普班切𠬜或從手從樊即今攀字普班即普顏

于溹大歷反養牲宮名

迭生大結反

更王音庚下于況反

賁渾舊音六或音奔下戶門反二傳作陸渾〇十三經音略五云陸渾公羊傳作賁渾釋文舊音六或誤今音奔下戶門翻穀梁傳釋文音渾又戶困翻渾去聲箋曰音六列首即讀賁為陸從二傳之讀故陸引二傳所用字以為證音奔乃為賁之本音此或音猶言又音戶門本渾之音穀梁戶困反則彼又音轉平為去周說是也

鄭繆音穆

四年

為公于偽反

五年

為重直用反下同

六年

見何賢編反

升餕音俊

已趨音紀

是樂音落〇王校落余本作洛汲古同箋曰洛落為用字異故此本作落余本作洛

有人何本又作荷胡可反又音河〇攷證云注疏本二字互易余本校記云音有人何本又作荷通志本同閩本從傳倒改通志本又音河閩本作何此誤同箋曰說文八何儋也段注云何俗作荷猶儋之俗作擔也商頌百祿是何何天之

休何天之龍傳曰何任也箋云謂擔負周易何天之衢王肅云何荷擔也凡經典作荷者皆後人所竄改今音擔何則胡可切

餘義胡歌切然則此本作何為正字首音為本讀他本作荷為借字又音蓋方音之轉矣　畚音本　為解佳賣反又

如字　摮五羔反又苦交反猶擊也○箋曰傳云公怒以斗摮而殺之注云摮猶擊也則此釋義本何說按廣雅釋詁三

摮擊也疏證引本傳及注證之云玉篇摮擊貌也廣韻引倉頡篇云毃摮也摮毃並音五交反其義同也五交即五羔以本書

肴豪混用故也苦交蓋讀為敲集韻五交丘交切以摮為敲之或殆據本書　摮口弔反擊也　愬所革反又

訴路反○攷證云訴疑蘇校語錄引盧說云訴與路疊韻不得為切訴字誤也箋曰注云愬者驚貌按易履釋文愬愬山革反

子夏傳云恐懼貌何休注公羊傳云驚愕也所革山革用字異則此首音為本讀訴愬同音不能作切法以為誤是也詩邶風

柏舟釋文愬蘇路反論語顏淵同盧謂訴疑蘇蓋其所據也當依正之　心作在洛反　魚飧音孫

頸居郢反　自斷音短　重門直容反　擊柝他洛反　而食音嗣下同　祈彌

上支反○攷證云舊誤在頸之上案文當在而食下今改正校語錄云盧移祁彌條於而食條下工乃上之譌王校筍案祁彌

一條當在而食之下佗然之上箋曰竊攷傳云子為晉國重卿而食魚飧是子之儉也君將使我殺子吾不忍殺子也雖然吾亦不可復見吾君矣遂刎頸而死可見魚飧至頸無祁彌二字又傳云於是伏甲于宮中名趙盾而食之趙盾之車右祁彌明者國之力士也佗然從乎趙盾而入則是祁彌在而食與佗然二條之間盧校王說俱是也今依移之按左莊六年釋文祁侯巨支反字林上尸反成七年祁奚支作之餘同以彼為證知此音本於呂忱工為上形似之譌法說是也今依正之

佗然 魚乙反

踖 丑略反與踱同一本作辵音同○校勘記云唐石經諸本同釋文踖與踱同一本作辵音同經義雜記曰說文辵乍行乍止也从彳从止讀若春秋公羊傳曰辵階而走釋文謂一本作辵與說文正合則古本公羊作辵階矣公食大夫禮賓栗階升注不拾級連步趨主國君之命不拾級而下曰辵公羊義當如禮經注較之說文乍行乍止之訓更密也箋曰傳云踖階而走注云踖猶超遽不暇以次按史記司馬相如傳大人賦跮踱輵螛集解徐廣曰跮踱乍前乍郤也漢書顔注踱音丑略反此陸以史漢之踱證本傳之踖明字異而音義俱同也謂一本有作辵者臧所謂與說文正合則踖踱皆其後出字矣

劇不 其據反本亦作遽○攷證云注疏本二字互易余本校記云音劇本亦作遽通志本同閩本從注倒改箋

曰漢書楊雄傳口吃不能劇談注云劇疾也國語晋語公懼遽見之注云遽疾也二字音義並同故注疏本與釋文互易

比周毗志反　之槷五刀反　而踧音存以足逆蹋之　逆蹦徒臘反　其領

戶感反　蚤免音早　不説音悅　黑臀徒門反　剽匹妙反　七年

爲伐于僞反　八年　難辭乃旦反　編必連反　屬音燭　曰肜羊弓

反　謂楯食允反　人扞戶旦反　項熊音傾　無詘音刃　莫者音暮

九年　諱亟去冀反　未期音基　十年　及僤本又作闡昌善反○余本

校記云注據歸讙及闡闕本從音改僤箋曰昌善爲闡之本音此讀僤爲闡位同相轉以其地名無本字俱爲其假借也

取蕢音類又力對欺類二反○十三經音略五云繹公羊傳作蕢釋文音類又力對欺類二翻案力對翻音耒與類韵異

類寘耒隊欺類翻音缺爾雅力愧力對二翻音同義異校語錄云欺疑誤王校余本作音類箋曰爾雅釋草釋文蕢力愧反又力對反力愧音類爲

直音反語用字之異與力對洪細相混則此地名音讀與草名同類上漏音字今從余本補按欺類在至讀若喟集韵丘媿切

有蘱注云地名春秋傳伐邾婁取蘱正依本書周云音缺在寘乃依坊本韵也法疑欺為誤殆以廣韵律之歟 瞻振常豔反

十一年 公孫寗乃定反又音寧○校語錄云音寧上脫又字箋曰乃定讀去聲為寗之本音音寧則讀平聲二讀聲調各別是音寧亦為寗作釋故當有又字以著其異法校是也盧本有又今依增之

十二年 斷日音短 藉在夜反 沛焉普蓋反 墝埆上苦交反下音嚳 多索所白反舊本作策音索 屢往力住反又作數音朔 數千所主反 扈養餘亮反 艾草魚廢反 杅不音于 喪費芳味反 可掬九六反注同 扳普顏反又必顏反○箋曰詳前三年則扳箋 造舟七報反 而佚音逸注同 欲壞音怪 十三年 秋螺音終 十四年 者惡烏路反 十五年 得與音預

憊矣皮誡反 柑馬其廉反以木銜馬口 大貊亡百反○攷證云注疏本作貉余本校記云音大貊通志本同閩本從傳注改貉箋曰說文九貉北方豸種鋋音莫白切段注云俗作貊則注疏本用正字釋文與余本用俗

字亡百即莫白等韻家謂為輕重交互也 之費芳味反 數萬所主反 以食音嗣 伉

健苦浪反一音苦杏反○箋曰苦浪為伉之本音說文伉音同可證苦杏雙聲相轉集韻梗韻苦杏切有伉注健力也何休曰辨護伉健者為里正可見此一音始為伉健之本讀一音即又音謂又有一本作此音也 塾音淑 莫音暮

蟓生與專反

十六年 宣謝災左傳作宣榭火○校勘記云鄂本閩本同監毛本謝作榭下及注疏並同唐石經缺釋文云云惠棟云襄九年疏引作謝古無榭字彧止作射周邢敦銘曰王格于宣射是也三傳皆作謝俗從木又災左傳作火箋曰穀梁釋文宣榭音謝本或作謝災傳例云國曰災邑曰火左氏作大左氏釋文宣謝本又作榭音同則左氏傳文與穀梁同作榭釋文與公羊同作謝按段注說文謝下云經典無榭字祇作謝釋宮無室曰榭轉寫俗字也依是則從木之榭為後出專字而本傳之從言謝周邢敦銘止作射皆為其假借字非即臺榭之本字惠氏以說文木部不錄榭遂謂三傳皆作謝殊廢經典用俗字之例矣陸于此引左傳作宣榭為證者明謝榭字異而音義同左穀自為俗字之榭公羊自為借字之謝三傳各有所授受也

十七年 錫我思歷反 于鞌音安 斷

道音短又大短反○箋曰左傳釋文斷道直管反一音短穀梁釋文斷道徒短反一音短徒短大短用字異直管與之為類隅則左穀俱與本傳首音又音互易故二音皆為其本讀也詳左氏箋　十八年　節斷音短　賢

行下孟反　墠帷音善埽地張帷　之殺所戒反　怨懟直類反

成公第八　何休學

元年　舒恆如字緩也尚書作豫　奥若本又作燠於六反煖也○攷證云奥燠注疏本二字互易校勘記云閩監毛本同釋文舒恆尚書作豫奥若本又作燠經義雜記曰尚書厥民隩五帝本紀作其民燠蕃古文尚書厥民奥今文尚書厥民燠釋文引馬云煖也是馬從今文讀按何氏今文之學也引尚書作恆奥若是今文燠亦作奥按段玉裁云僞孔本作豫鄭王本作舒羣經音辨引作舒常奥若云何休讀今本作燠按音辨恆作常避宋諱也箋曰按舒在審豫在喻同發摩擦音位同相轉故本傳作舒尚書作豫也奥燠同在影紐雙聲相轉也穀梁桓十四年釋文常燠於六反煖也則此讀奥為燠矣

幼少詩名反　甲鎧苦代反　辟土婢亦反　粥貨羊六反　貿戎音茂

一音茅左氏作茅戎○箋曰穀梁釋文貿戎音茂左氏作茅戎則此首音為本讀左氏釋文茅戎亡交反史記及二傳皆作貿戎亡交音茅為直音反語用字之異則此一音即從左氏讀也按茅茂雙聲故此與穀梁作貿而左氏作茅也

二年　新築音竹　公子手一本作午左氏作首　寗音安　以見賢編反年末注同

惡內烏路反　不使所吏反下及注使乎大夫同　佚獲音逸下同一本作失○校勘記云唐石經諸本同釋文云云九經古義云古佚字皆作失佚又與逸同尚書無逸漢石經作佚春秋經曰肆大眚穀梁曰肆失也失猶佚也佚與逸同謂逸囚按漢石經無逸之逸作劮箋曰佚在為失在審同發摩擦音此位同相通故經傳佚失並用也

不去起呂反　師還音環注同　逡巡七巡反　頃公音傾　驂乘繩證反　道

尚時亮反　公操七刀反持也　法斮莊略反又仕略反斬也○箋曰注云斮斬則此釋義本何說按說文十四斮斬也鉉音側略切側略莊略用字異是此首音為本讀爾雅釋器釋文斮莊略牀略二反字林云斬也牀略仕略亦用字異本書入聲莊牀混用二讀本無別故云又音也

死難乃旦反　姪子大結反又丈乙反○箋曰

說文十二姪兄之女也銍音徒結切徒結大結用字異則此首音為本讀左隱元年釋文姪直結反字林文一反兄女也直在澄大在定此舌音類隔也文一即文乙故此又音本於呂忱之讀矣**踊于**音勇上也**梧**普口反又步侯反高下有絶加躡板曰梧○校勘記云鄂本及漢制考作梧注同梧字從手非箋曰注云凡無高下有絶加躡板曰梧此義本何説而省凡無二字普口讀若剖步侯讀若裒集韵厚韵普后切有梧注引何説云云矦韵蒲矦切有梧注引公羊傳及注云云俱依本書音義矣**而闚**去規反本又作窺○校勘記云鄂本及漢制考作而窺容注同闚監毛本窺作闚唐石經缺釋文作闚云本又作窺余本校記云傳窺容闚本從音改闚容箋曰説文穴部窺小視也門部闚閃也銍音俱去陸切然則闚窺但形之異音義並同故余本鄂本用窺閩本用闚非從音改**上也**時掌反**加躡**女輒反**或跛**布可反**或眇**亡小反**迓跛**本又作訝五嫁反迎也○校勘記云唐石經諸本同釋文迓本又作訝周禮秋官掌訝注鄭司農云訝讀為跛者訝跛者之訝釋曰此公羊傳文時晉使郤克聘齊郤克跛齊使跛者往御御亦訝也按鄭司農所據公羊傳作跛者訝跛者賈公彥所據公羊傳作跛者御跛者皆與今本異訝正字御假借字迓俗字箋曰阮校是也何注迓迎

此義本之說文三訝相迎也周禮曰諸侯有卿訝也鉉音吾駕切吾駕即五嫁段注云惟周禮作訝他經皆作御如詩百兩御之毛曰御迎也以御田祖箋云御迎也則皆訝之同音假借通訓定聲云書盤庚予迓續乃命于天牧誓弗迓克奔洛誥旁作穆穆迓衛皆衛包所改俗字然則段朱說俱與阮同陸以此本用俗字作迓他本用正字作訝

致飧音孫而腍審

反

踦閭居綺反踦足也又音於綺反又於義反何云閭一扇開一扇一人在外一人在內曰踦閭○攷證作又音於綺反云舊綺作倚今從注疏本改王校於倚之倚余本作綺汲古同十三經音略五云踦居倚翻音几又於綺倚誤作翻音倚又於誤初作義翻音意此字又卯音欹與此騎翻義校語錄云倚當作綺盧本注疏本並不誤箋曰詩豳風東山釋文踦一足意也又居綺反爾雅釋畜左白踦郭注前左腳白釋文顧居綺反居綺居倚用字異則此首音為本讀與詩又音同即爾雅顧音也集韵四紙隱綺切有踦注立倚也春秋傳踦閭而語五寘於義切有踦注足也一引本傳文一依釋文義是則於倚從余本汲古本作於綺盧校改是據此居倚當從東山釋畜作居綺初義作於義周說改之是今並依正按居綺在紙音几在旨於義在寘音意在志周用坊本直音故於紙旨寘志俱混合也

芻初俱反

蕘如遙反

之甗音言又魚輦反又音彥邑

也○箋曰穀梁釋文之鱻魚輦反又音言又音彥玉甗也左氏釋文紀甗魚輦反徐音彥又音言字林云甑也則此首音即左穀又音此又音即左穀首音是以左穀義同而與公羊異也竊改何注云齊襄公滅紀所得甗邑其土肥饒或說甗玉甑是此所釋義本何說左穀所釋義亦與何引或說同何休謂齊滅紀得其邑杜范謂齊滅紀得其寶也互詳左傳箋

爲質音致下注及下同

眣魯音舜又丑乙反又達結反○攷證云舊本注疏本皆作眣說見文七年校勘記云唐石經同葉鈔釋文亦作眣音舜閩監毛本誤作眣余本校記云傳郤克眣魯衛之使閩本從傳改作眣玉篇眣下引此傳文龔橙曰眣眣同音義則同字也箋曰段注說文眣下云眣從矢會意從失者其譌體也閩本作眣蓋眣形近之譌前文七年傳眣晉大夫使與公盟也釋文眣晉音舜丑乙反又大結反以目通指曰眣大結達結用字異此省義訓互文以見盧校是也詳彼箋

之使所吏反　爲之于僞反注皆同　公鮑白卯反　侯遫音速　汶陽音問

一處昌慮反　數道所角反下音導　三年　衛繆音穆　素縞古老反

幼少詩名反下同　大重音泰一音他賀反　去疾起呂反　爲內于僞反

將咎如咎音古刀反左氏作廧咎如○箋曰左氏釋文廧在良反咎如古刀反按廧在從紐將在精紐此同位相通故二傳互用 尋繹音亦 惡之烏路反下同 屢盟力住反 用長丁丈反

復扶又反 數侵所角反下同 比周毗志反 四年 伯臤苦刀反本或作堅○攷證云注疏本二字互易校勘記云唐石經諸本同釋文作臼云本或作堅解云左氏作堅字穀梁作賢字今定本亦作堅字按云定本亦作堅與左氏同然則疏本作臤與釋文同也九經古義云臤與賢本一字説文臤古文以爲賢字漢潘乾校官碑云親臤寶智國三老袁良碑云優臤之寵堅又與賢通東觀漢紀云陰城公主名賢得續漢書天文志作堅得疑古賢字堅字皆省作臤公羊從古文作臤穀梁以爲賢左氏以爲堅師讀各異故也箋曰惠氏謂臤賢一字依説文古文假借以爲説實誤臤在溪賢在匣義異故音别按廣韵震韵去刃切臤堅也去刃即苦刃 五年 荀秀左氏作荀首 壅河於勇反○校勘記云唐石經諸本同釋文云云按釋文當本作雍今從土當後人所加箋曰穀梁僖九年釋文雍泉於勇反塞也成五年壅遏音同可見釋文有作雍有作壅所本各異陸仍不改故也以彼證此則此壅從土亦非後

人所加耳　不沵音流　為天于偽反　通道音導　湨古闃反　徧刺音遍

又重直用反　蟲牢直弓反下力刀反　六年　得復扶又反　而好呼報反

取鄟市轉反又音專○箋曰穀梁釋文取鄟音專又市轉反國名左氏釋文徐音專又市臠反市臠市轉用字異左穀此音首又互易此又音蓋本於徐讀也是二音俱為鄟之讀按本傳云鄟者何邾婁之邑也邑名或從方俗音故有此二讀也互詳左氏箋　諱亟去冀反注同　魯背音佩　屬相音燭　伯費音祕　為中于偽反　故去起呂反

七年　鼷鼠音兮　重有直用反下同　伐郯音談　見者賢徧反下同○攷證云舊脫下同二字今從宋本補注疏本亦有校語錄云反下盧補下同二字箋曰臧校亦於反下補下同二字北館本同按注云吳國見者罕與中國交至升平乃見故言始見以漸進是見者下尚有乃見始見二見字依陸書例當有下同二字以著之故宋本注疏本北館本俱有盧依增補是也今亦從之

八年　曰嘻許其反　所喪息浪反　語之魚據反　屨繻音須　趙括古活反

以見賢編反　瑞應應對之應　爵稱尺證反　爲王于僞反下爲魯爲下同
幼少詩名反　勞來力報反下力代反○校語錄云本當作反王校本余本作反汲古同箋曰力報爲勞之音
力代爲來之音二字雙聲連語則本爲反字傳寫之誤法說是也今依余本汲古本改　來縢以證反又繩證反○
箋曰前隱元年釋文俱縢以證反又繩證反與此同詳彼箋　九年　悖義布內反　廟見
賢編反下同　操禮七刀反　以別彼列反　且爲于僞反　復發扶又反
莒潰戶內反　十年　重難乃旦反　數卜所角反　怨懟直類反
侈也昌氏反大也　妬丁故反　取十七住反本或作娶○校勘記云娶鄂本同閩監毛本娶作取按
釋文作取云七住反本或作娶疏本標注作娶箋曰娶爲本字取其假借也經典多假取爲娶七住爲娶之本音則陸讀取爲
娶詩伐柯釋文取七喻反本亦作娶易蒙用取七住反本又作娶七喻即七住皆爲其證　侯獳乃侯反　去
冬起呂反　惡成烏路反　今復扶又反　十一年　郤州本亦作犫尺由

反○校勘記云唐石經諸本同釋文郤州本亦作犨九經古義云世本郤豹生義義生步揚生州州即犨也與公羊合左傳魏武子犨世本亦作州司馬貞云州犨聲相近字異耳箋曰左氏釋文郤犨尺由反穀梁釋文同云公羊作郤州則此云本亦作者正謂左穀所作按犨在穿紐州在照紐同位相通司馬貞所謂聲相近字異者也

十二年　**沙澤**素禾反又如字二傳作瑣澤定七年同○箋曰左氏釋文瑣澤素果反依字宜作瑣穀梁瑣澤音同按如字爲沙之本音素禾蓋讀若莎與素果平上相承故二傳作瑣陸引之以證與沙字異而聲同師讀各有所傳受也

十三年　**郤錡**魚綺反　**鑿行**在洛反造意也　**復出**扶又反　**伯廬**力吳反本亦作盧○箋曰左氏釋文與公羊同穀梁釋文伯廬力吳反又力魚反按力吳在模爲盧之音力魚在魚始爲廬作釋依此釋文則左氏與本傳俱讀廬爲盧三傳互文自見矣

十四年　**凡取**本又作娶○注疏本作凡娶校勘記云鄂本同此本書標起訖亦作娶閩監毛本改取非釋文云云閩監毛本蓋據此箋曰娶本字取借字經典通用則閩監毛本作取不誤阮說未允詳前凡取箋

十五年　**未見**賢遍反下同年末及注並同　**復氏**扶又反年内同

使于所吏反，及下使乎同。 有長丁丈反 相之息亮反，下同。 殺子音試 皆雜七合反，又如字。○箋曰：如字爲雜之本音，說文鉉音徂合切，在從紐；七合則讀在清紐，此蓋濁聲轉爲清聲耳。 世子戌音恤，本或作成。○注疏本作成，校勘記云：鄂本、元本同，唐石經、閩、監、毛本成作戌。釋文云云。箋曰：戌成形近，傳鈔有異故也。陸以此本作戌，或本作成。 爲墓于僞反 宋共音恭 士燮息協反 無咎其九反 子鰌音秋 所傳直專反 之行下孟反 差醇初賣反，下音純。 葉公舒涉反，下文同。 者說音悅

十六年 少陽詩召反 復食扶又反 欒力官反 黶於斬反 冥也亡定反，又亡丁反。 其治直吏反 鄢陵於晚反，又於建反。○箋曰：穀梁釋文鄢陵音偃，左氏釋文鄢陵謁晚反，又於建反。謁晚、於晚俱與音偃爲直音反語用字之異，詳左氏箋。 于泓烏宏反 王痍音夷，傷也。 所中丁仲反 爲重衆于僞反，下爲代公同。○攷證云：舊無衆字，注疏本有之。案注内有當舉傷君爲重句，此爲重讀如字，則不容不分別，今從注疏本補衆字。校語錄云：爲重下盧

依注疏本補衆字箋曰盧說是也故法從之今依增補　恚一睡反　易也以豉反注及下同　復舉扶又反下而復同　喜時左傳作欣時　令專力呈反　舍是音捨注同下傳舍臣放此　無難乃旦反注同　招丘章遥反又上饒反二傳作苕丘○箋曰又音殆依二傳作苕為釋章遥乃為此招之本音故陸列之於首也　悕矣音希悲也　别嬰彼列反　出使所吏反

十七年

柯陵古河反　因見賢偏反下同　惡如字又火吳反○箋曰如字即讀爲各切過惡之惡火吳讀同呼集韻模韻荒胡切滹云滹池或作惡依本書以惡爲滹之或　池如字又大河反○箋曰如字即讀同廣韻直離切池沼之池大河則讀爲虖池之池漢書地理志川曰虖池師古曰池音徒河反徒河即大河　蜚林芳尾反又音配○攷證云注疏本作又作配校勘記云釋文云惠棟云古配字讀爲妃故配林一作蜚林音相近箋曰禮記禮器齊人將有事於泰山必先有事於配林注云配林林名則此又音本於禮器之讀芳尾即爲蜚之音始爲何注作釋故陸列之於首按余本作又音配與釋文本同可見注疏本又作配之作字誤　泮宮音判本又作郊○校勘記云釋文泮本又作郊按禮

記禮器注云泮宮字或為郊宮箋曰禮器作頖宮注云頖宮郊之學也釋文頖本或作泮依注音判則此判宮即彼謂或本此云本又作者正彼注所謂或為郊宮也　告牲音全　荀罃乙耕反　貍力之反　軫之忍反左氏作脤穀梁作蜃〇校勘記云釋文云云解云正本作貍辰字箋曰左氏釋文貍力之反脤市軫反穀梁釋文貍蜃上力之反下時軫反市軫時軫用字異軫在照脤蜃在禪則公羊與左穀同位相通陸著之者明其僅為字異耳互詳左氏箋　以為于偽反下文為公同　以激古狄反　貜且俱縛反下子餘反　十八年　復入扶又反注同　楚為于偽反下為宋同　士匄古害反　鹿囿音又　士彭二傳作士魴襄十二年同〇箋曰左穀釋文士魴並音房房在奉彭在並此輕重脣音相通唯公羊與二傳用字異耳　崔杼直呂反　虛朾起魚反下勑丁反

襄公第九　何休學

元年　甯殖市力反　為宋于偽反下為宋楚為並注同　于合二傳作鄫　鄭背

音佩

孫剽匹妙反

二年

伯睔古困反○校勘記云唐石經諸本同釋文云云九經古義云古今人表鄭成公綸師古曰綸音工頑反又冷淪氏服虔曰淪音鰥鰥與昆同音故綸淪字皆讀為鰥校語錄云困當作困見穀梁襄二誤元年箋曰穀梁襄二年釋文伯睔古困反左氏困作困惠棟周春錢馥俱以為訛則此困與左氏同法謂當作困是也今依正互詳左氏箋按音鰥即工頑與昆雙聲惠氏遽謂鰥昆同音當誤綸淪俱在山韵睔在恩韵然其聲則同在見紐矣

繆姜音穆

人與音餘下同

為中于偽反下及注並下文鄭為皆同○攷證云注疏官本作為于偽反下為中皆同刪去數字以下不見有注故以為誤衍去之案毛本易為為中國諱下本有注云據莒伐杞取牟婁不為中國諱十二字釋文亦全載疏云上注諱伐喪也古本無此注又此段云何氏不注之官本依疏所云故刪去注又節釋文而不知陸氏所見本與疏異也校勘記云諸本同按此注當衍釋文本有此疏本無之是也釋文音傳為中云云此陸本有注之證解云正據莒人取牟婁不為中國諱矣而何氏不注之者以上文已據取牟婁是以不能重出此疏本無注之證淺人襲疏語為之而未覺其與上複也箋曰余本阮校本俱與毛本同可見古本已有據莒伐杞取牟婁不為中國諱之注陸所本正

如是注疏官本無之未可為據阮謂此注衍文亦難令人信也

三年

長樗勑居反 不別彼列反 袁僑其驕反 為其于偽反注同 不復扶又反下同 不重直用反

四年

弋氏以職反莒女也左氏作姒氏○箋曰如余本毛本並作姒按左襄四年經云夫人姒氏薨注云成公妾襄公母姒杞姓依此則如為姒形近之誤今依正之按弋在喻紐姒在邪紐同發摩擦濁聲位同相轉矣 定弋左氏作定姒

五年

子巫亡扶反○王校亡余本作丘汲古同蔚按似當作亡箋曰亡巫同在微紐丘則在溪紐可見丘為亡傳寫之誤王説是也當以此本正之 為叔于偽反 疑讞魚竭反 善稻左氏作善道 通好呼報反 數用所角反 賦斂力驗反 惡鄫烏路反 不見賢編反 雜然七合反又如字十年注同 乃解古賣反

六年

曷為于偽反 為重直用反

七年

郯子音談 城費音祕 螺音終一音鍾○箋曰説文十三螽蝗也螺螽或從虫衆聲鉉音職戎切職戎音終為直音反語用字之異則此首音為本讀左

僖十五年經釋文螽音終本亦作螺可比音鍾者以終鍾之讀混故曰一音

于鄬于委反字林几吹反○校語錄云凡當作几見左氏襄七年箋曰穀梁釋文于鄬本又作隝于委詭反左氏經注鄬鄭地釋文鄬于軌反字林几吹反于詭于委俱在紙為用字異于軌在旨則為旨紙混用以彼字林音證之則此凡為几形傳寫之譌法說是也今依正之互詳左氏箋

髡原苦門反左氏作髡頑○校勘記云唐石經作髡原釋文云云疏本作髡頑解云正本作頑字一本作原非也按疏文所據之本較之釋文多得其正箋曰穀梁云鄭伯髡原如會釋文髡苦門反左氏作髡頑則公穀二傳同原頑皆在疑紐此為雙聲相轉何得以作原為非而謂疏本所據頑為正邪按髡江校作䯛北館本同說文九髡鋋音苦昆切苦昆即苦門江校及北館本俱是也當依正之

于操七報反一音七南反左氏作鄵○弦證云古喿與參往往易混此音七南必本有作摻字者箋曰穀梁釋文于操七報反則此首音為本讀左氏釋文于鄵七報反又采南反采南七南用字異詳彼箋

殺也音試下及注皆同　**為中**于偽反下及注皆同　**楚屬**音燭　**旤由**音禍○弦證云注疏本作禍校勘記云鄂本同閩監毛本禍作旤釋文亦作旤音禍箋曰余本亦作禍按說文一禍害也則旤八旤屰惡驚詞也聲借

余本禍與釋文異當為後人改　舍止處昌慮反　見辜賢編反　當背音佩　八年　以殺音試○王校殺余本作弒箋曰余本校記云以弒音試閩本同從注改通志本以殺按殺弒釋文俱音試詳前文公十四年簒弒箋　為中于偽反　當去起呂反　子燮素協反　易不以豉反　禦難乃旦反　候伺音司又息嗣反○箋曰說文新附伺候望也鉉音相吏切相吏即息嗣則此又音為本讀音司即讀作司伺為後出分別字左宣十二年傳注伺候釋文伺音司一音息嗣反俱以平聲為首音去聲為後出始有伺字　邢丘音刑　九年　宋火二傳作災　離本力智反　見大賢編反○攷證云今本注作見火譌校勘記云見火諸本同浦堂云大誤火按解云災者害物之名故可以見其大於火也浦校是箋曰阮說是也浦校與盧校同今依正之　為王于偽反　浸疏子鴆反　于戲許宜反　惡公烏路反　十年　于相莊加反　偪陽音福又彼力反○校勘記云唐石經諸本同釋文云云解云左氏經作偪字音夫目反一音逼近之逼左氏音義偪陽徐甫目反又彼力反本或作逼按左氏經當本作

福陽穀梁作傅陽九經古義云古今人表作福陽漢書地理志及續漢志皆作傅陽箋曰穀梁釋文傅陽左氏作偪陽按左氏
與公羊同甫目音福為直音反語用字之異俱列之于首者同于漢書人表之字讀福也阮謂左氏當本作福陽以公羊證之
則未為允彼力始為偪之本音故俱云又穀梁用字則與兩漢志同　惡諸烏路反　開道音導　連
蔓音万　公與音預下同　子斐芳尾反左氏作騑○箋曰穀梁釋文同左氏無音按騑鉉音甫微切本書
非斆混用則甫微芳尾平去相轉其字故殊陸于公穀俱引左以著其别也　為蕃方元反　諸侯莫
之主有絶句　見其賢徧反下同　十一年　為軍于偽反年末同　故復
扶又反　事省所景反　相上息亮反下同　為治直吏反　不共音恭　怨
懟直類反　京城北左氏作亳城北　常難乃旦反　鄭與音預　良霄音消
十二年　圍台他來反又音臺○箋曰左氏釋文圍台勑才反又音臺勑才他來為類隔詳彼箋
所背音佩　亟作去冀反　最難乃旦反　務長丁丈反　迭為大結反

十三年 取詩 二傳作郝○校勘記云唐石經諸本同釋文云云解云正本皆作郝字有作詩字者誤齊名南云公羊經傳作詩漢地理志東平國亢父詩亭故詩國亦是同公羊非誤也按說文郝附庸國在東平亢父郝亭箋曰詩余本亦作郝按穀梁釋文取郝音詩何注云詩者何邾婁之邑也說文引春秋傳曰取郝段注云春秋襄十三年夏取郝郝者魯附庸也按前志當作詩亭故郝國許書當作東平亢父詩亭杜預左注亦當本作詩亭皆寫者亂之耳郝詩古今字也今山東濟寧州東南有故郝城然則郝詩唯形之異余本作郝與各本別亦傳寫者為之 諱亟 去冀反注同 諱背 音佩

十四年 公孫蠆 勑邁反二傳作蠆 于向 舒亮反 綴流 知銳反又丁悅反一本作贅旒○政證云注疏本舊作贅旒十六年傳可證今此亦作綴流是後人依釋文改之校勘記云按穀梁疏引此亦作贅余本校記云注君若贅旒然閩本從音綴流改流而遺改贅綴丁悅反通志本同閩本丁梲反校語錄云又下作字益衍箋曰書立政釋文綴徐丁衛反又丁劣反詩閟宮綴沈知稅反又張劣反丁衛知稅知銳為用字異丁劣張劣丁悅亦用字異丁為端知類隅俱為綴字之音按後十六年釋文若贅章銳反本又作綴丁衛反又丁劣反章銳為贅之本音章在

照綴知在知綴則綴贅位同相通故此云一本作者正與彼之正本字同也依本書音例又下作字衍法說是也今删

復納扶又反　華閱音悦　十五年　向戌音恤　劉夏户雅反　采邑七代反，下謂采同　租稅子六反，下舒銳反　見義賢徧反，下同　大夫稱尺證反　貶去起呂反　過我古禾反　共音恭　至攜户圭反，又因兖反○攷證云舊嶲作攜又似兖作因兖今據僖二十六年改正嶲本或作雋故有似兖一音校勘記云鄂本同閩監毛本攜改嶲按釋文作至攜此本載音義同此疏及僖二十六年經傳釋文皆作至嶲校語錄云攜盧據僖二十六年改嶲又云嶲本或作雋故有似兖一音余本校記云注故與至攜同文音作攜通志本同閩本注音並作嶲而誤嶲經籍舊音辨證二云僖二十六年傳公追齊師至嶲釋文户圭反又似兖反盧文弨曰此文似兖反譌作因兖反今據僖二十六年改作似兖反承仕按似因同紐德明隨意施之盧輒改大非箋曰户圭為攜嶲之本音以其地名無本字故余本注及音作攜與此本同閩本注音並作嶲與前僖二十六釋文同所本承受各異何有是非之論哉攷證殊誤似因同在邪紐為用字之異吴說斥盧是也依其音則形當作雋盧謂舊本或

作雋是也 為不于偽反 成郛芳夫反 侯周一本作雕 十六年 昊梁本又作湨古闃反○攷證云注疏本二字互易上目字俱譌自箋曰余本與注疏本同校記云十有六年音昊本又作湨通志本同闃本從經倒改按穀梁釋文湨梁古闃反湨梁地名左氏湨梁古闃反徐公壁反則此所云本又作者與左穀字同詳左氏箋此本昊湨上目字俱未譌惟閔內昊字作貝今依臧校及北館本改 偏刺音遍下及下注同 若贅章銳反本又作綴丁衛反又丁劣反繫屬也○十三經音略五云贅章銳翻音近錐去聲照本又作綴丁衛翻音近齊去聲又丁劣翻音拙並以端知隔標出切箋曰本傳云君若贅旒然注云贅繫屬之辭則此釋義本何說章銳在祭為贅之本音錐在脂去聲為至周說至祭不分前十四年釋文綴流知銳反又丁悅反一本作贅旒詳彼箋丁衛丁劣與綴俱類隔齊之去聲為瘵側界切莊紐怪韻與丁衛知紐祭韻不同周謂音近大誤丁劣音拙則有知照之殊此周用坊閒韻本故也 旒然音留本又作流旌旗之旒 繫屬音燭 見惡賢遍反 最難乃旦反 肯復扶又反 不重直用反 甚惡烏路反 十七年 邾婁子瞯音閑或下姦反左氏

作𡉏〇臧校姦作姧北館本同王校余本亦作姧箋曰音閑在山為瞯之本音下姦在删此為删山混用廣韵二十七删姦云
俗作姧則余本北館本及臧校並用俗字左傳釋文子𡉏苦耕反徐户耕反依徐讀則與瞯雙聲相轉故陸引之以為證也
圜洮他刀反左氏作桃　十八年　言朝直遥反下同　十九年
祝阿二傳作祝柯　為其于僞反下同　亟伐去冀反注同　撟蹇紀橋反本又作驕下紀輦
反　并數必政反下所主反下數年同　漷水火號反徐音郭〇箋曰左氏釋文漷水好號反徐音郭好
號火號用字異穀梁釋文漷水火號反又音郭水名則徐音同彼又音三傳讀同　取濟子禮反下同　侯
瑗于眷反一音環二傳作環〇箋曰于眷為瑗之本讀説文鉉音王眷切可證音環葢讀為環則從二傳之讀一音即或音
言或有從二傳音環也　有難乃旦反　故見賢徧反　公子喜二傳作嘉　于柯
古河反　二十年　孫遬音速　澶淵市然反　弟光左氏傳作弟黄〇校勘記
云唐石經諸本同釋文云云九經古義云白虎通云璜之為言光也風俗通云黄光也箋曰穀梁釋文同按光見紐黄匣紐此

同位相轉故陸引左氏證與公穀用字異也

二十一年

以漆音七　閭丘力於反　据快苦夬反　惡受烏路反　商任音壬　庚子孔子生傳文上有十月庚辰此亦十月也一本作十一月庚子又本無此句○孜證云一本作十一月庚子今注上有十有一月四字校勘記云唐石經諸本同釋文作庚子孔子生云云按穀梁傳作庚子孔子生與陸氏本合疏本作十有一月庚子與唐石經同按作十月者是也考杜氏長厤十月庚辰小十一月己酉大十一月無庚子庚子乃十月二十一日也齊召南說

二十二年

今與音預　得復見賢編反

二十三年

伯匄古害反　鼻我二傳作畀我　以治直吏反下見治治之漸同　近升平附近之近下近升同　所傳直專反　見治賢編反下同　所譖側鴆反　復入扶又反注同　雍渝羊朱反左氏作揄　聶北女輒反　惡其烏路反　孫紇恨發反○箋曰恨在匣紐發在月韻月韻三等無匣不能成音等韻家所謂寄韻憑切言當如切語上字之等此上字恨一等下字亦當為一等讀在有匣之沒韻如周禮司盟釋文紇恨發反劉

胡没反禮記檀弓梁紇恨發反又胡没反論語八佾梁紇恨没反又恨發反恨發讀同恨没恨没胡没用字異故周禮之劉讀在論語則為首音也

二十四年

仲孫偈本又作褐亦作羯同居謁反○攷證云亦作羯同居謁反注疏本作羯互易釋文又謁亦譌作羯校勘記云唐石經諸本同釋文作仲孫偈云云余本校記云音偈亦作羯通志本同閩本從經倒改箋曰穀梁釋文孫羯居謁反則居謁為羯之本音陸讀偈與羯同從穀梁故云亦作羯又作褐余本没古本注疏本並同褐廣韻胡曷切與偈羯從曷聲也

陳儀二傳作夷儀二十五年同

咸本又作鍼其廉反

宜咎其九反

二十五年

鄭背音佩

故為于偽反

重丘直龍反

入櫟力狄反

諼君況元反

以弒音試注同後年放此

伺便音司下婢面反

惡之烏路反

屈建居勿反

子謁左氏作遏○校勘記云唐石經諸本同釋文云云按疏本作遏云亦有一本作謁字者作遏則與左氏合而陸氏乃區別之義疏所據之本往往勝於釋文公羊疏非唐人所為也箋曰穀梁釋文同左氏釋文吳子遏於葛反徐音謁音謁即從二傳之讀陸於公穀並引左氏於左氏則證以徐音三傳相勘自見其異同矣

卒暴七忽反　而射食亦反　復見扶又反　二十六年　君剽匹妙反　喜為于偽反下文為惡曷為同　惡剽烏路反注及下惡剽以惡并下注故惡反惡惡輕無惡皆同○王校余本亦作上作以汲古則同此本箋曰余本下作上無作以校記云音并下下誤上竊孜傳文惡剽也曷為惡剽不言剽之立者以惡衛侯也注云主惡剽衛侯入無惡則剽惡明矣又云由此得成諼禍故惡以為戒也篡重不書反惡此者因重不得書故得惡輕亦欲以見重可見余本上字以字俱誤校記言上誤而未及以故著之　有説音悦注同　以見賢賢遍反下出見同　復納扶又反　子痤在禾反　男甯乃定反　二十七年　孔瑗二傳作孔奐　弟鱄市轉反又音專一音直轉反○箋曰穀梁釋文弟專左氏作鱄左氏釋文弟鱄市轉反又音專則左氏與本傳同市轉為本讀音專讀從穀梁直轉澄紐與市轉禪紐位同相轉殆方音之變故云一音一音者或音也　射姑音亦又音夜○箋曰詳前文公六年射姑箋　為殺于偽反下為殺為我為衛注深為皆同　黜公勑律反下文注同　女能音汝　羈縶本又作馽陟立反馬絆也○校語錄

云作䭾下䭾當作馵下字衍葢此謂絷本又作馵非謂䮚又作馵也若以馵為䮚之異文不容無音箋曰說文十馬部馵絆馬
足也或從糸執聲鉉音陟立切段注云小雅白駒傳曰絷絆也周頌有容箋同莊子連之以䮚馵即此字馵隸書作馵然則陸
以此本用或體他本用隸字法說是也今依刪改　馬絆音半　鈇音甫又方于反○箋曰音甫葢讀為斧方
于始為鈇之本讀禮記王制釋文鈇方于反又音斧中庸釋文同則音甫即音斧正與此首又互易　鑕之實反　從君
才用反又如字注同　庶孽魚列反又五割反注及下同○箋曰注云庶孽眾賤子猶樹之有孽生魚列為孽之本讀
禮記玉藻釋文臣孽徐五列反可證五割葢讀作蘖詩長發釋文蘖五葛反餘也五葛五割用字之異　敢與音預
令必力呈反　背約音佩下同　挈其苦結反　慹恚一睡反　眛雉舊音
刎亡粉反一音末又音蔑割也○十三經音略五云眛雉之眛舊音刎亡粉翻一音末又音蔑箋曰注云眛割也時割雉以為
盟是此釋義從何說音刎亡粉為直音反語用字之異此列于首正釋眛之音音末則字作眛故云一音一音即或音音蔑葢
讀如粖故云又音也　見獻賢編反下見此同　雖復扶又反　小介音界　閽弑音昏

下音弑二十九年同○余本校記云音閻殺下音弑二十九年同通志本閩本同按弑當作試箋曰釋文殺弑俱音試此殺音弑即讀殺爲是注云是后閽殺吴子餘祭按二十九年傳云閽者何門人也守門人位卑下也吴子餘祭君上也此以門人殺吴子餘祭故當言弑雖注作殺而義正同弑也校記之説殊非

餘祭側界反

二十八年

閏數所主反下同　期月居其反又作朞

二十九年

而復扶又反下皆同　惡襄烏路反下惡以同　爲臣于僞反下故爲爲季子傳凡爲同　墨劓魚器反　臏毗忍反　大辟婢亦反　畫象音獲　應世應對之應　黠巧閑八反　不近附近之近下同　士鞅於丈反　使札側八反　迮而子各反起也　倉卒七忽反　迭爲大結反更也　更也音庚　必祝之又反又之六反注同○箋曰書洛誥釋文祝之又反一音之六反則此又音同彼一音之又讀祝詞之祝之六讀巫祝之祝因字有名動之别故音分去入也儀禮聘禮祝祝上之六反下之又反可爲其比　疏食音嗣　季子使所吏反下同　僚者力彫反　長庶丁丈反下注同

闔户臘反廬力居反命與音餘下命與同僚焉於虔反本又作惡音烏○注疏本作惡校勘記云唐石經鄂本同閩監毛本惡改焉按釋文作僚焉云云益據此所改余本校記云傳僚烏得爲君乎閩本從音改焉箋曰經傳釋詞二論語子路篇皇侃疏曰焉猶何也四惡何也字亦作烏禮記檀弓曰吾惡乎用吾情桓六年公羊傳曰惡乎淫惡乎用吾情即何所用吾情惡乎淫即何所淫然則焉惡二字聲近義同故各本通用也陸以此本作焉他本作惡　刺僚七賜反又七亦反注同○箋曰左成十六年經刺公子偃釋文刺七賜反爾雅云殺也則七賜爲刺殺之本讀詩周頌傳云趙刺也箋云以田器刺地釋文趙刺七亦反則七亦爲穿刺之音與此刺僚義殊故陸以爲又音而列於末也按儀禮士昏釋文刺黼七亦反劉音刺史之刺劉音即七賜彼義爲穿正與此音互易耳　僚者市志反　爾殺吾君申志反注殺僚同　篡也初患反　則遂于万反　以見賢遍反　北燕音烟

三十年　遂于委反　頗音皮又音彼一音普何反一本作跛者音同二傳作遂罷○箋曰穀梁釋文遂罷于委反下音皮左氏釋文罷音同則此音皮實從二傳作罷讀按左襄二十三年傳釋文襄罷師音皮徐音彼昭十三年傳

罷敵音皮徐甫綺反甫綺音彼為直音反語用字之異可證此又音亦從徐音罷之讀普何始為頗之本音故云一音一音即又音陸所以引二傳作罷者明此頗音從其字義讀也 **公數**所角反 **子般**音班 **深為**于僞反下為伯不為為中國同 **極思**息吏反 **年夫**音佞又如字二傳作佞夫○箋曰音佞蓋從二傳之讀如字始為年之本音陸引二傳以明字異讀同也年佞同在泥紐此雙聲相通耳 **惡失**烏路反下皆同 **不去**起呂反 **子行**下孟反下子行其行同 **重失**直用反又直勇反 **共姬**音恭 **傅母**如字又武候反本又作姆同○箋曰如字即讀廣韻莫厚切之音為母之讀武候則為姆作釋說文十二娒女師也廣韻莫候切武候莫候輕重交互按左襄三十釋文待姆徐音茂一音母音茂即武候則此母為姆之借互詳彼箋候此本誤侯依余本北館本及臧校改 **加殺**音試下同 **凡為**于偽反下及注所為同 **更宋**音庚又古孟反復也償也○箋曰本傳云而更宋之所喪注云更復也如今俗名解浣衣復之為更衣穀梁集解云償其所喪財釋文更宋音庚償也則此釋義復也本於何說償也本於范說首音即為此更本讀古孟轉讀去聲則是更改之本音與此義稍異故陸云又也

所喪息浪反下注同　解浣户管反　復生扶又反　共償常亮反　三十

一年　好其呼報反　見者賢徧反下同

昭公第十　何休學

元年　國酌二傳作國弱○校勘記云唐石經諸本同釋文云云按疏云齊國酌亦有作國弱者是公羊本與二傳同箋曰酌在照紐藥韵弱在日紐藥韵此叠韵相通故公羊用酌左穀用弱　子招上遥反　軒虎軒依字許言反舊音罕二傳作罕虎○校勘記云唐石經諸本同釋文軒虎舊音罕二傳作罕虎按罕軒皆干聲箋曰許言為軒之本音故云依字音罕並從二傳所作字讀陸引之以證舊音讀軒為罕也　于鄟音郭又音號左氏作號穀梁作郭○校勘記云唐石經諸本同釋文亦作鄟云左氏作號穀梁作郭惠棟云郭號字古通虞號作虞郭箋曰左氏釋文于號瓜百反穀梁釋文于郭左氏作號三傳相比可知音郭讀從穀梁郭見紐鄟溪紐同鐸韵音號讀從左氏號見紐鄟曉紐同陌韵並同位相通也陸引二傳用字以著此二音所從耳　為殺于僞反下注為内為仕皆同　難入乃旦反二年注

同　故令力呈反　見者賢編反下同　復貶扶又反　弟鍼其廉反　千

乘繩證反注同　大原音泰下同　大鹵力古反　曰隰音習　分別彼列反

去疾起呂反　疆運居良反下同　子卷音權左氏作麇○校勘記云唐石經諸本同釋文子卷左

氏作麇解云左氏作麇字二傳本亦有作麇子者按卷麇一聲之轉故文異箋曰穀梁釋文子卷音權左氏作麇誤麇按此麇

與穀梁同誤麇依余本汲古本注疏本改卷在羣紐麇在見紐同位雙聲故阮謂一聲之轉　二年　乃

難奴旦反下有難同○王校奴余本作如筠案奴似是箋曰注云乃難辭也奴難同在泥紐如字則在日紐是如為奴字形

近之譌故王以奴為是　三年　大雨于付反　雹步角反　為季于偽反　著

治直吏反　大平音泰　四年　大雨雪于付反左氏作大雨雹○校勘記云唐石經諸本同○

釋文云云解云正本皆作雹字左氏經亦作雹故賈氏云穀梁作大雨雪今此若有作雪字者誤也經義雜記曰范注穀梁云

雪或為雹則穀梁亦有作雹者或據左氏公羊言之若今公羊作雪釋文同則誤也箋曰穀梁釋文大雨雪于付反左氏作雨

雹左氏釋文：大雨，于付反。傳大雨雹同。雹，蒲學反。三傳相較，則知公穀並為雪，左氏自為雹，各以師傳所受為異耳，陸仍舊不改，故於公穀並云左氏作雹，於左氏則為雹作音，以示其與公穀用字不同，互文益見矣。臧據范注遽謂公羊作雹，今傳及釋文作雪為誤，阮記從之，俱失審矣。

爲季于偽反，下文及注爲齊誅並同。　不復扶又反，下同。　去吳起呂反。　滅厲如字，又音賴，左氏作賴。○箋曰：校勘記云：唐石經、諸本同。釋文云云。疏云：遂滅厲，有作賴字者。按如字讀厲之本音，音賴則從左氏讀，厲賴同在來紐，雙聲相通。

五年

舍中音捨，下及注同。　爲難乃旦反，下同。　爲其于偽反。　將復扶又反。　濆泉扶粉反，濆泉，涌泉也。左氏作蚡泉，穀梁作賁泉。○箋曰：穀梁釋文：賁泉，扶粉反。左氏作蚡泉。左氏釋文：蚡泉，扶粉反。則三傳異字而同音，故陸引左穀以著之。　戰處昌慮反。　報應應對之應。　嫡之丁歷反，注及下同。

六年

復卒扶又反。　內行下孟反，下同。　可勝音升。　見其賢編反。　合比如字，又毗志反。○箋曰：左氏釋文同。穀梁釋文：合比，必里反，又毗志反。則此如字即為必里之音，二音有清濁上去之異耳。　賦斂力驗反，或

無此字

七年　暨齊其器反　叔孫舍二傳作姑　當時丁浪反又如字

鮮不息淺反　八年　故重直用反年末同　侯溺乃狄反　度所留反本亦作蒐○攷證云注疏本二字互易余本校記云音度本亦作蒐通志本同閩本從經傳倒改箋曰穀梁左氏皆作蒐釋文所求反與公羊注疏本用字同所求即所留則度蒐字異音同陸以此本用度也　公子過音戈　費多芳味反

詐諼況元反　復書扶又反下同　列見賢徧反　九年　復見扶又反下同下賢徧反　陳火左氏作災　悕矣音希悲也　辟門婢亦反開也　本為于偽反

孫貜俱縛反又居碧反○箋曰穀梁釋文孫貜俱縛反則此首音為本讀左氏釋文仲孫貜俱縛反徐又居碧反則此又音本於徐亦藥昔混用詳彼箋　郎囿音又　十年　晉欒施左氏作齊欒施○校勘記云唐石經諸本同釋文云云孫志祖云此非晉之欒氏公羊經文誤當同左氏作齊　季孫隱如左氏作意如　侯彪彼虬反　宋公戌讀左傳者音城何云向戌與君同名則宜音恤○攷證云宋戌當作宋公

戌脫公字注疏本讀字作註又音城舊本皆作音成今據左傳音改又與君毛本爲與治校勘記云唐石經諸本同釋文云云校語錄云戌上盧補公字王校兩成字余本皆作城汲古則上仍作成下作戌案文義似汲古得之箋曰余本校記云音宋戌注左傳者音城何云向城與君同名則宜音恤通志本兩城字作成閩本作音成向戌北館本戌右注墨公字書眉云此釋經文也脫公字注向成之成作戌字臧校同按穀梁釋文公成音城左氏釋文宋公成音城何休音恤三傳相勘則此爲宋公戌當補公字盧說及北館本俱是故法從之音成當爲音城則從左穀之讀余本盧本皆是宜音恤者即謂戌本音也則此向成之成爲戌字形近之誤甚明汲古本閩本北館本及臧校皆是也今依增改

去冬起呂反

十一年

戌曼音蠻

爲其于僞反

文譎古穴反

以好呼報反

比蒲音毗

侵羊二傳作祲祥○校勘記云唐石經諸本同釋文云云疏本作盟于浸羊解云穀梁傳作侵祥字服氏注引者直作詳無侵字皆是所見異也九經古義云古祥字作詳易履視履考祥釋文云本又作詳書君奭其終出于不祥蔡邕石經云其道出于不詳呂刑告爾祥刑後漢劉愷傳引作詳刑周祥注亦云度作詳刑以詰四方今公羊作侵羊者春秋繁露云羊之

為言猶祥爾雅祥善也鄭注車人云羊善也箋曰穀梁釋文浸祥子鴆反左氏釋文祲祥子鴆反徐又七林反據左穀音知浸為子鴆之讀廣韵子鴆切祲祅氣也徐仙民又七林反正讀作侵則從公羊之讀羊祥蓋音近義同臧說是也三傳互文自見其同異故陸於公羊引二傳所用字證之於左氏則引徐又音以示其别耳

宮佗大河反　屈銀並如字二傳作厥憖○校勘記云唐石經諸本同釋文云云九經古義云説文憖從心㸚聲㸚讀若銀公羊厥字多作屈箋曰穀梁釋文厥憖魚靳反左氏釋文同按屈厥並見紐銀憖並疑紐皆雙聲相轉陸故引二傳證之以著其與公羊所用字異而音近耳

嫡夫丁歷反　惡乎音烏　惡不烏路反

十二年

斷三丁管　生反又丁亂反○箋曰易繫辭釋文利斷丁亂反王肅丁管反則此首音本王讀二讀義異故有上去之殊詳彼箋

刋苦干反　桼女音汝　可彊其丈反○攷證云注疏本作强箋曰臧校及北館本與注疏本同余本則同釋文按干祿字書平聲强彊上通下正則此本與余本俱用正字　欲令力呈反下令楚同　妄億於力反　錯也七故反或七各反字或作措○校勘記云蜀大字本閩監毛本同鄂本億作意釋文妄億於力反錯也字或作

措按論語音義毋意或於力反於力反則本作億與此注合陸氏以爲非誤也此本錯字剜改故小而偏當本作措疏梳誤標起詁作億措可證閩監毛本疏亦改作億錯矣箋曰履芬本以墨厶於力反三字旁書眉記段云當有下同二字或後人刪之王校段說似非已見論語按注云此夫子欲爲後人法不欲令人妄億錯子絕四毋意論語子罕釋文毋意下同意如字或於力反非則意與億音别段謂當有下同二字王校非之是也余本汲古本錯下俱無也字此也似衍七故爲錯置之錯論語爲政釋文錯七路反置也本作措七各爲錯雜之錯詩韓奕錯七洛反雜也七路即七故七洛即七各俱爲其證此義爲置故陸謂七各爲或按說文十二措置也鉉音倉故切與錯音同義别六朝蓋通假用之陸以此本用假字他本用正字

錯也七故反或七各反字或作措

惡

納烏路反

成然左氏作成熊○攷證云注疏本下有穀梁作成虔字六字虔乃虎字之譌此句必陸氏本來有之入唐避諱不知何人刪去虎下字字衍文校勘記云唐石經諸本同疏云左氏作成熊穀梁作成虔字按穀梁作成虎此作虔誤箋曰左氏釋文成熊音雄陸此引之以互證者明然熊爲形似之變以公左用字各本於師說也虎與然音形皆不近故陸不引穀梁余本阮校本俱與此本同毛刻注疏本雖引穀梁蓋後人臆增實非陸氏之舊盧疑此爲唐人所刪未審

公子

整之領反或作憖魚覲反○箋曰穀梁釋文子憖魚靳反左氏釋文公子憖魚覲反一讀爲整正領反則此云或作憖魚覲反即以左穀之字作憖也

十三年

圍費音祕 乾谿苦兮反 衆罷音皮 惡靈烏路反 子朝如字 不與音預注二不肯與及下文不與焉注公不與不宜與皆同 不復扶又反 爲公于僞反 侯廬力吳反

十四年

去疾起呂反 意恢苦回反

十五年

夷昧音末本亦作末○余本校記云吳子夷昧卒閩本夷昧箋曰音末即爲閩本字之讀穀梁釋文夷末亡葛反則此云本亦作末者蓋以穀梁用字如是言之耳 籥入羊略反 去樂起呂反注去籥及下文去樂同 爲卒于僞反 昭吳左氏作朝吳

十六年

戎曼音蠻又音万二傳作戎蠻哀四年同○箋曰哀四年釋文戎曼音蠻與此讀同按音万乃爲曼之本讀音蠻蓋讀曼作蠻從二傳之字讀曼蠻雙聲相轉也 見王賢遍反 數如音朔

十七年

賁渾音六下戶門反○校勘記云唐石經諸本同穀梁賁作陸左氏作陸渾之戎箋曰左氏釋文陸渾戶門反則此音六

蓋讀作陸依二傳之字爲釋也　星孛音佩　彗星息遂反又因歲反○箋曰因歲邪紐祭韵爲彗之本讀息遂心紐至韵以其時心邪至祭俱混用故陸氏列之於首也左氏釋文彗所以似銳息遂二反似銳即因歲正與此音互易

參伐所林反　以別彼列反　邪亂似嗟反　檇李音醉本或作醉○校勘記云注疏本互易音醉改作音檇謬余本校記云檇李音醉本或作醉通志本同閩本從注作醉倒改音箋曰注云據於越敗吴于醉李按左定十四年經五月於越敗吴于檇李杜注云檇李吴郡嘉興縣南醉李城釋文檇李音醉史記越世家正義引注醉作檇阮謂注疏本互易謬是也然則左氏作檇陸以此本用之公羊注作醉陸以他本用之

十八年　爲天于僞反　不忒他得反　天應應對之應　入鄅音禹又音矩○箋曰穀梁釋文同左氏釋文入鄅音禹許慎郭璞皆音矩國名則此又音本於許郭之讀詳彼箋

十九年　于殺音試下于殺加殺皆同○王校三殺字余本作弒余本校記云于弒音試下于弒加弒皆同通志本並作殺箋曰殺與弒本書皆音試字異義同　復加扶又反下同　一飯扶晚反下同

二十年　自鄸音蒙又亡忠反

又亡貢反一音亡增反○十三經音略五云鄭莫公翻音蒙一音亡增翻音瞢此字入東蒸兩韻也左傳釋文云字林音夢字林夢亡忠翻無工翻同此微明輕重互切即平聲音蒙也又公羊傳釋文亡貢翻穀梁傳釋文亡弄翻此亦輕重互切乃去聲音夢也箋曰穀梁釋文自夢無工反又亡忠反又亡弄反左氏作鄭左氏釋文自鄭莫公反一音亡增反字林音夢寀夢字字林亡忠反莫公無工音蒙為直音反語用字之異亡忠蓋本呂忱左氏音夢之讀陸已於彼著之周謂無工與亡忠同則洪細不分矣亡貢即亡弄周謂輕重互切乃去聲音夢是也亡增反讀為瞢雙聲相轉蓋非正讀故此與左氏俱云一音一音者或音也本屬登韻周謂入蒸韻者則從坊本耳

者此 舊於此下有比者非

復出 扶又反

為公子 于偽反下為賢為會為之諱同

從與 才用反下音餘下從與同

絮從 女居反說文云絮縕也一曰敝絮也○校勘記云釋文絮從女居反說文云絮縕也段玉裁云釋文當作絮王校余本並作絮箋曰江校及北館本並同段說按說文十三絮敝緜也從糸如聲鉉音息據切絮絜縕也一曰敝絮也從糸奴聲鉉音女余切女余女居用字之異依音義則此字當為奴聲之絮段改江校俱是今依正之

逡巡 七旬反

惡惡 並如字一讀上烏路反下同

通

濫力甘反，又力暫反。○箋曰：後三十一年傳冬黑弓以濫來奔，釋文同。力暫本爲氾濫之音，非此義，故云又。力甘轉去爲平，始爲此通濫之讀。集韻談韻盧甘切有濫，云邑名，在邾婁。依本書此以義别，故調異。　兄輒左氏作縶　立嫡丁歷反　以長丁丈反　瘖於今反　聾路工反　癘力世反，又力大反。○箋曰：莊子逍遙遊釋文癘音厲，李音賴，惡病也。音厲與力世、音賴與力大俱爲直音反語用字之異，後人遂分力世爲癘疫之音，力大爲瘡癩之音，故此云又。詳彼箋。　禿吐木反　跛布可反　傴於矩反　惡衛烏路反　至令力呈反　向甯二傳作向寗。○箋曰：甯，泥紐徑韻；寗，泥紐青韻。

二十一年　重舉直用反　叔痤在禾反。左氏作叔輒。　惡背烏路反，下音佩。

二十二年　復錄扶又反　别從彼列反，下同。　大廋所求反，本亦作蒐。○攷證云注疏本二字互易。箋曰：左氏釋文大蒐所求反；前八年釋文廋所留反，本亦作蒐。所留即所求。彼注疏本二字亦互易，詳彼箋。　昌姦二傳作昌間。○箋曰：左氏釋文昌間如字，穀梁釋文昌間如字，一音簡。按姦與間、簡俱在見紐。　邪庶似嗟反　見當賢徧反，下同。

二十

三年　閒田音閑　惡背烏路反下同背音佩　不共音恭　舉錯七故反　雞父音甫○箋曰左氏釋文同穀梁釋文雞甫左氏作雞父以穀梁證之則知公左讀父爲甫故音甫從穀梁字讀也

子髠苦門反　子楹音盈左氏作逞穀梁作盈○校勘記云唐石經諸本同釋文云云按此本疏中下文作沈子盈則疏本與穀梁同故於此下無文箋曰穀梁釋文子盈本亦作逞左氏釋文沈子逞勑井反按楹盈同音盈清韵逞靜韵爲平上聲故三字相通陸著之並以示其師傳各有異也　夏齧户雅反下五結反　艾陵五蓋反

別客彼列反下及傳同　之行下孟反下同　于莘所巾反　庶孽魚列反　其難乃旦反　子朝如字　更起音庚　數年所主反　地爲于僞反　二

十四年　民被皮寄反　鬱氂音來又力之反本亦作釐二傳有郁釐○攷證云注疏本作釐校勘記云唐石經諸本同釋文作鬱氂云本亦作釐疏云左氏穀梁有郁釐字今正本亦有郁字者按亦有下當脱作字余本校記云音鬱氂本亦作釐閩本從經改鬱釐刪下四字箋曰穀梁釋文郁釐於六反下力之反左氏釋文郁於六反藂本亦作釐力

之反又音來案説文氂鉉音里之切與此力之反同故二傳音義俱有力之反音來乃依左傳經文斄字之讀此列之於首者明氂讀為斄也

二十五年

叔倪音詣又五兮反左氏作詣〇校勘記云釋文唐石經諸本同疏云穀梁與此同左氏經賈注者作叔詣字箋曰左氏釋文叔詣五計反則五兮始為倪之本音此首音倪讀為詣益從左氏

樂世心世如字又以制反左氏作大心〇箋曰如字為世之本讀以制益讀若泄非正音故云又按禮記曲禮下云不敢與世子同名鄭注世或為大則世大相通此陸引左氏證之明與本傳用字異耳

黃父音甫

鸛音權左氏作鸜音劬〇校勘記云唐石經諸本同釋文云云按周禮考工記鸛鵒不踰濟釋文本作鸛鵒此疏亦引冬官鸛鵒不踰濟箋曰左氏釋文鸜其俱反嵇康音權本又作鴝音劬公羊傳作鸛音權其俱音劬直音反語並出為鸜之本音嵇康音權益其所據之本作鸛與本傳文同阮謂考工記鸜鵒釋文亦作鸛鵒此疏引冬官同釋文則是鸜鸛通用也詳考工記總敘箋

鵒音欲

下孫音遜下文同

去辰起呂反

為下于偽反下而為同

揚州左氏作陽州〇注疏本作楊州校勘記云葉鈔釋文鄂本閩本同唐石經監毛本作揚州疏同按左氏作陽州箋曰臧校才作木北

館改字上與注疏本同按隸書從才從木不分如揚雄亦作楊雄左氏作陽則爲同音借字

唁公 音彥

將殺 音試下及注同○攷證云注疏本作弒名皆不正當音如字校勘記云唐石經諸本同釋文云云按依疏則傳文本作弒也漢石經公羊弒皆作試猶今人語云姑且試之故其語可通乎上下也余本校記云音將弒音試下及注同通志本作將殺箋曰本傳云唁公者何昭公將弒季氏注云傳言弒者從昭公之辭疏解云君討臣下正應言殺今傳云弒故須解之而言從昭公之辭者即下文云吾欲弒之何如是也按依注疏此以君討臣本爲殺而昭公素畏季氏意者以爲如人君故言弒本書例弒殺皆音試此蓋陸氏之舊也阮說通達盧校拘泥

兩觀 工亂反注同

干楯 食尹反又音尹○攷證改作食允反云舊食允反今從注疏本校語錄云食允盧依注疏本改食允箋曰尹允同音何改之有音尹蓋讀中盾之盾漢書敘傳蕭該音義曰中盾該案盾音允

玉戚 千寂反以玉飾斧○攷證云舊本毛本千作于官本作千案書內多作千今改正箋曰說文十二戚戉也鉉音倉歷切倉歷千寂用字異然則于千皆爲千字形近之譌盧校是也此本不誤

大夏 戶雅反注同

株離 音誅

曰禁 音金又居鴆反○箋曰莊子胠篋釋文禁音今又居鴆反音今

金同音　八佾音逸　且夫音扶下有夫并注同　維婁力主反　委已於僞反注同己

音紀○校語錄云于蓋行或於之譌箋曰於委俱影紐于為紐則此音于當於誤法說是也今依正之若行則匣紐非是

委食音嗣下同　執紼音弗　曰繞音問　喪息浪反下同亡也　嗛自音謙本亦作謙○孜

證云注疏本作謙校勘記云釋文作嗛自云音謙本亦作謙箋曰余本同此本校記云音嗛自音謙本亦作謙閩本以注作謙

而删之按隸書從言從口之字多混如訶字作呵諭字作喻俱為其證　再拜顙息黨反拜而稽顙也　大

難乃旦反下同　鈇音甫又方于反　鑕之實反　要斬一遥反　執簞音丹葦器　食音嗣

注同　葦器于鬼反　曰笥思嗣反　糗也丘九反又昌紹反○箋曰周禮糗人釋文若糗丘酉

反又昌紹反左哀十一糗起九反一音昌紹反漢書王褒傳師古曰糗即今之乾米麥所為者丘九反又音昌少反丘九丘酉

起九用字異俱列于首者以其為本讀也昌紹即昌紹則此又音同彼一音也互詳糗人箋　四脡他頂反又大頂

反○箋曰他頂為脡之本音儀禮特牲釋文脡他頂反可證大頂上聲清濁不分聘禮釋文脡大頂反讀同士虞禮脡徒頂反

又他頂反徒頂即大頂故與此音首又互易也　曰朐其俱反　餕音俊　于從才用反注及下皆同

糒音備　以衽而甚反又而鴆反掩裳際也○箋曰詩芣苢釋文衽入錦反又而鴆反衣際也禮記喪大記衽而審反小要又而鴆反裳際也入錦而審俱與而甚為用字之異其義亦同詳彼二箋　求索所白反　大

卑音泰下大學同　不腆他典反厚也　所著丁略反　裨冕婢支反　黻衣音弗

欲令力呈反　故稱尺證反　噭然古弔反一音古狄反○校勘記云唐石經諸本同按說文

嘂高聲也一曰大呼也从䀠丩聲春秋公羊傳曰魯昭公叫然而哭噭與叫聲相近許以叫為高聲大呼較之何注云噭然哭聲貌義亦切也十三經音略五云噭叫激兩音箋曰說文二噭一曰噭呼也鉉音古弔切禮記曲禮毋噭應鄭注噭號呼之聲也釋文噭古弔反則許鄭亦皆以噭為呼聲此首音為本讀古狄蓋讀為⿰敫欠⿰敫欠所歌也段注校改所為楚一音即或音周以二音俱為噭之音失審

為菑側其反又側吏反○校勘記云唐石經諸本同何注云菑今大學辟廱作側字按此即東漢熹平立石大學之公羊傳也十三經音略五云以人為菑之菑側其翻支音又側吏翻至音茲照母今通讀如茲精母何氏注云

菑今太學辟雍作側字案菑即側之平聲可知此字漢時讀照毋不讀精毋也箋曰側其莊紐之韵為菑本音音支則照紐支韵聲韵俱別側吏莊紐志韵蓋讀如劃音至則照紐至韵聲韵亦異周用坊本韵書故相混北館本朱改菑作菑與余本同

埒垣力悦反下音袁　分別彼列反　辟雍音璧　以辟亡歷反車覆笭也一音呼闃反○箋曰本傳云以辟為席注云辟車覆笭則此釋義本何說按既夕禮白狗辟注云辟覆笭也釋文辟亡狄反亡狄亡歷用字異則此首音為本讀矣呼闃蓋讀如砈集韵錫韵呼昊切辟注車覆笭春秋傳以辟為席正依本書一音　覆笭力丁反

以鞌音安○攷證云注疏本作鞍校勘記云唐石經鄂本同釋文亦作以鞌閩監毛本鞌改鞍非箋曰說文革部作鞌故阮以閩監毛本作鞍為非　為公于偽反注同

二十六年　不復扶又反下同　惡公烏路反　鄟陵音專本亦作專○攷證云注疏本作剸譌校勘記云鄂本閩監毛本同唐石經蜀大字本剸作鄟釋文云云箋曰左穀釋文並作鄟陵音專為首讀故盧以作剸為譌　為天于偽反　渠率所類反或作帥

二十七年　為季于偽反下同　方見賢遍反　郤宛去逆反下

紆阮反　祁犂力兮反又力私反○箋曰穀梁釋文同左氏釋文祁犂力兮反又力之反則力兮為犂本音兮在齊
私在脂之在之本書之脂來紐俱與齊混用　郲婁快本又作噲苦夬反　二十八年
為下于偽反　伯甯乃定反下同左氏并下滕子名並作寧○攷證云注疏本年作并譌校勘記云諸本同唐
石經缺釋文云云箋曰穀梁釋文鄭伯寧下滕子寧皆如字則左穀用字同俱與本傳異者各有所承受耳　二
十九年　三十年　去疾起呂反　頃公音傾　見義賢遍反
三十一年　荀櫟本又作躒又作濼亦滴濼也皆同力狄反一音與灼反○攷證云注疏本亦作示譌校語
錄云亦滴濼也四字未詳箋曰穀梁釋文荀櫟音歷舊作躒左氏釋文荀躒力狄反音歷力狄為直音反語用字之異則此正
文櫟與穀梁用字同本又作躒與左氏用字同與灼益讀為櫟陽之櫟漢書項羽紀都櫟陽蘇林曰音藥可證然非此讀故云
一音一音者或音也按說文十一濼一曰水下滴瀝鉉音郎擊切郎擊即力狄則此云亦滴濼也以濼為瀝之同音假借矣法
云未詳失攷　適歷丁歷反一音狄○箋曰丁歷為適之音左氏釋文適歷丁歷反可證音狄則轉破裂為塞擦殆

方音之變故云一音一音者又音也　負箠章蘂反本又作捶○攷證云注疏本二字互易舊棰從手毛本從木是校勘記云閩監毛本捶作棰疏同釋文作負箠云本又作捶此本疏標起訖亦作負箠校語錄云捶盧依毛本改從木箋曰說文竹部箠擊馬也手部捶以杖擊也鉉本並音之壘切引伸之杖得名捶章蘂之壘用字異則箠與捶音同義通故注疏本二字互易按隸書從木從才字多混如前二十五年楊州葉鈔釋文閩本作楊州正為其比

取去臾反　盈孫音遜　黑弓二傳作黑肱　以濫力甘反又力暫反○箋曰本經云冬黑弓以濫來奔傳云通濫也曷為通濫賢者子孫宜有地也依傳意則濫為地名力甘乃此濫之音故陸列于首力暫始為濫字之本讀說文鉉音盧瞰切可證故陸云又穀梁釋文同左氏釋文暫作蹔餘同互詳彼箋　武公與音餘下及注皆同

湊公七豆反　周愬音素本亦作訴○攷證云宋注本作訴今同釋文校勘記云唐石經訴作訢閩監毛本改愬按釋文作周愬云本亦作訴蓋據此所改箋曰余本與此互易說文三訴愬或從朔心則訴為正字愬為或體陸以此本用或他本用正　為之于偽反下為我為之則為並同　嫗盈紆具反一音紆羽反○箋曰詩卷伯釋文

嫗又紆具反則此首音為本讀紆羽蓋讀為傴莊子人間世釋文傴紆甫反紆甫紆羽音同可為其比則此一音即或音

為行下孟反下殺顏者之行同 盱許于反又許孤反本或作盻一音夸○箋曰許于為盱之本音許孤蓋讀如呼集韵模韵荒胡切呼紐有盱注云或作盻殆依此讀 夏父戶雅反盱及夏父郳顏公之二子○攷證云此語大誤傳文甚明上云叔術為之殺殺顏者而以為妻有子焉謂之盱此叔術子也下云夏父者其所為有於顏者也分明如此何以致混箋曰注云為顏公夫人時所為顏公阮校云上三字誤衍當刪生也此別夏父為顏公子盱則為叔術子然皆為顏夫人嫗盈女所生所謂同母異父兄弟也則此郳顏公當作顏夫人盧氏謂陸說混是矣 而食音嗣 長必丁丈反 先見賢徧反下欲見見王者同 曰嘻許其反 也夫音扶 父兄之行戶郎反 惡有音烏注同 有數所主反 傅復扶又反

三十二年 取闞口暫反 諱亟去冀反注同 權量音亮

定公第十一何以定公為昭公子與左氏異○箋曰左氏釋文定公名宋襄公之子昭公之弟穀梁釋文定公名

宋昭公庶弟比而觀之則左穀俱以定公為昭公弟惟何氏以為昭公子故陸舉左氏證之以誌其異耳

何休學

元年 喪失國息浪反 仲幾本或作機○校勘記云唐石經諸本同釋文云云按昭三十一年疏作仲機左氏穀梁及漢書五行志皆作幾箋曰左氏釋文仲幾音機則幾機同音 不衰素戈反本或作蓑一音初危反○攷證云注疏本衰作蓑一疑是本字校勘記云閩監毛本同唐石經蓑作衰釋文作不衰云或作蓑困學記聞云按左氏傳遲速衰序於是焉在又云宋仲幾不受功蓑字當從漢志作衰與左氏合經義雜記曰五行志不衰城師古曰衰城謂以差次受功賦也衰音初為反一曰衰讀曰蓑蓑城謂以草覆城也蓑音先和反按釋文及漢志知公羊本作不衰城說文衰艸雨衣從衣象形何注用說文本義作蓑俗字也衰城義當從師古說校語錄云兩或字疑衍盧云上一字疑是本字箋曰素戈先和用字異為蓑之本音此列于首者陸讀衰為蓑本何注若今以草衣城之說阮所謂用說文本義也初危初為亦字異益讀為等衰之衰即五行志師古注以差次受功賦阮所謂義當從師古說也盧疑上一字是本字法疑兩或字衍依釋文例則

上一字是本字下或字爲衍文　草衣於既反○箋曰衣影紐今刪正之一音猶言或音也　于爲紐不能爲音切則于當作於與衣同紐　爲天于僞反下善爲同　見伯賢徧反　復發扶又殆傳鈔之誤今正

反下皆同　此難乃旦反　未解音蟹　復別彼列反　小斂力驗反下皆同　北墉音容本又作牅○注疏本作牖校勘記云宋本同閩監毛本牖作墉疏同按釋文作北墉云云鄭注禮記北牖下云或爲北墉蓋何注本作北墉即鄭所云或本是也今公羊注作北牖則後人從禮記改轉箋曰注云禮始死於北墉下疏云即喪大記疾病寢東首于北牖下是也按說文土部墉城垣也鉉音余封切片部牖穿壁以木爲交窗也鉉音與久切音容余封爲直音反切語用字之異陸以此本用墉本何說他本用牖同鄭說疑墉牖爲形近之誤　中霤力又反　飯扶晚反　含

於戶暗反　阼階才故反　立煬餘亮反　賈霜于敏反　二年　兩

觀工喚反下及注皆同　不復扶又反下同　先去起呂反下同　以見賢徧反　三

年　于枝二傳作拔○校勘記云唐石經諸本同釋文云云按枝當爲拔字之誤也如公孫拔之誤爲公孫枝箋曰

穀梁釋文于拔皮八反地名左氏釋文音同三傳相比陸於此引二傳為證者意以校為拔之誤也易辭以豉反

四年

國夏户雅反郚陵上照反本或作召音同○箋曰穀梁釋文召陵詩照反左氏釋文名陵上照反詩在審上在禪本書上聲審禪混用則此所云本或作召與二傳同字同按說文六邵晉邑也鉉音寔照切寔照上照用字異則召為借字陸以此本用本字或本用借字數年所主反下數年皆同雜然七合反又如字○箋曰如字即讀說文鉉音組合切之雜七合轉濁為清殆依方音讀之也惡蔡烏路反年末同吝一力刃反公孫歸姓二傳無歸字姓音生又音性○校勘記云唐石經諸本同釋文公孫歸姓二傳無歸字姓音生按昭二十三年注作歸生疏引此經同箋曰穀梁釋文公孫姓音生又如字左氏釋文公孫生本又作姓音生比而觀之穀梁與本傳音同俱以音生為首則陸讀姓為生從左氏讀又音始為本音從本字讀互詳左氏箋為不于偽反下為季為下為治為蔡同浩油户老反又古老反下音由一音羊又反二傳作臯鼬○校勘記云唐石經諸本同釋文浩油二傳作臯鼬九經古義云鹽鐵論作誥鼬爾雅釋訓臯臯琄琄樊光本作浩浩十三經音略五云鼬由穀梁傳釋文訛作臾

又翻由去聲臯䌷公羊傳作浩油浩户老古老二翻油音由又羊又翻䌷又同箋曰户老為浩之本音古老莽讀如槁即臯之上聲音由為油之本讀羊又即讀作䌷爾雅釋獸釋文䌷餘又反餘又羊又為用字異周謂由又反同者則據左氏釋文言也然則二字首音從本傳讀又音莽從二傳讀矣

數如所主反

楚復扶又反下而復復討同

翁

然許及反

伯戊音茂又音恤二傳作戌○校勘記云唐石經諸本同釋文云云王校成余本作戌汲古同箋曰余本校記云音二傳作戌通志本作成閩本誤作戊按音茂為戊之本音說文鉉音莫候切可證音恤益讀為戌從余本汲古本所云二傳讀左氏釋文伯成音城即與此本說同然則戊戌成皆為形近之變耳

劉卷音權

孔圉魚呂反左氏作圉○校勘記云諸本同釋文云云唐石經作孔圉箋曰左氏釋文孔圉魚呂反則二字同音陸此引左氏為證者以亦與公羊用字異形也

鮮虞本或作吳音虞

舉采七代反下采地同

伯莒左氏作柏舉

挾弓音協又子協反○箋曰穀梁釋文挾弓户牒反又子協反户牒音協用字異儀禮鄉射釋文兼挾劉音協一音子協反則此首音同彼劉音此又音同彼一音互詳彼箋

雕弓丁遼反

彤弓大冬反

嬰弓

於耕反見司馬法 盧弓力吳反 禮見賢徧反下不見同 將為于僞反下不為匹為是注
為子胥同○攻證删不為也三字云注疏本不為匹上有不為也三字案從不為也應如字此係後人妄添入箋曰按傳云闔
廬曰士之甚勇之甚將為之興師而復讎于楚伍子胥復曰諸侯不為匹夫興師又云虧君之義復父之讎臣不為也於是止
又云楚人聞之怒為是興師尋文意可知不為匹為是俱與將為于僞反讀同而不為也義異故音别盧氏所謂如字是也且
傳文不為也在不為匹後釋文倒置甚明盧謂後人妄添入亦是也通志本已誤衍今依删正 囊瓦乃郎反
南郢以井反又以政反○箋曰穀梁釋文政作正餘同以正以政用字異則二傳讀無别矣首音為本讀又音則上去調
異耳 瓦將子匠反 激發古狄反 非當丁浪反 墮平許規反 除去
起呂反 便辟婢亦反 辯佞如字本又作便佞○注疏本作便佞校勘記云諸本同釋文云云按疏本
亦作辯佞云辯為媚矣今本作便佞蓋據何晏論語集解所改箋曰論語季氏篇友便佞集解鄭玄曰便辯也謂佞而辯也按
釋文便辟婢緜反此如字即讀說文鉉音符蹇切則便辯聲義並同自相通用則論語作便何注引作辯陸所見如是故以此

本用之**相迫**音峻又音巡又玄編反先也○十三經音略五云迫音峻又音巡又賢編翻音縣箋曰本傳云朋友相衛而不相迫注云迫出表辭猶先也疏云迫者謂不顧步伍勉力先往之意故曰出表辭則此釋義本諸何說也按廣韻稕韻私閏切迫出表詞也霰韻黃練切迫出表辭私閏音峻為直音反語用字之異黃練與玄編同即周之音縣廣韻正依本書則此二音俱為迫之讀故一列于首一云為又音巡蓋讀如旬集韻諄韻松倫切旬紐有迫注云先也公羊傳朋友相衛而不相迫正從本書釋何注先訓之音　**擊刺**七亦反　**進行**下孟反　**五年**　**時為**于偽反　**以見**賢編反　**士卒**子忽反　**罷弊**音皮弊亦作敝音同○孜證云注疏本作敝箋曰說文犬部獘頓仆也㡀部敝一曰敗衣段注云引申為凡敗之稱鉉音並毗祭切則此弊為音借字　**起弑**音試

六年　**為其**于偽反　**令難**力呈反　**而易**以豉反　**以長**丁丈反

大平音泰　**欲見**賢編反　**治定**直吏反　**所復**扶又反　**七年**　**于鹹**音咸　**費重**芳味反下同　**重之**直用反　**八年**　**不別**彼列反　**曹**

竫才井反本亦作靖○攷證云注疏本作靖校勘記云唐石經諸本同釋文作曹竫云云按段校本作竫箋曰竫靖同音通用

曲濮音卜　惡乎音烏　迭而大結反下同　食之音嗣下注佚食同　眣而五多反下同○校勘記云唐石經諸本同石經原刻作俄後改眣下同釋文作眣按桓二年傳俄而可以為其有矣莊三十二年傳俄而牙弑械成字皆作俄何注桓二年云俄者謂須臾之間創得之頃也此從目非箋曰說文八俄行頃也段注删行字云玉篇曰俄頃須臾也廣韻曰俄頃速也公羊傳曰俄而可以為其有矣何云俄者謂須臾之間制得之頃也此今義也鉉音五何切五何五多為用字之異則作從人之俄為是廣韻眣視也從目之眣音同而義别故阮校以為非也

鋟其本又作鐵七廉反又且審反以爪刻鐀斂板也本或作鋟誤○攷證云注疏本鐵譌鐵又鋟作鉛箋曰傳云眣而鋟其板注云以爪刻其鐀斂板疏云謂以指爪刻其鐀器之上斂藏衣物之板謂蓋板也可見此釋義本於何說七廉為鋟鐵之本音集韻鹽韻千廉切鋟鐵云刻也春秋傳侵其板正依本書且審蓋讀若寑廣韻寝韻七稔切鋟云爪刻鐀斂版即據此又讀陸云本或作鋟誤者謂有一本作鋟鋟與鋟形近傳鈔致誤也

蒲圃本又作甫同布古反又音布○校勘記云唐石經諸本同釋文

蒲圃本又作甫葉鈔本作満圃箋曰藏校蒲作滿北館本注于旁上加朱|俱依葉本蒲滿形似而然按爾雅釋地釋文圃本或作囿字同布古反又音布與此音同詩東方未明釋文圃音布又音補樹菜蔬曰圃則與此音首又互易調雖異而義無殊甫者圃之借故此云本又作圃者圃之俗故彼云本或作也 其乘繩證反下皆同 有女音汝 從

弟才用反下同 數十所主反 而隊直類反 馬捶章藥反○攷證云舊本注疏本棰皆從手非今改正校勘記云鄂本捶作搖按依說文當作箠箠誤假借作捶譌作搖校語錄云捶盧改從木箋曰前路三十一年釋文負箠章藥反本又作捶此捶即與彼或本字同阮說是也互詳彼箋 駷馬本又作摗字書無此字相承用之素動反○校勘記云唐石經諸本同釋文駷字又作摗字書無此字相承用之王校余本亦作摗汲古同箋曰摗藏校作摗北館本同此殆隸書從木從手混同也陸以或本用摗與余本汲古本字同以此本用駷則其所見如是耳 而射食亦反

矢著直略反注同 莊門本或作嚴亦音莊 言幾音祈 中季丁仲反 殺

不音試下同 郤反去略反本又作却○注疏本作却校勘記云唐石經諸本同釋文郤反本又作却王校郤余本

作郤九年同箋曰從卩之郤爲郤姓之郤其音綺戟切從卩之郤爲退郤之郤其音去約切按本傳云䢜不成却反舍于郊則與郤退義合去約即去略由音義觀之則此字當從余本此本作郤葢隸書從卩從卩混同莊子養生主釋文郤徐去逆反郭音却郭象即以郤爲郤是其比也廣韵藥韵郤却俗陸以此本用正字同余本他本用俗字同注疏本

說然本又作稅始銳反又他會反注同說解舍也然猶如也○箋曰易蒙釋文說徐又音稅儀禮鄉飲酒稅始銳反則此首音爲稅之讀亦即說之音他會葢讀如蛻禮記喪服小記說喪徐他外反檀弓不稅徐音同他外即他會故此云又

稱也尺證反

切遽其虛反

趣駕七欲反一音七住反○箋曰傳云趣駕注云使疾駕七欲則讀如促爲趣疾之本讀七住葢讀作趣疾之趣故云一音一音者音異而義同也

慬然其靳反

璋判音章

琮在宗反

璜音黃

峨峨五多反本又作娥○校勘記云鄂本閩監毛本又同此本翻刻者峨字誤從虫旁釋文峨峨本又作娥按廣雅釋訓娥娥容也與何氏引詩正合毛詩作峩假借字也箋曰廣雅疏證云釋詁一娥美也重言之則曰娥娥古詩云娥娥紅粉莊宋玉神女賦云其狀峩峩何可極言峩與娥同美容謂之峩峩德容亦謂之峩峩大雅棫樸篇奉璋峩峩毛傳

云峩峩盛壯也按徐疏申何說云其儀容峨峨盛壯莊誤矣正用毛義則峨娥俱為其借字陸、以此本作峨峨與毛詩合他本作

娥娥與廣雅合 **髦士**音毛 **質柎**芳甫反又方于反○攷證云注疏本柎從手非又芳舊作方今從注疏本

改校勘記云閩監毛本同釋文質柎此從手旁譌校語錄云方盧依注疏本改芳箋曰說文六柎闌足也鉉音甫無切甫無方

于用字異則此又音為本讀盧誤依注疏本改方作芳芳甫蕃讀如撫 **青純**之閏反緣也注同 **純緣**

悅絹反下同 **甲頓**而占反 **亹亹**亡匪反 **乎蓍**音尸 **喪其**息浪反

九年 **伯囆**勑邁反左氏作蠆 **喪之**息浪反 **郤難**起略反下乃旦反郤亦作却○箋曰

此本郤字與前八年郤反之郤誤同當依小字作從卩之卻余本是也餘詳彼箋 **十年** **不易**以豉

反下同 **頰谷**古協反左氏作夾谷○箋曰穀梁釋文同左氏釋文夾谷古洽反又古協反二傳作頰可見古協為

頰之音互詳彼箋 **熒惑**音螢一音于瓊反○箋曰說文四𤇾惑也鉉音戶扃切戶扃音螢為直音反語用字之異熒惑

雙聲連語則此熒為𤇾之借字段注云淮南漢書皆假營為𤇾營行而𤇾廢按淮南原道訓精神亂營俶真訓思慮不營精神

訓而物無能營高注並云營惑也漢書吳王濞傳營惑天子劉向傳所以營惑耳目淮南王安傳營惑百姓可證殺說是也營余傾切喻紐清韻于瓊為紐清韻清韻無為紐于恐余傳寫誤則此余瓊即讀為營蓋依淮南漢書故云一音一音謂或音也

異處（昌慮反）　為是（于偽反）　復得（扶又反及十一年末同）　圍郈（音后）　公

子池（左氏作地○攷證云注疏本誤作注校勘記云釋文云云按閩監毛本誤以池左氏作地五字釋文為注此本鄂本皆無之箋曰池地形近蓋二傳所承受異耳）　于窴（左氏作安甫）　暨宋（其器反）　仲佗（大多反）

石彄（苦侯反）　惡仲（烏路反）　彄與（其文反）　亦見（賢遍反）　十一年

不復（扶又反）　叔還（音旋）　十二年　見殺（音試）　墮郈（許規反下同）

吏數（所角反下同）　采長（七代反下丁丈反）　說其（音悅）　不厭（於豔反）　去

甲（起呂反）　而堵（丁古反）　吉射（食亦反又食夜反○箋曰穀梁釋文互易左氏釋文同此詳彼箋）

朝歌（如字）　十三年　垂瑕（如字又音加二傳作垂葭○箋曰穀梁釋文垂葭音加則此又

音讀從二傳故陸引以證之如字即為本傳瑕字之讀因列于首也

大廋所求反本又作蒐○攷證云注疏本作蒐箋曰前昭八釋文廋所留反本亦作蒐所留即所求詳彼箋

比蒲音毗

操兵七曹反

鄉國許亮反

十四年

晉趙陽左氏作衛趙陽○攷證云注疏本作趙鞅校勘記云唐石經鄂本閩監本同毛本陽誤鞅疏同解云穀梁與此同左氏作衛趙陽箋曰阮説是也

公子佗人大河反二傳作公孫佗人○校勘記云唐石經佗字人旁磨改釋文公子佗人二傳作公孫佗人箋曰穀梁釋文佗人徒河反徒河即大河公子公孫左穀與公羊蓋為傳授之異陸故於此引之以為證也

子牄七良反二傳作牂○校勘記云唐石經閩監毛本同鄂本牄誤搶蜀大字本誤懀釋文子牄二傳作牂箋曰穀梁釋文子牂作郎反是則牄牂為塞擦與破裂之聲轉陸引證之以明二傳與此傳用字形音俱有殊異也

不別彼列反

醉李本又作檇音同○王校余本作雋蓋壞字也箋曰前昭十七年釋文檇李音醉本或作醉詳彼王説是矣按余本校記云音醉李本又作雋誤雋閩本同通志本本又作檇未及其非故具於此

為下于偽反

于堅如字本又作掔音牽左氏作牽○箋曰穀梁釋文于牽去原誤作云此依余本

賢反則此音牽正從二傳讀如字即讀鉉音古賢切與牽為破裂與塞擦之異 于洮他刀反 歸脤市軫反 曰燔本亦作膰又作燔音煩○攷證云燔疑燔字之誤校語錄云燔蓋燔之譌箋曰穀梁釋文熟曰膰音煩則此所云本亦作者正指穀梁所用字左襄二十二年燔焉本又作膰音煩祭肉也此與左氏同按說文十燔宗廟火孰肉鉉音附袁切附袁音煩為直音反語用字之異段注云今世經傳多作燔作膰惟許書作燔火部燔下云爇也是詩作燔為假借字他經作膰乃俗耳依段說則此又作燔之燔當為燔盧法所說俱是也左僖二十四年傳天子有事燔焉釋文膰焉符袁反祭肉也周禮又作鐇字足見此鐇字為誤今依正之 蒯聵苦怪反下五怪反 譏亟去冀反 閒隙音閑下去逆反 莒父音甫 去冬起呂反 攝相息亮反 粥羔羊六反 以閒閒廁之閒 近害附近之近 十五年 鼷鼠音兮○攷證云注疏本音奚箋曰兮奚同音此為用字之異 漫也亡半反猶徧也 徧食音遍 復舉扶又反下同 軒達左氏作罕達 籧篨具居反下直居反 歸含戶暗反 且賵芳鳳反 不為于偽反

厭死於甲反 下昊音側○攷證云注疏本作昃校勘記云宋本閩本同監毛本昊改昃非注及疏同按釋文唐石經作昊箋曰說文七厄日在西方時側也鉉音阻力切阻力即音側段注云隸作昃亦作昊則注疏本監毛本俱不誤 晡時布吴反 城漆音七

哀公第十二 何休學

元年 復見扶又反下賢編反 思殺所戒反 二年 漷東火虢反徐音郭○箋曰穀梁釋文徐作又餘同詳前隱十年取漷箋 及沂魚依反 句繹古侯反下音亦 不與音預 可為于偽反 不去起呂反 見挈賢編反下去結反 于栗一本作秩二傳作鐵○校勘記云唐石經諸本同釋文亦作栗云云疏本作及鄭軒達戰于鐵解云諸家之經軒達下有帥師唯服引經者無於鐵者三家同有作栗字者誤也今定本作栗字疏又謂三家同作戰于鐵定本作栗者誤而釋文同定作栗區別之云二傳作鐵案陸德明所據之本不及疏本也箋曰穀梁釋文于鐵他結反左氏釋文他作天為用字異陸於此不作音而引二傳證

之者蓋以其承受各異也阮謂不及疏本未審按栗力質切與秩疊韵秩與鐵同發塞擦聲故相通用耳 惡失烏路

反 三年 上為于偽反下為輒為衛不為同 不中丁仲反 復立扶又反下

及注同 見者賢徧反下同 兩觀工喚反 開陽左氏作啓陽開者為漢景帝諱也

欒髡苦昆反 惡大烏路反 治直吏反 大平音泰 四年 盜殺音試

下同 近罪附近之近 戎曼音蠻 畀宋必利反下同 西鄆芳夫反 蒲社

左氏作亳社〇校勘記云唐石經諸本同釋文云云解云公羊以為蒲者古國之名今穀梁經傳皆作亳字而賈氏云公羊曰

薄社也者蓋所見異經義雜記曰禮記郊特牲薄社北牖注薄社殷之社殷始都薄釋文薄本又作亳書序將遷其君於蒲姑

釋文蒲如字徐又扶各反馬本作薄史記周本紀作遷其君薄姑是薄蒲亳三字古通箋曰薄蒲亳三字俱在並紐薄亳入聲

音近故相通用阮說是也 揜之意冉反 背天音佩 俠轂古洽反下古木反十三年同

驂乘繩證反十三年同 天去起呂反 滕頃音傾 五年 城比本又作芘

亦作庇同音毗左氏作毗○校勘記云唐石經諸本同釋文云云箋曰左氏釋文城毗頻夷反未言公羊作比可見此音毗即讀比為毗云他本作芘作庇皆所以示其博聞也

閏數 所主反下及注月數閏數同

六年

鄍婁葭 音加又音遐左氏作鄍瑕○校勘記云唐石經閩監毛本同鄂本葭作瑕非箋曰左氏經城鄍瑕杜注云任城亢父縣北有瑕婁城釋文瑕音遐則此音加為葭之本讀音遐即從左氏陸引之以為證者明此又音讀所本也

魯

數 所角反 **未曾** 才能反 **狄之行** 下孟反 **于相** 莊加反 **君舍** 二傳作茶音舒○校勘記云唐石經諸本同釋文云云九經古義云史記律書舍者日月所舍舍者舒氣也是舍有舒義故有舒音箋曰穀梁釋文君茶音舒又音徒左氏五年釋文子茶音同可見二傳又音始為茶之讀俱以音舒列首者蓋亦讀茶作舍阮引惠說是也

為諼 況元反 **千乘** 繩證反 **析玉** 思歷反 **為後** 于偽反下乞為同

矯也 居兆反 **期而** 音基下同 **難言** 乃旦反 **鎧** 苦代反 **巨囊** 乃郎反又音託○校勘記云唐石經諸本同釋文云云按史記齊大公世家囊作橐故音託箋曰說文六囊橐也鉉音奴當切橐囊也鉉

音他各切奴當即乃即他各即音託則此又音益讀囊為橐矣阮說是也

中霤力又反

色然如字本又作垝居委反驚駭貌本或作危○攷證改下本字為又云舊又作本今從注疏本改校勘記云唐石經諸本同釋文色然如字本又作垝又或作危按一切經音義引作㱇然此作色葢誤箋曰傳云諸大夫見之皆色然而駭注云色然驚駭貌玄應音義九大智度論二十三㱇然所力反通俗文小怖曰㱇公羊傳云㱇然而駭是也段注說文㱇下引此云按今公羊作色然不以為誤此色讀如字即所力反之音則色為㱇之音借阮謂或誤殊昧經傳借字之例矣居委則為垝之本音說文鉉音過委切可證莊子繕性釋文危然如字崔本作垝音如累垝之垝則危垝二字互用釋文云本或作之例多矣注疏本又字誤甚明盧依誤字改之不可從

闚然丑鴆反又丑甚反一音丑今反見貌字林云馬出門貌丑祍反○校勘記云唐石經諸本同釋文闚然見貌字林云馬出門貌按說文規暫見也從見炎聲春秋公羊傳曰規然公子陽生十三經音略五云闚丑鴆丑禁同丑甚丑今丑同林三翻乃琛字平上去三音也韵會闚識紐微穿微混同俗音昌上聲非九經字樣云規音陝見公羊傳說文作規微冉翻音陝失箋曰說文十二闚馬出門貌讀若郴丑今即郴音則此一音本許讀而字林義亦本許書故引之為證也丑鴆即讀同廣韵沁韵丑

禁切之闖由平轉去陸以其時爲闖之本讀故此列于首丑社丑鴆爲用字異丑甚簽讀上聲如踸集韵寑韵踸紐丑甚切有闖馬出門貌正依本書又音即或音

逡巡七旬反

七年

皇瑗于眷反

于鄫似陵反○箋曰穀梁釋文于繒在陵反左氏釋文于繒才陵反本又作鄫在才俱從紐似則邪紐陸書從邪混用本傳之鄫與左氏或本所用字同互詳彼箋

隗子五罪反

惡魯烏路反

復入扶又反

八年

侯燬況委反

及僤昌善反一音昌然反字林作燀左氏作闡○校勘記云唐石經諸本同釋文云僤字林作燀左氏作闡解云左氏穀梁作讙闡字箋曰左氏穀梁釋文並云及闡尺善反尺善即昌善則公羊與二傳字異音同其所承受如是也昌然簽讀同廣韵尺延切之燀轉上爲平故云一音

爲以于僞反

故復扶又反

伯過古禾反

所喪息浪反

九年

雍丘於用反

易也以豉反下同

陷阱才性反

爲征于僞反

十年

薛伯寅二傳作伯夷同音以尼反

十一年

袁頗破多反

艾陵五蓋反

與伐音預下不與戰與伐同

十二年　為何于偽反下為同宗同　為率音律又音類　一乘繩證反　故

復扶又反　槖皐章夜反一音託〇十三經音略五云槖皐之槖章夜翻音柘或一音託柘皐鎮在今廬州府巢縣西北箋曰章夜為槖皐之音周音柘是也音託蓋讀囊槖之槖與此地名之音不同故云一音一音者或音也穀梁釋文同左氏釋文一音上即有或字　于運左氏作鄖　螺音終本亦作螽注同〇校勘記云唐石經諸本同釋文螺本亦作螽注同按注此年再螺疏作此年再螽箋曰說文十三螽蝗也螺螽或從虫衆聲鉉音職戎切叚注云公羊經如此作職戎音終為直音反語用字之異然則螺為螽之或陸以此本用之左穀釋文俱作螽音終故此云本亦作螽　當見賢編反

十三年　于嵒五咸反一音魚及反〇箋曰穀梁十三年釋文于嵒五咸反左氏十二年嵒音同則此首音為本讀魚及蓋讀作多言也尼輒切之嵒　易也以豉反下同　鄭復扶又反以下注同　報

償時亮反　男成本亦作戌〇攷證云注疏本二字互易校勘記云閩監毛本同鄂本戌作戍唐石經缺釋文云云王校余本成戌互易汲古同箋曰余本校記云音男戍本亦作成通志本誤倒按戌成為形近之異左氏釋文男成音城本

或作戊與此作戊異依彼則此男成非誤倒詳彼箋反背音佩當見賢徧反年內皆同惡諸

烏路反魏多左氏作魏曼多之費芳味反下同孛于音佩彗星因歲反又息遂反○箋曰周禮保章氏釋文彗似歲反又息遂反似歲因歲為用字異詳彼箋按因余本作因當是形近傳鈔之誤主

治直吏反燔書扶元反陳夏戶雅反一本作廉彄夫苦侯反又古侯反一本作嫗音同二傳作夏區夫○校勘記云唐石經諸本同釋文云云箋曰左㲉釋文並云區夫烏侯反按苦侯為彄之本音古侯蓋讀如鞲轉塞擦為破裂彄嫗皆從區陸引二傳以證其偏旁同耳

十四年

西狩手又反獲麟力人反薪采音新主芟所銜反艾魚廢反采樵在焦反○攷證云注疏本采作採箋曰說文六采將取也鉉音倉宰切段注云俗字手采作採則此本用正字注疏本用俗字去周起呂反行夏戶雅反下子夏同為獲于偽反下為獲孰為注為誰知為皆同鸛音權鵒音欲振振之人反大平音泰下大平皆同捬石芳甫反援神音袁○攷證云注疏本音爰箋曰爰袁同

音此為用字之異**麒麟**音其**有麐**○本又作麇亦作麐皆九倫反麐也○校勘記云唐石經同閩本麐字剜改囷作君監毛本承之非也釋文作麐云本又作麇亦作麐按隸釋載漢石經作麐即麐之隸變爾雅釋獸麐麐身牛尾郭注引公羊傳曰有麐而角是古本作麐也石經攷文提要云宋景德本鄂泮宮書本皆作麐箋曰爾雅釋獸釋文麐九倫反本又作麇亦作麐說文麇籀文麐原本麇麐倒置依孫校改字林云麇麞也此正文及亦作者恰與爾雅互易按說文十麇麞也從鹿囷省聲麐籀文不省鉉音居筠切居筠九倫用字異則此釋義與字林同皆本說文麇為小篆麐為籀文麐為俗字陸於公羊以此本用俗字於爾雅以此本用籀文葢其所本如是也互詳彼箋閩本監毛本俱沿釋文作麐盧以為非未達其恉**反袂**彌世反衣袖也**涕**他禮反**沾袍**步刀反又步報反衣前襟也○校勘記云唐石經諸本同疏本作沾袍云袍亦有作衿字者按釋文作沾袍步刀反經義雜記曰說文袍襺也袷交衽也是當作涕沾袷衿襟皆俗字作袍非也論衡指瑞云反袂拭面泣涕沾襟春秋正義云下沾衿之泣離騷霑余襟之浪浪皆可證箋曰注云袍衣前襟也陸用何義按說文衣部袍襺也引論語衣敝緼袍鉉音薄褒切袌裹也鉉音薄保切薄褒即步刀薄保即步報段注褚下云褱物謂之袌因之衣前裣謂

之褭引公羊傳曰反袂拭面涕沾袍此袍當作褭何注云段說是也步刀為袍之音步報即讀為褭正此義之本讀依陸音例則步報當居首步刀始為又音臧氏雜記謂此袍字非則是謂當依說文作裣實不審袍乃褭之俗譌釋文俗字多矣阮氏從之以為校語亦未解其惑也

襟也音金 **王於**于況反下火王而王之王同 **從橫**子容反

駈除並如字又上丘具反下直據反○孜證云注疏本作音誤驅王校余本作驅箋曰如字即駈讀同廣韵虞韵豈俱切除讀同魚韵直魚切若依本書魚虞混同則駈除為疊韵連語丘具直據二字轉平為去調異而義不殊故陸云又也按干祿字書平聲駈驅上通下正則余本注疏本俱用正字釋文用俗字 **曰噫**於其反 **咄嗟**丁忽反 **天**

喪息浪反 **予**羊汝反我也 **祝斷**丁管反 **所傳**直專反注傳聞同 **以復**扶又反

臣見賢徧反下欲見同 **少殺**所戒反下同 **子般**音班 **道浹**子協反一本作帀○箋曰周禮天官大宰挾日而斂之鄭注從甲至甲謂之挾日釋文挾日子協反字又作浹同干本作帀子合反按說文帀部云帀周也銍音子荅切子荅即子合小爾雅廣言周浹帀也挾帀聲義並同則此一本所作者與周禮干本同皆本於許書互詳

彼箋　**撥亂**卜末反理也　**瑞應**應對之應○王校余本瑞應一條在撥亂之下案經注本次是也箋曰按注云人道浹王道備必止于麟者欲見撥亂功成於麟猶堯舜之隆鳳凰來儀故麟於周為異春秋記以為瑞明太平以瑞應為效也據此則王校以余本為是宜也汲古本阮校本並與余本同今依移之又按撥在末韻木在屋韻此音卜木反木當為末字形殘之誤北館本朱改木作末余本即作末汲古本阮校本並同今依正之　**莫近**附近之近又如字

演孔以善反　**其為**于偽反注所為同　**是與**音餘下及注同

經典釋文集說附箋卷第二十一

經典釋文集説附箋卷第二十二

成都趙少咸

春秋穀梁音義

唐國子博士兼太子中允贈齊州刺史吳縣開國男陸德明撰

春秋穀梁序

乾綱其連反天也 絶紐女久反 彝倫以之反彝常倫理也 攸斁丁故反字書作殬敗也○箋曰詩大雅雲漢耗斁下土箋云斁敗也釋文斁丁故反說文字林皆作殬按說文四殬敗也商書曰彝倫攸殬鈺音當故切當故即丁故段注云經假斁為殬攷今書洪範文作斁穀梁序文用之陸引字書證者明經用假字也 弒逆申志反又作殺音同 篡盜初患反爾雅云取也 淫縱子用反 困釁許靳反 為之于偽反下同 愆度起乾反 七耀日月五星本又作曜○攷證云今書作曜是正體 箋曰干祿字書去聲耀曜上通下正盧說本此

盈縮所六反　疵厲才斯反下音例又作癘　恩缺丘悅反　小弁步寒反　之刺七賜反此所引皆詩篇名谷風在邶風餘皆小雅　桑扈音戶　之諷方鳳反又作風　見吉賢遍反　厭行下孟反　藐藐亡角反　兩觀古亂反　權喪息浪反下道喪同

上替他計反　僭逼子念反　喟然起愧反又苦怪反〇箋曰論語子罕釋文喟然上苦位反又苦怪反苦位即起愧禮記禮運喟然而歎釋文喟然去媿反又苦怪反說文云大息去媿起愧用字異起愧即讀大息之喟故陸於禮記引說文義以為證苦怪則讀吟歎之喟廣韵怪韵苦怪切喟字注可證陸並以此義為又音也互詳禮運箋　大師音泰　能復扶又反　以被皮義反　拯拯救之拯　積徒回反本又作頹同〇孜證云今書作頹說文上有積字箋曰積為說文本字從禿貴聲經典用作頹是隸變故段注積下云此從貴聲今俗字作頹失其聲矣陸以此本用正字他本用俗字　華袞古本反袞冕上公之服　之貶彼檢反　市朝直遙反　之撻吐達反　匿非女力反　麟感本又作驎呂辛反瑞獸也〇箋曰說文十麟大牡原作牝依段校鹿也鉉音

力珍切力珍即呂辛殺注云許此篆為大麐麐篆為麒麐經典用仁獸字多作麟薟同音假借則陸以此本用借字按公羊哀

十四年西狩獲麟論衡指瑞引春秋曰西狩獲死麟與此本又作字同經義雜記曰驎俗麟字故陸以他本用驎來

應應對之應之邪似嗟反臧子郎反否音鄙又方九反臧否猶善惡也〇箋曰易師釋文否音鄙

惡也馬鄭王肅方有反臧作郎反善也書堯典釋文否方久反不也又音鄙方有方九用字異則此又音與易馬鄭王肅讀同

陸以善惡釋臧否故列音鄙為首也鬻音育拳音權子糾居黝反祭仲側界反而

闚本又作窺去規反〇箋曰易觀釋文闚苦規反本亦作窺公羊成二年而闚去規反本又作窺苦規去規用字異並與此

同詳公羊箋是嫡丁歷反本又作適同〇箋曰儀禮喪服釋文嫡本又作適同丁狄反禮記內則嫡妾本亦作適

同丁歷反丁歷即丁狄並與此同强通其丈反必當丁浪反下同夫至音符並

舍音捨據理音据亦作据之難乃旦反瓌古回反紛錯七洛反準裁

在代反又音才下同〇箋曰音才本動詞為制衣之裁在代即名詞此準裁之裁儀禮士喪注云浴衣已浴所衣之衣以布為

之其制如今通裁賈疏謂以其無殺即布單衣漢時名爲通裁釋文通裁在代反又音才音正同此亦以在代列首釋名詞通裁也互詳彼箋

父子異同謂劉向好穀梁劉歆善左氏之論力困反石渠其居反閣名漢宣帝時使諸儒講論同異於石渠閣也分爭爭鬪之爭好惡呼報反下烏路反辯訥字書云訥或作吶乃骨反字詁云訥遲於言也包咸論語注云遲鈍也○箋曰說文三訥言難也鉉音內骨切論語里仁君子欲訥於言釋文欲訥奴忽反包云遲鈍也鄭言欲難則鄭與許義同此引字詁蓋本之內骨奴忽俱與乃骨爲反語用字之異按隸書從言從口之字多混用如說文論經典相承作喻正此字書謂訥或作吶之比

鹽而移驗反也巫音無

而婉於阮反北蕃方元反又作藩子姪徒節反字林丈一反杜預注左氏傳云兄子曰姪○箋曰詩鵲巢釋文姪待結反字林丈一反待結徒節反語用字之異詳彼箋按左襄十九年傳其姪鬷聲姬生光杜注云兄子曰姪釋文姪直結反直結徒節舌音類隔也雖近附近之近昊天胡老反詩云欲報之德昊天罔極本又作旻亡巾反匍音蒲又音扶匐蒲北反又音服逾邁音榆跂及丘弭反又丘豉反○箋曰莊子在宥

釋文跂丘氏反又丘豉反丘氏即丘弭正與此同調異而義無殊也 夏隊直類反 從弟才用反 泯

沒亡忍反又作泯 喪予息浪反

春秋穀梁傳隱公隱公名息姑惠公之子周文王八世孫平王四十九年即位第一

范甯集解

元年 正月音征又如字後皆放此 焉成之於虔反 隱長丁丈反又作丈音同

之惡烏各反下注之惡同 惡桓烏路反下其惡桓同 弒之申志反又作殺如字下同 信道

音申下同 信邪似嗟反下及注皆同 已探吐南反 千乘繩證反公侯之國賦千乘 蹈

道上徒報反履行之名也下如字 邾音誅國名 儀父凡人名字皆音甫後放此更不重音 于眛音蔑

地名左氏作蔑注下皆同 美稱尺證反 以上時掌反 不日人實反不日謂不書日也穀梁

皆以日月為例他皆放此 渝也羊朱反變也 于鄢音偃地名 見段賢遍反 大辟

婢亦反　**積思**直吏反　**宰咺**況阮反○臧校阮作玩北館本注于旁箋曰公羊隱元年釋文宰咺況阮反左傳隱元及僖二十八俱同則阮字非誤　**仲子**惠公之母也與左氏不同　**之賵**芳鳳反注及下同

乘馬繩證反四馬曰乘　**曰襚**音遂　**曰含**户暗反口實也又作唅○校勘記云閩監毛本同疏同釋文云云按依説文當作琀箋曰傳云貝玉曰含注云含口實按説文玉部琀送死口中玉也鉉音胡紺切段注云經傳多用含或用唅説苑修文篇口實曰唅即作唅字户暗户紺用字異以其義變故調殊含初文唅琀皆爲其後出專字禮記文王世子釋文含胡暗反本又作唅正與此同

曰賻音附　**祭伯**側界反　**來朝**直遥反　**寰内**音縣古縣字一音環又音患寰内圻内也○箋曰注云天子畿内大夫有采地謂之寰内諸侯按禮記王制天子之縣内凡九十三國鄭注縣内夏時天子所居州界名也正此傳所言寰内諸侯故云寰古縣字音縣蓋以今字釋古字本於范説疏云王都在中諸侯四面遶之故曰寰内則依環字解之此音環即讀寰作環與楊説同則一音爲或音言或有作此音也音患讀去聲莊子説劒釋文環又音患繞也則由名詞變作動詞矣匡謬正俗八云字縣州縣字本作寰後借縣字爲之左太沖魏都賦

云殷殷寰内此即言宇寰耳讀者别讀爲環引環繞之義顔説以環繞爲别讀寰内爲古縣字與此陸意正合　畿内
本或作圻音祈○箋曰説文十三畿天子千里地吕逮近言之則言畿鉉音巨衣切段注云畿之言垠也故亦作圻周禮地官
大司徒乃以九畿之籍鄭注畿猶限也則王畿之作王圻乃假圻爲畿耳陸此本用正字或本用借字　鍭矢音侯
又音侯○箋曰方言九箭江淮之閒謂之鍭音侯爾雅釋器金鏃翦羽謂之鍭注今之錍箭釋文鍭侯候二音則音侯始爲本讀
音侯讀平爲去調異而義不殊陸列之于首者葢以時音如此也　出竟音境本或作境下同　埸音亦　聘
遺唯季反　之好呼報反　當稟彼錦反　日卒人實反下不日卒同　股肱古弘
反　二年　以見賢編反下同　下屬章玉反　不贖徒木反　皆放
甫往反後此例不音　皆氏丁兮反本又作底○攷證云本又作底底誤今書作底箋曰詩殷武釋文氐都嗁反西方夷
狄國左氏釋文氐羌都兮反都嗁都兮皆即此丁兮汲古本即作氐阮校本作底底下也則爲音假字　别種章勇
反　知者音智　能斷丁亂反　者守如字注同　莒人音舉　入向舒亮反

時惡烏各反下次惡同○孜證云案注云入例時惡甚則日時屬上句惡屬下句此當標惡甚二字爲得箋曰釋文條例云今則各標篇章於上摘字爲音慮有相亂方復具錄已明本書與舊作皆錄經文全句不同故未慮及摘字之成辭與不成辭也

無侅音該又戶楷反左氏作駭○箋曰左氏釋文無駭戶楷反公羊同此又音即從左氏公羊音該則爲侅之本讀說文鉉音古哀切可爲其比

履緰音須左氏作裂繻下注同

爲其于僞反注來爲同

有當丁浪反

故去起呂反下同

以別彼列反

美惡烏路反又如字

舍族音捨

或厭於葉反

繼弑音試

長子丁丈反下注伯長同

親迎魚敬反

不復扶又反

子伯如字長也左氏作子帛

夫稱尺證反

常處昌慮反

隱殺音試○孜證云今書作弒案凡經典弒多有作殺者後人往往以名分改之故與陸氏本異後不悉出箋曰注云隱弒賊未討故不書葬按依注說隱君也賊臣也此以君爲臣殺故汲古本阮校本皆作弒如以隱被弒而未討賊從隱夫人薨不書葬則當言殺釋文本作殺是也陸書弒殺俱音試則二字通用此非後人以名分改弒作殺明甚蓋各有所本也盧說不可從

壞

宮音怪又戶怪反 三年 日有食之本亦作蝕音同後皆放此○箋曰蝕乃日食之本字經傳作食爲同音借字左氏釋文食之如字本或作蝕音同與此相合互詳彼箋 大量音亮 下賢遐嫁反 爲消于僞反 外壞而丈反 所吞敕恩反又音天○箋曰莊子庚桑楚釋文吞舟敕恩反又音天與此正同 咽者於見反 不見如字又賢徧反 之饉渠吝反 見於賢徧反又如字 不可知知也上知如字下知音智 太上並如字 夫名音符發句之端皆同 相別彼列反 尹氏如字周大夫也左氏作君氏 詺相息亮反 稱諡市至反後皆同 短丁緩反 折時設反下同 有壽市又反又如字 宋繆公音穆本亦作穆 之使所吏反下同 史策本又作筴初革反 殺君音弒下同○校勘記云閩監毛本同釋文出殺君是陸所據本與此不同箋曰音弒亦讀殺爲弒蓋其所本字作殺耳 足算素緩反數也 宋共音恭本亦作恭下同 悉去起呂反 四年 伐杞音起 牟婁亡侯反 易辭以豉反 所

見賢遍反益為于偽反所惡烏路反又如字於傳者直專反祝吁香于反左氏公羊及詩作州吁弒其音試釋舊作殺注下同君完本又作皃音丸○攷證云完字乃篆體與完實一字舊譌作皃則與貌同矣今改正校勘記云閩監毛本同釋文云云案皃即八分書完字筆迹小異耳非容皃字又音丸也箋曰盧說阮校俱是也左氏穀梁釋文並云君完音丸今復扶又反翬音暉下同皆去起呂反與于音預于濮音卜之挈本又作絜苦結反注同○校勘記云閩監毛本同釋文挈本又作絜注同案通志堂本釋文絜誤挈此從宋本箋曰阮校小字從宋本作絜是也今依正致令力呈反下同惡也烏各反注同嫡長丁歷反下丁文反下同建儲直魚反名分扶問反無嬖必計反五年觀魚如字左氏作矢魚獻人音魚之難乃旦反入郕音成注同○攷證云郕字並不見注此注同二字乃衍文宋本無注疏本削去之是也校語錄云注同二字盧依宋本云是衍文箋曰按本經云秋衛師入郕傳云入者内弗受也郕國也依是則注當為傳字之誤非衍將卑子匠

反注同 為其母于偽反 長子丁丈反 舞夏戶雅反注及下同 八佾音逸 列也 降殺色界反 始僭子念反 僭侈昌是反又尺是反○攷證改尺是為尺氏云舊氏作是今依宋本改校語錄云尺當作尸是盧依宋本改氏箋曰昌是尺是用字異氏是同音何改之有余本即同此尸是則讀弓解之弛非此形義法說誤 螟亡丁反 公子彄苦侯反 乃暴步卜反本或作曝暴露也 僅而渠吝反 之行下孟反 不塡音田 不復扶又反下同 塡猒於甲反 毆丘于反注同 壞宮音怪一音戶怪反○校語錄云一當作又見上二年箋曰依本書音例一或作又如法說或一下落音字 六年 輸平失朱反墮也左氏作渝平 墮也許規反毀之也 壞前音怪又戶怪反 于艾五蓋反 七年 之娣徒細反女弟曰娣 媵之以證反又繩證反○箋曰公羊隱元釋文俱媵以證反又繩證反爾雅釋言媵音同詳彼箋 從也才用反下同一音如字○箋曰易歸妹釋文從才用反又如字則此一音與彼又音同 以上時掌反 共事音恭本亦作供

愆期起虔反　取妻七喻反　必少詩照反下文及注同　滕侯徒登反　長

曰丁丈反注同　狄道也戎狄之道　長嫡本又作適丁歷反○箋曰詳前序釋文是嫡箋　為

保于偽反下為其同　剌公七賜反　之稱尺證反　遠別彼列反下同　之使

所吏反注同　猶愈羊主反　過諸侯古臥反又古禾反　在疆本又作壃亦作彊音姜○

校語錄云强疑彊之譌箋曰疆藏校江校並作彊按注云諸侯當候在疆場說文十三畺界也疆畺或從土彊聲鈜音居良切候

居良即音姜干祿字書平聲壃疆上通下正則陸此本用或體他本用俗字藏江校疆為彊非此音義彊者弓有力也音巨良

切云亦作强者謂有一本字寫作强法疑强為彊譌甚是彊即疆之易旁土字殘壞若為强則形音義皆不似矣今依正　場

音亦　致餼許氣反牲腥曰餼　伐鮮音仙　八年　使宛於阮反　歸邴

彼病反一音丙左氏作祊○校勘記云左氏作歸祊惠棟云古方丙同字箋曰音丙乃為邴之本讀此一音即又音公羊釋文

歸邴彼命反又音丙鄭邑左氏作祊彼命彼病用字異則讀上為去詳彼箋左氏釋文歸祊必彭反可知公穀用字同與左氏

字異矣 惡與烏路反注及下同 去其起呂反 擅易市戰反 不別彼列反 無復扶又反 廢朝直遙反下同 覲巨靳反諸侯春見天子曰朝秋見曰覲 若令力呈反○攷證云今注作若今似譌校勘記云閩監毛本同釋文同若令力呈反案令是箋曰令今形近依陸音則盧阮說爲令是各本注作今當傳寫之訛 之參七南反 交喪息浪反 盟詛莊慮反下文同 誥古報反 誓市制反 五帝孔安國云少昊顓頊高辛唐虞鄭玄有黃帝無少昊餘同范依鄭 顓頊音專下音許玉反 帝嚳苦篤反高辛帝名 三王夏商周也 夏殷戶雅反下同 鈞臺音均 景亳步各反 盟津音孟本亦作孟○箋曰書禹貢又東至于孟津釋文孟津如字洛北地名漢書地理志引作盟津注師古曰盟讀曰孟孟津在洛陽之北都道所湊故號孟津孟長大也則此音孟亦讀盟作孟陸以此本用盟與漢書同他本用孟與禹貢同 交質音置注同 二伯如字又音霸齊桓晉文○箋曰注云二伯謂齊桓晉文齊桓有召陵之師晉文有踐土之盟諸侯率服不質任也按注申傳義是也如字爲伯之本讀伯長也謂齊桓晉文爲諸侯之長

也音霸轉入為去即讀作霸霸把也謂齊桓晉文把持諸侯之權范注所謂諸侯率服不質任也　名陵上照反

包來音苞一音浮左氏作浮來○箋曰音苞為包之本音音浮則從左氏故云一音一音即或音公羊釋文包來左氏作浮來彼無音者略也互詳彼箋　螟亡丁反　貶去起呂反　若俠音協九年同

九年　以別彼列反　祭伯側界反下同凡國名邑名及人名氏皆於始音後不復出若假借之字時復重音後放此　之好呼報反　殷頫他弔反　之慝他得反惡也　閒問閒厠之閒　歸

脤市軫反祭肉也　致禬戶外反或古外反○箋曰周禮春官大宗伯釋文以禬劉戶外反徐古外反則此首音同彼劉音此或音同彼徐音詳彼箋　震電徒練反　霆也徒丁反又徒頂反○箋曰易繫辭鼓之以雷霆釋文霆王肅呂忱音庭徐又徒鼎反京云霆者雷之餘氣挺生萬物也說文同音庭即徒丁徒鼎即徒頂則此首音用王呂之讀又音用徐讀詳彼箋　雨雪于付反　疏數色角反　劉向舒亮反　以見賢編反下同　當復扶又反

十年　以見賢編反　篡弒音試　數會色角反

公敗 必邁反又皮邁反注同○箋曰公羊釋文公敗必邁反凡臨佗曰敗則此首音為本讀讀同廣韻夬韻補邁切破佗曰敗之敗言公敗宋師也皮邁始為自敗之讀云又者謂敗又有此音義也

于菅 古顏反

取郜 古報反字林工竺反○箋曰公羊釋文取郜古報反左氏釋文字林下多一又字餘同皆以古報為本音工竺讀同廣韻古沃切之祰地名按公莊二年釋文于郜古報反二傳作祰則呂讀作祰矣

取訾 子斯反

不重 直用反

逐北 如字又音佩本又作逐奔○校勘記云閩監毛本同釋文逐北本又作逐奔按注疏本作逐奔箋曰莊子則陽釋文逐北如字又音佩軍走曰北如字為北之本讀言追逐敵軍走也音佩蓋讀作向偝之偝言從敵軍背後追逐也說文十奔走也鉉音博昆切則奔北聲義並同故注疏本作追奔

復取 扶又反

伐載 如字本或作戴○校勘記云閩監毛本同釋文云云按載為𢦔之假借字戴為或作之字說詳左傳釋文校勘記箋曰左氏釋文伐載音再字林作戴云故國在陳留校勘記云字林作戴案當云字林作𢦔說文𢦔字注云𢦔故國在陳留是也車部載字下不言故國在陳留𢦔者本字也載者假借字也亦或作戴按此讀如字即彼音再依阮說此或本之戴正用彼字林字林多本說文故謂戴當作𢦔而

以載為借字戴為或字然觀爾雅釋訓釋文載本今作戴則典籍載戴通用矣 其易以豉反下文同 其惡烏各反 惡入烏路反 十一年 薛侯息列反 巡守音狩本亦作狩 犆言音特獨也本或作特 累數所主反注同 之比必利反 君弒音試

桓公名允桓王九年即位第二

范甯集解

元年 弟殺申志反本亦作弒下及下注同 能去起呂反 與聞音豫下文及注與弒皆同 為易于偽反 借人子夜反 魯朝直遙反下皆同 邴者彼病反又音丙 大山音泰本亦作泰 用見賢編反 鄭竟音境 從天王在用反 巡守音狩 擅相市戰反 換易一本亦作逭胡喚反 編年必連反字林聲類韻集皆布千反史記音義甫連反○箋曰公羊隱六釋文無韻集史記音義作一音則此引史記音義以明一音也互詳彼箋

二年 宋督丁毒反本又作督○攷證云下當從目此從日乃俗字五經文字云督督上說文下經典相承隸省校勘記云閩監毛本同釋文督

本又作昝石經作昝箋曰干祿字書入聲昝昝上通下正則陸此本用隸書他本用俗字盧謂下當從目依說文未審經典用隸省也 **弑其**音試下及下注同 **與夷**如字一音餘〇攷證云音餘上左傳音有一字此脫當補校語錄云音餘上盧補一字箋曰左隱三年傳釋文與一如字一音餘一音即又音可見音餘非如字盧謂音餘上當補一字是也今依增

別內彼列反 **先殺**如字下先殺同 **謂扞**下旦反 **死難**乃旦反 **蓋為**于偽反下注雖為同 **及郯**音談 **大廟**音泰下文及注同 **旨見**賢徧反 **則治**直吏反 **躋僖**子兮反 **取郜**古報反 **內殺**音試下文注皆同 **為討之鼎**如字麋氏云討或作糾 **紀侯**左氏作杞侯 **為齊**于偽反下同 **計數**色主反注同〇攷證云舊無計字案今書作討數據石經作討數今從之補此必後人以本書無計字遂刪去之耳校勘記云閩監毛本同石經作計字校語錄云數上盧依石經補計字箋曰傳云桓內弑其君外成人之亂於是為齊侯陳侯鄭伯討數日以賂注云桓既罪深責大乃復為三國討數至日以責宋賂依傳注則石經作計為討之殘壞竊攷桓二年經傳注各文數字僅見此一處無所淆混

陸氏摘字爲音故不必用疊字此是陸書之舊實非後人刪去之也盧未審今不從　**乃復**扶又反　**惡之**烏路反　**厶地**本又作某不知其國故云厶地後皆放此○注疏本作某校勘記云閩監毛本同釋文出厶地云本又作某按困學紀聞云某或作厶出穀梁注鄭厶地　**三年**　**于嬴**音盈　**近古**附近之近

約言如字又於妙反○箋曰如字爲約本音於妙益讀若要左氏釋文同詳彼箋　**不歃**本又作喢所洽反○箋曰公羊釋文喢誤歃左隱七年釋文歃色洽反歃血也所洽即色洽爲歃血之本音僖二十八年同歃所洽反本又作喢與此同詳彼箋　**是必一人先**如字絕句　**親比**毗志反○箋曰比在至韵與志混用　**相應**應對之應

齊僅巨靳反○校語錄云廣韵僅靳不同部箋曰僅在震韵靳在焮韵本書焮震混用公羊桓三年釋文僅有其靳反是其比　**泯然**亡忍反　**于郕**音成　**而復**扶又反　**于讙**音歡　**祭門**如字祭門廟門也　**兩觀**古亂反　**諸母般**步干反一本作鞶音同鞶囊也○箋曰儀禮士昏禮庶母及門內施鞶申之以父母之命鄭注云鞶囊也男鞶革女鞶絲所以盛帨巾之屬釋文施鞶步干反按本傳云諸母般申

之曰謹慎從爾父母之言范注云般囊也所以盛朝夕所須以備舅姑之用楊疏引士昏禮證之易鞶爲般云般盛帨巾亦得備舅姑之用則范鄭二注不有違也然則儀禮用鞶此以一本作鞶同穀梁用般此本依之作般 以盛音成

踰竟音境 親迎魚敬反一本作逆○箋曰説文二逆迎也鈕音宜戟切則迎逆去入相承而義同故陸以此本用迎他本用逆 之好呼報反

四年 皆爲于僞反下注因爲同 秋曰蒐所由反麋氏本又作捜音同○箋曰公羊釋文作曰廋云本又作捜亦作蒐所求反所求即所由詳彼箋 舍小音捨

中心丁仲反下同 射食亦反 髀步啓反又必爾反○箋曰詩小雅車攻釋文左脾本又作髀方爾反又薄禮反薄禮即步啟步啟讀如陛必爾讀如俾俱爲髀字之音公羊作脾釋文方爾反又步啓反與此音首又互易彼校勘記云左右脾皆髀股之髀非脾肺之脾故字異而音義俱同互詳彼箋 髂苦嫁反 差遲初賣反 庖步交反 汚泡汚穢之汚下普交反又百交反○箋曰普交爲泡之本讀百交蓋讀如包公羊釋文汚泡音同詳彼箋

五年 傳信直專反下同 必辟音避本又作避 過我古禾反下文及注同

任叔音壬左氏作仍叔 從王才用反又如字下同 為天王于偽反 奠州案鄭本京兆鄭縣是雍州之域後徙河南新鄭為豫州之境奠在兩河之閒非鄭都也奠州言去京師近也麋氏云韓侯滅鄭韓本都奠州故以目鄭 為天子如字 則近附近之近 大雩音于祭名 螽音終 蜙相容反 蝑音胥 蟲蝗華孟反 六年 寔常式反 來朝直遙反下七年同 畫我音獲注同 以過古禾反注同 會紀侯左氏作杞侯 大閱音悅 以觀古亂反視也 陳佗徒河反 匹夫行下孟反下同 侯憙虛記反 嫡子丁歷反又作適 僉七廉反 七年 其惡烏各反 八年 烝之承反冬祭名 曰禴餘若反又作礿○箋曰注云夏祭曰禴按周禮春官大宗伯之職以禴夏享先王釋文禴餘若反則范注用周禮之禴公羊釋文曰礿予若反本又作禴同互文可見陸以此本用禴同公羊或本他本用礿同公羊正本詳彼箋 黍肫本又作豚徒門反○箋曰爾雅釋獸注狀如貛純釋文豚徒門反字亦作豘字林云小豕也說文作豚竊按注云秋

祭曰嘗薦尚黍肶陸從范說故以此本用之 大廟音泰下同 黷祀徒木反 雨雪于付反

祭公側界反 寰內音縣又音環○箋曰詳前隱元年寰內箋 親迎魚敬反下皆同 大

姒音似大姒文王妃也 在郃音洽本又作洽 之涘音仕 愀然在九反又親小反○箋曰禮記

哀公問釋文愀七小反舊慈糾反莊子讓王愀七小反徐在九反慈糾即在九黝有混用七小即親小則此又音同彼首音此

首音用徐音詳彼箋 之好呼報反 不復扶又反 九年 之中丁仲反又如字

注同 闕與音豫 射姑音亦麋氏本即作亦 來朝直遙反下同 伉諸苦浪反本又作亢○

箋曰傳云使世子伉諸侯之禮而來朝按苦浪為伉之本音說文鋭音可證國策秦策天下莫之能伉注云伉當也言使世子

當諸侯之禮而來朝也段注亢下云引伸為當也則此或本用借字 有爭諫爭之爭 之愆去虔反

十年 見殺申志反下同本又作弒 故復扶富反 列陳直覲反 先巳

蘇薦反 爲內于僞反 十一年 寤生吾故反 不弟下並音悌又如字

祭仲側界反　爲下于偽反　惡其烏路反　廢嫡丁歷反　易辭以豉反下文及注同　篡兄初患反　君難乃旦反　惡祭烏路反　謂去起呂反

于折之設反又時設反○箋曰公羊釋文于折之設反又時設反左氏釋文時設作市列爲用字異詳彼二箋　夫鍾音扶注同麋氏本鍾作童音鍾○箋曰左氏釋文夫鍾音扶公羊釋文夫童音扶下音鍾又如字左氏作夫鍾然則此本用鍾與左氏同麋氏本作童與公羊同音鍾亦讀童爲鍾矣　于闞口暫反

十二年

燕人音煙國名　躍卒餘若反　于虛如字又去魚反○箋曰如字讀同廣韵魚韵杇居切空虛之虛易升釋文虛如字空也是其比左氏釋文于虛去魚反則此又音從左氏讀矣　武父音甫注同　前見賢編反

十三年

禮柩其救反　自見賢編反

十四年

政治直吏反　不哲陟列反一本作哲之列反○箋曰注引五行傳曰視之不明是謂不哲疏云言人君愚暗察視不明是謂不晣哲也按楊申范義是也陟列爲哲之音詩抑釋文喆本又作哲陟烈反智也言視察不明是不智也說文七哲晣明也

鋕音旨熱切旨旨熱之列用字異言視察不明是不昭晢也楊疏正同此義陸以此本用哲他本用晢者其所本然也常
煥於六反爕也下文同夏五本或有月者非弟御魚呂反本亦作禦左氏作語〇攷證云今書作禦箋
曰御禦語三字音同人名依音作故其形不一傳疑直專反御廩力甚反倉也盡其津忍
反以共音恭一本作供下同粢盛音咨黍稷曰粢在器曰盛三推昌誰反一音他回反〇箋曰禮
記月令釋文三推出隹反又吐回反出隹即昌誰吐回即他回則此一音同彼又音以音異而義同詳彼箋齊戒
側皆反本亦作齋三繅先刀反黼音甫亦作黼黻音弗俗作黻祖禰乃禮反
用見賢編反曰甸徒薦反三宮如字范云三宮三夫人也麋氏宮作官親舂傷容
反兼旬如字十日為旬一本作甸注亦然〇攷證云今書作甸校勘記云閩監毛本同石經甸作旬釋文出兼旬
云一本作甸注亦然箋曰傳云夫嘗必有兼甸之事焉注云夫人親舂是兼甸之事疏云傳兼甸之事焉者納粟者甸師而夫
人親舂是兼之也依注疏則為兼甸正陸謂一本所作之字說文九旬十日為旬鋕音詳遵切詳遵即此如字之音陸引許書

之義爲釋者明此字作句也其所本如是與石經字同刺四七賜反十五年于蒿

左氏作艾公羊作鄗○箋曰公羊釋文于鄗左氏作艾穀梁作蒿阮校記云艾蒿同物也蒿鄗同音也詳彼箋行惡

下孟反又如字于櫟力狄反襄昌氏反十六年城向舒亮反○攷證云注

疏本作舒尚反則讀如本字矣條謬改不可從錢馥云案向本許亮反若舒尚即舒亮反改字而不改音未曾謬又云案陸氏

作音用字不一者多不必是後人所改也不然曾子名論語所金反孝經所林反又如冠字文十二年音義工喚反宣十年音

義工亂反孰爲陸氏原本耶箋曰錢駁盧說是也舒亮讀若餉尚亮同韵是用字異所謂改字而不改音也十

七年于趡翠軌反戰于郎左氏作奚爲內于僞反十八年

于濼力沃反又音洛舊音匹沃反○箋曰公羊釋文力作郎舊音作說文云餘同左氏釋文力沃作盧篤又作一餘同公

羊則此舊音即本說文三傳讀音皆同詳彼二箋之伉一本作亢苦浪反稱數

色戶反注同○攷證云陸氏每音色主反此疑亦後人所改校語錄云戶注疏本作祖亦誤似當作主箋曰色主讀同廣韵所

矩切數計之數色户亦憑上字讀與色主同等韻家所謂正韻憑切也盧疑後人所改未審注疏本作色祖祖户正同韻矣

故舍 音捨　别内外 彼列反　君弑 音試又作殺　行之 下孟反下同　定

稱 尺證反　知者 音智　者守 如字又音狩

莊公 名同莊王四年即位 第三　范甯集解

元年　繼弑 申志反　孫于 音遜本亦作遜○校勘記云石經閩監毛本同釋文云云按段玉裁云古經典無遜字亦作遜者非是箋曰詩狼跋鄭箋云孫之言遜遁也正義云古之遜字借孫為之則此孫音遜即以本字釋借字公羊釋文云孫于音遜孫猶遁也左氏釋文云遜于本亦作孫音同三傳互文可見此云本亦作遜左氏遜于之字即作遜彼云本亦作孫公穀遜于之字即作孫則皆有所謂矣段謂亦作遜者非是實於陸書本亦作某之例未能細玫耳　去姜 起呂反下去姜氏同　孫遁 徒困反　不與祭 音預　單伯 音善單姓伯字左氏以為王卿士　逆王姬 左氏作逆王姬　君弑 申志反又作殺如字注同　為尊 于偽反下為之築同　朝

之直遙反下於朝同 俟迎魚敬反下同 衰麻七回反 弁冕皮彥反 來錫
星歷反 虎賁音奔 鈇方胡反 鉞音越 秬音巨黑黍 鬯勑亮反香酒也 殺逆申志
反 悖亂補對反 歸含胡暗反 且賵芳鳳反 刺比七賜反 一使所吏
反 任叔音壬 則泥乃計反一本作滯○攷證云今書作則滯說文泥作泥箋曰論語子張致遠恐泥釋
文泥乃細反包曰泥難不通也乃細即乃計漢書藝文志師古曰泥滯也然則滯泥義同故陸以此本作泥他本作滯干祿字
書平聲𡰥尼上俗下正可知泥為泥之俗字 於朝直遙反 則儐必忍反 郱步丁反 鄑
子移反 郚音吾郱鄑郚三字為國名 不復扶又反 見矣賢遍反下同 二年 為之
大功于偽反 于䄙章略反 踰竟音境後踰竟例皆同 公馮皮冰反 三
年 溺乃狄反 為之于偽反 惡其烏路反 禮緦息詞反 緬亡善反遠
也 郤尸去略反又去逆反杜預云尸未葬之通稱 發揮許歸反 冥極亡丁反 稟

靈彼錦反知於音智母之子也可絶句下放此尊稱尺證反下卑稱同以

鄦下圭反吞并必性反不泯彌忍反四年饗齊本又作享香丈反○箋曰本經云夫人姜氏饗齊侯于祝丘注云饗食也按説文五饗鄉人飲酒也享獻也鉉音並許兩切許兩即香丈則饗為饗燕字享為祭享字故周禮春官大宗伯吉禮下六言享先王嘉禮下言以饗燕之禮親四方賓客皆為其證陸他本作享用正字此本作饗用同音假借字著時張略反又張慮反屐緰音須為之于偽反傍

朞居其反弑其申志反下同縱失子用反下同見義賢遍反舍此音捨

狩于音獸郜古報反左氏作禚而怨紆元反又紆願反後同○箋曰紆元讀為怨讎之怨紆願讀為怨恨之怨詞有名動之殊故音別平去以著之也禮記哀公問釋文怨於元反又於願反儒行音同俱為其比刺釋七賜反

五年

郳五兮反國名黎來郎兮反黎來郳君名來朝直遙反

六年

卑者之稱尺證反下常稱同見公賢遍反螟亡丁反分惡烏各反下同

則殺色界反，舊色例反。○箋曰：傳云「惡戰則殺矣」，注云「則我與王人戰罪差減」。案：周禮廩人注「殺猶減也」，釋文「殺，所界反」，則此首音為本讀，「色例」蓋讀如鎩。儀禮鄉飲酒釋文「殺，於所界反，劉色例反」，禮記郊特牲釋文「殺，所界反，徐所例反」，則此所云舊音，正為徐、劉之讀也。**過齊**古禾反。**差減**初賣反。**七年辛卯昔**如字。昔，夜也。日入至於星出謂之昔。本或作宵，同。○校勘記云：閩、監、毛本此下衍「夜中星隕如雨」六字。釋文「昔，本或作宵」。按：古多假昔為夕。段玉裁說。箋曰：公羊作「辛卯夜」。校勘記云：唐石經、諸本同。釋文「辛卯夜，一本無夜字。穀梁作昔」。按：段玉裁云古多假昔為夕，左傳「為一昔之期」，列子「昔昔夢為君」，皆是也。按：說文「夕，莫也。從月半見」，鉉音祥易切；「昔，乾肉也」，鉉音思積切。鉉注云「昔肉必經一夕，故古假昔為夕」，引本經「辛卯昔，恒星不見」證之。釋文心、邪混用，昔為夕之音借字矣。夜與夕渾言不別，故此以夜訓昔也。本傳云「日入至於星出謂之昔」，則此引傳為釋者，明昔與夜義各別也。**不見**賢遍反，下不音者同。**列宿**夙又反，下同。**星隕**云敏反。**而復**扶又反。**是夜中與**音餘。**晦暝**亡定反。**傳著**直專反。**億度**徒各反。**我見其隕**見音如字，注同。**是雨**于付反注同見于下如字或賢徧反○攷證云于今書作於箋曰說文八見視也鉉音古甸切即此如字之音易乾釋文見賢遍反示也義有主動被動之殊故音別破裂摩擦也按廣雅釋言於于也則二字義同故釋文作于注疏本作於不見者賢徧反隕隊直類反八年善陳直覲反下文皆同道之徒報反下同至陳直覲反下同民盡津忍反奔背音佩郲降戶江反下文及注同師還音旋遯也徒困反弑其音試下同諸兒如字一音五兮反○箋曰公羊左氏釋文並同詳彼箋九年之挈苦結反于暨其器反左氏作甈○箋曰公羊釋文同左氏釋文于甈其器反按注云暨魯地則是地名依音作而其形不一公穀與左氏其所承受各別渝也羊朱反故惡烏路反下及注惡內皆同伐齊納糾居黝反左氏作子糾非適丁歷反○攷證云今書作嫡箋曰丁歷讀作嫡庶之嫡此作適即爲其借字詳詩衛風碩人用適箋重耳直龍反敗惡烏路反注同○攷證作反惡云舊反謚敗今依注疏本改正校語錄云敗盧依注疏本改反箋曰按傳云故乾時之戰不諱敗

惡内也注云今親納讎子反惡其晚恩義相違莫此之甚然則敗惡為傳文反惡為注文本書音例先經傳次注文且此已云注同其所摘字為傳甚明注疏本作反惡誤盧取以校改釋文法依之俱未改實 不復扶又反 不适音于一音紆又於武反○箋曰論語子路篇有是哉子之迂也包咸注云迂猶遠也釋文迂音于說文二迂避也鉉音憶俱切憶俱即紆音則此一音同又音為迂之本讀故毀注云迂曲回避其義一也於武益讀紆之上聲廣韵麌韵於武切迂注曲迴貌正依本書可見此又音為聲調之異耳 親迎魚敬反 弒襄音試 惡之也烏路反 易辭以豉反 逃難乃旦反下注同 千乘繩證反 浚音峻深也 洙音殊杜預云水名

十年

敗齊必邁反又皮邁反下同○箋曰前隱十年傳釋文公敗必邁反又皮邁反音同此詳彼箋 長勺時酌反 惡之烏路反 無復扶富反下文及注同 見也賢徧反 于葉舒涉反 乘丘繩證反 于莘所巾反 獻武本亦依左氏作舞 于郱皮必反又扶必反一音弼○校語錄云皮必音和扶必類隔箋曰注云晉荀林父帥師及楚子戰于郱按說文六郱晉邑也引春秋傳曰

晉楚戰于邲鉉音毗必切毗必即皮必則此首音爲本讀音弼扶必是直音反語並出與毗必音同等韵所謂輕重交互也 敗績如字 爲中于僞反 十一年 敗必邁反下及注同 于鄗子移反 列陳直覲反 過我古禾反 十二年 所見賢徧反 犲狼仕皆反○攷證云今書犲作豺説文無犲字校語錄引盧説箋曰説文九豺狼屬鉉音士皆切疑豺因涉下狼字而改作從犬干祿字書平聲犲豺上通下正可爲其證 德行下孟反 弑其申志反下注先弑同 仇牧音目 扞衛曷旦反 致令力呈反 十三年 于柯古河反 曹劌居衛反 要盟於遥反 内與音預注同 十四年 單伯音善 言介音界 于鄄音絹 復同扶又反注同 十五年 復同扶又反注同 爲欲于僞反 十六年 滑伯于八反 寮一力彫反同官爲寮 十七年 鄭詹者廉反 令得力呈反○攷證云今書與令得執作與令相執謂令得執正釋與字之義作相字便

不可通箋曰按傳云以人執與之辭也注云與今相執疏云與之謂與齊得執也楊說亦作得與釋文同盧說是也　佞人乃定反　殲于子廉反盡也　遂人盡齊人絕句　飲戎於鴆反　狎敵戶甲反輕也　多麋亡悲反

十八年　朝日直遙反下同　之處昌慮反下同　有長丁丈反　濟西子禮反濟水名　邇於我如字邇近也一本作介音界亦近也　入竟音境　爲公于僞反　有蜮本亦作蜮音或短狐本草謂之射工○箋曰左氏釋文短狐下有也字餘同詳彼箋　射人食亦反下文同　一亡音無又如字

十九年　傳本或分此以下爲莊公與閔公同卷　媵陳以證反又繩證反爾雅云送也○箋曰左氏釋文無爾雅云三字公羊釋文無爾雅云送也五字餘並同詳彼二箋　要盟於遙反注同　見其賢徧反　但爲于僞反　數渝音朔　惡之烏路反　以難乃旦反　邇我如字本又作介音界

二十年　如莒音舉　踰竟音境

二十一年　弗目謂不題目文姜薨所也一曰弗目其罪

有弒音試 二十二年 肆音四 大眚所景反 宥罪音又 蕩滌音狄

為嫌于偽反 禦寇魚呂反又作御 夏五月范云以五月首時甯所未詳 高傒音奚 伉也苦浪反 為贄音至 告迎魚敬反 惡見賢編反 二十三年 祭叔側界反 寰內音縣又音環○箋曰詳前桓八年釋文寰內箋 故去起呂反

見之賢編反 無朝直遥反下同 主為于偽反 黝於糾反又於柳反注同 堊烏路反又烏各反范云黝堊黑色案黝黑也堊白土○箋曰說文黑部黝微青黑色鉉音於糾切於糾在黝於柳在有其讀音同此為有黝混用土部堊白涂也鉉音烏各切烏各在鐸烏路在暮此轉入為去蓋其時方音如是按傳云禮天子諸侯黝堊注云黝堊黑色疏云今范同以黝堊為黑色者以此傳為丹楹而發故同為黑色也楊申范義是也陸用說文分釋其義者明黝堊二字各別與范說有異也 士䵣他苟反黃色也麋氏云張斗反○十三經音略五云䵣他苟翻媮上聲天口他斗翻同麋信云張斗翻音近帚知照微別此字從主照當以麋音為是然後世讀者莫不作媮上聲箋曰注云䵣黃色按漢書東方朔傳云

黈纊充耳所㠯塞聽注如淳曰黈音土茍反師古曰黈黃色也土茍即他茍則此首音爲本讀本於如淳周氏所謂媮上聲也張在知紐斗在端紐張斗類隔則張斗仍讀如斗正如指掌圖所謂何會徒勞反故後世皆讀他茍一音陸引之者存麋氏之讀即凡係所云示傳聞也周謂當以麋音爲是讀音近之九切之帚實不明等韵之例也 射姑 音亦本或作亦

于庖 音户

二十四年

刻桓 音克 宮桷 音角榱也方曰桷圓曰椽 斲之 丁角反削也 礱之 力公反磨也 親迎 魚敬反下皆同 以惡 烏路反注同 乘車 繩證反

惡入 烏路反又音如字 覿 徒歷反見也 列數 色主反 雉腒 其居反腊乾雉也

士夏執之備腐臭也說文云北方謂鳥腊曰腒傳曰堯如腊舜如腒〇攷證作堯如腊舜如腒云上如字舊脫校語錄云始疑如之譌堯下疑脫如字王校云筠案當作堯始腊蓋謂傳亦說文所引也今說文作堯如腊舜如腒兩如字並當作始箋曰北館本堯下有朱丶亦謂此有缺文范注云士冬用雉夏用腒腒腊也夏用腒備腐臭也按儀禮士相見禮摯冬用雉夏用腒注云備腐臭也周禮庖人夏行腒鱐注云腒乾雉禮記內則注同釋文腒其居反乾雉也然則鄭注謂乾雉依士相見禮而言范說本於鄭也

說文四腒北方謂鳥腊腒傳曰堯如腊舜如腒段注云亦見王充論衡論增篇引傳依說文及注說則此所引傳堯下漏如字始字當如誤盧法之說俱是也今依增改

別有彼列反　為其于偽反　腐臭符甫反

鍛脩丁亂反脯也鍛而加薑桂曰脩○箋曰鍛原誤鍛依臧江校及毛本改按公羊釋文作斷脩丁亂反本又作腶音同鍛脯加薑桂曰脩是其證詳彼箋

自脩飭本或作勑同恥力反一本作飾申職反或作整音征領反○攷證云今書飭作整箋曰盧謂今書與陸言或本字同按詩小雅六月戎車既飭毛傳飭正也釋文飭音勑依字從力脩飾之字從巾不同也今人食邊作力以為脩飾之字借作勑音非依陸彼說飭飾義別攷恥力在徹紐申職在審紐則二字音亦不同此蓋以字形相似而互用作音家依字形為釋也陸以此所本作飭則從詩傳他一本作飾則用正字其或本作整蓋與毛傳義近

股肱音古下古弘反　惡之烏路反　曹羈居宜反　郭公左氏如字公羊音虢○箋曰公羊釋文郭音虢亦如字如字讀同廣韻古博切在鐸韻音虢則讀古伯切在陌韻雖有一等二等之分然釋文二韻混用故其音同今讀亦無別矣陸引二傳音證之者明此讀同而形相別

舍而音捨　懲之直升反　復

云扶又反　著上張慮反又張略反　以見賢遍反　二十五年　女叔音汝　五麾毀為反　旌旛芳元反　矛戟亡侯反　鉞音越　楯時準反又音允○箋曰時準為楯之本讀音允蓋讀作中盾之盾儀禮既夕釋文楯常允反又音允常允即時準正與此同　擊柝吐洛反　以壓於甲反又於涉反○箋曰公羊文十六年釋文壓之於甲反又於輒反服也於輒即於涉蓋讀作厭與此同詳彼箋　二十六年　為曹于偽反　莒挐女居反又女加反○箋曰公羊僖元年釋文莒挐女居反一音女加反則此又音同彼一音詳彼箋　郲快苦夬反　諸夏户雅反下同　屈完君勿反○攷證改君作居云舊居作君譌經典內皆作居今改正下同校語錄云君盧改居是箋曰居君同在見紐釋文作君經典作居為用字異改之何益法以盧校為是俱不審也　情好呼報反　二十七年　洮他刀反本或作桃　衣裳之會十有一范云十三年會北杏十四年會鄄十五年又會鄄十六年會幽二十七年又會幽僖元年會朾二年會貫三年會陽穀五年會首戴七年會甯毋九年會葵丘○攷證云僖元年會朾案穀梁

經作會樫見下文又寧毋作寗毋亦依下條改正箋曰下文寧毋釋文如字又音寗陸以如字為首音明此應作寧也

有歃所洽反 **于朾**他貞反又勑丁反本亦作樫○注疏本作樫校勘記云閩監毛本同釋文出于朾云本亦作樫棸今本無于字當是所據本有不同箋曰勑丁蓋讀作樫左僖元年經釋文于樫勑呈反勑呈即勑丁可證他貞始為朾之本音本書後成公十八年釋文虛朾丑丁反丑丁他貞類隅也公羊僖元年釋文于朾勑貞反又他丁反左氏作樫然則此云本亦作者實同左氏用字觀此與公羊列音皆從左氏作釋也

寧毋如字又音寗下音毋又茂后反○箋曰公羊僖七年釋文寗毋音無或音某音無即音毋音某即茂后則此上字首音為本讀又音從公羊下字又音為本讀首音從公羊寧寗毋毋俱形近二傳所承受不同作音家依字而為釋也互詳彼箋

兵車之會四范云傳八年會于洮十三年會鹹十五年會牡丘十六年會淮 **會鹹**音咸 **牡丘**茂后反 **内難**乃旦反 **繆公**音穆 **縣子**音玄下同 **出竟**音境下同 **焉得**於虔反 **之餽**巨愧反 **越疆**居良反本或作竟○攷證云今書作越竟箋曰後昭元年釋文疆鄆居良反疆境界也則竟疆義同 **之稱**尺證

（反注同）來朝（直遙反）所絀（本又作黜勑律反）城濮（音卜）二十八年何處（昌慮反）戰衛（絶句）師敗（必邁反）瑣卒（素果反）築微（左氏作麋）藪澤（素后反）告糴（音狄）之畜（勑六反下同）為內（于偽反下文為內同）古者稅（始銳反）什一（十而稅一）不艾（魚廢反○攷證云注疏本作牛蓋反係妄改箋曰傳云一年不艾而百姓饑疏引麋信云艾穫也按魚廢讀作艾治之艾詩小旻傳艾治也釋文音刈音刈魚廢直音反語用字異牛蓋則讀艾養之艾詩鴛鴦釋文艾魚蓋反養也徐音刈皆為其證盧以注疏本作牛蓋反為妄改者殆未察及此）

二十九年延廢（九又反）六種（之勇反下皆同）功築罕（呼旦反○校語錄云旦蓋但之誤箋曰廣韻上聲呼旱切罕希也去聲呼旰切罕抱罕縣分別甚明旦在去聲但則上去兼有按傳云民勤於力則功築罕注云罕希則此罕讀上聲切語下字非旦但雖有上去聲本書讀上聲法疑為但是也）殺禮（所界反）有蜚（扶味反）淫佚（音逸）之行（下孟反）一亡（如字又音無）

三十年救鄣（音章）

降鄣户江反，下同 猶下遐嫁反，又如字 魯濟子禮反 無從才用反 内閒閒厠之閒 燕音烟，注及後同 之分扶問反，又如字，本或作介，音界，注同○校勘記云閩監毛本同釋文分本或作介注同寀姚鼐云其文蓋本為周之別子故別字作兆故傳本或作分或作介皆以古字形近而誤范甯時傳本未誤故注云謂周別子孫也唐以後其文乖失故疏解失之箋曰傳云燕周之分子也注云燕周大保名康公之後成王所封分子謂周之別子孫也疏云分者別也燕與周同姓故知別子孫也按楊申范義即此云如字之讀為分散之分禮記儒行釋文分散方云反是其比扶問即讀分劑之分奔喪注晝夜之分釋文分扶問反為其證陸以此音列之於首者謂燕周同姓而有分別正范所謂燕周之別子孫也莊子則陽篇其分於道也釋文其分如字本又作介司馬云離也即與此同俱以俗書介分二形相似而淆亂作音家依字作釋故又有音界耳陸此本用分為本字他本用介存異聞互詳彼箋 大保音泰 召康上照反 為之如字

三十一年

戎捷在接反，戎菽也，捷獲也 外攘如羊反 親倚於綺反，下文及注同 罷民音皮，下同 則懟直類反，怨也 為燕

于偽反　辟地婢亦反注同　惡內烏路反　行異下孟反　三十二年
能從才用反或如字注同　已見賢編反　去日起呂反　絕期音朞　叔肸許乞
反　以齊側皆反本亦作齋注同齊絜也　子般音班　大子音泰　書弒音試　所
見賢編反
閔公名開惠王十六年即位　第四　范甯集解
元年　繼弒音試　洛姑一本作路姑　美稱尺證反　出使所吏反　齊
仲孫慶父也左氏以為齊大夫　以累劣偽反　二年　吉禘徒帝反　大祖
音泰下大廟同　昭穆上饒反　未闋苦穴反　君弒申志反下同　孫于音遜本或
作遜　與弒音豫　不復扶又反　見矣賢編反　弟御魚呂反下同　重罹直用
反　屈完居勿反　高傒音奚　其使所吏反下同　為賢于偽反注同　攘

夷（如羊反）惡其（烏路反注同）長也（丁丈反注同）兼不反（戶謙反又如字○箋曰傳云惡其長也兼不反其衆注云文公惡而遠之不能使高克將兵禦狄于竟陳其師旅翺翔河上久而不名衆將離散按范甯傳義是也戶謙則讀如嫌謂嫌不反其衆也如字始爲兼之本讀）好利（呼報反）而遠（于萬反）克將（子匠反下同）于竟（音境）翺翔（五羔反）

僖公（名申惠王十八年即位）第五　范甯集解

元年　繼弑（音試）于聶（女輒反）齊侯與（音餘）見其（賢徧反下復見及注同）君將（子匠反下同）以其不足乎揚（絶句稱揚也）狄難（乃旦反）邢復（扶又反注下注並同）是鄉（許亮反本又作向注同○攷證云今書作向箋曰傳云是向之師也注云是向聶北之師許亮爲向之本音則鄉爲其聲借字陸以鄉爲此本向爲他本蓋其所本然耳詩蹇裳釋文鄉香亮反本亦作向即與此同）皆見（賢徧反）于檉（勑貞反一本作朾音同○箋曰注云檉宋地按此以地名本音而作故有檉朾二形

詳上文莊二十七年釋文于朾箋 公敗 必邁反下皆同 于偃 于晚反一本作堰音同○箋曰注云偃鄉地按此亦以地名而有偃堰二形偃在影紐阮韻于晚反則在為紐阮韻于疑於傳寫之譌說文偃鍉音於幰切可證

于麗 力池反 莒挐 女居反又女加反 惡公子 烏路反 之紿 徒乃反欺詐也 相說 音悅 士卒 子忽反 相搏 音博手搏也 孟勞 如字孟勞寶刀名 王赫 呼白反

當舍 音捨 佻身 他堯反又徒堯反○箋曰注云佻身獨鬬按他堯讀同廣韻蕭韻吐彫切輕佻之佻謂輕身獨鬬也徒堯蓋讀同徒聊切獨行貌之佻謂隻身往鬬也二義有殊故讀音亦清濁異也 為齊桓 于偽反

二年

通令 力呈反 夏陽 戶雅反左氏作下陽 先晉 蘇薦反下文及注同

之塞 蘇代反注同 屈產 其勿反又君勿反地名也○箋曰傳云君何不以屈產之乘注云屈邑產駿馬故此以地名為釋也君勿見紐即廣韻之九勿為屈邑之本音其勿羣紐讀同以本書見羣混用故此列為首音也左氏釋文屈產求勿反又居勿反亦與此同 之乘 繩證反 駿馬 音俊 不借 子夜反及下不借而借皆同

中廄音救　之奇其宜反　而懦乃亂反又乃臥反○箋曰注云懦弱左氏釋文懦乃亂反又乃貨反弱也乃貨乃臥用字異詳彼箋　又少詩名反下同　長於丁丈反　言提徒兮反本又作題音同　能彊其良反又其丈反○箋曰左氏釋文彊諫同音雖有平上之別而於義則無殊也故云又音　玩好呼報反　中知音智下同　以上時掌反　臣料力彫反又力弔反○箋曰力彫為料之本音説文鉉音洛蕭切可證力弔轉讀去聲調異而義不別故此云又也　之使所吏反　不便婢面反　謂與音餘　諺言音彦　挈其去結反○攷證作苦結反云舊苦謁去今改正校語錄云去盧改苦箋曰去苦雙聲何改之有　操璧七刀反　加長丁丈反　于貫古亂反　勤兩如字麋氏音覲後年同○箋曰傳云不兩者勤兩也注云言不兩是欲得兩之心勤也明君之恤民按注申傳義是也如字為勤之本讀説文十三勤勞也廣韻巨斤切言君上欲得兩時勞其心也音覲蓋讀如渠遴切之僅集韻稕韻僅紐有勤注憂也春秋傳勤兩麋氏説正依本書此讀　三年　搢音進又音箭○箋曰注云搢插也按禮記内則注搢猶扱也扱笏於

紳釋文搢徐音箭又如字音晉插也音晉即音進則彼又音為此首音此首音即本徐讀也詳彼箋笏音忽而朝直遙反插也楚洽反莅盟音利又音類○箋曰公羊釋文同左氏釋文作涖盟音利又音類臨也詳彼箋

四年蔡潰戶內反蓋為于偽反下為退同于陘音刑惡之烏路反下同黑臀徒門反召陵上照反欲令力呈反下同得與音預又如字○箋曰注云屈完權事之宜以義卻齊遂得與盟以安竟內按音預即讀參與之與言遂得參與盟約也如字則為與之本讀云又者謂與又讀此音也為僅具靳反菁茅子丁反下亡交反菁茅香草也尚書傳云菁以為菹茅以縮酒縮所六反袁濤徒刀反哆然昌者反又昌氏反○箋曰注云哆然衆有不服之心疏云哆然寬大之意也按楊申范義是也詩小雅巷伯哆兮侈兮毛傳哆大貌釋文哆昌者反大貌說文云張口也玉篇尺紙反尺紙昌氏用字異則此又音本於顧讀詳彼箋鄭詹之廉反惡之烏路反下同

五年

惡晉烏路反朝其子直遙反下皆同為志于偽反下同參譏七南反又音三○箋

曰注云參譏謂伯姬杞伯魯侯也疏云並譏之者伯姬託事而行近於淫泆失為婦之道杞伯不能防其閨門令妻至魯失為夫之宜魯待人之子行待父之禮失為主之度故三事同譏之也依范楊說三事則此為三數之參又音始為其本讀七南益讀參並之參陸以之列於首者謂伯姬杞伯魯侯於此並譏之也

首戴左氏作首止○箋曰注疏本首上作首止毛刻本同公羊釋文作首丘按左氏僖三年傳云會于首止則此上字為止殘壞公羊丘字為止增筆俱是傳寫之誤今依注疏本毛刻本及左氏傳文校正

敢令力呈反　**而復**扶又反下同　**塊然**苦對反又苦怪反○箋曰傳云塊然受諸侯之尊疏云塊然者徐邈云塊然安然也按徐釋傳義是也莊子應帝王釋文塊然苦怪反又苦對反互辟彼箋

控大苦貢反　**背衆**音佩　**之稱**尺證反下齊稱同　**舍其**音捨　**舛**

而昌兗反　**緼於**紆粉反　**包裹**上音苞下音果　**其處**昌慮反　**相為**于僞反又如字

六年　**著鄭**張慮反注同　**辟義**音避

七年　**來朝**直遙反

寧母上音如字又音寗下音無又茂后反左氏作寗○攷證云左氏作寗案亦當連引母字箋曰此引左氏作甯正

為又音作證盧言當連引母字或非前莊公二十七年釋文寧母如字又音寧下音母又茂后反音毋即音無音寧從左氏詳彼箋伯班必顏反八年之先悉薦反下同朝服直遙反弁冕皮彥反以鄉香亮反本又作向注同〇攷證云今書作向箋曰前元年釋文是鄉許亮反本又作向許亮即香亮詳彼箋得與音預下請與并下注而與同本或作預使者所吏反汋之由若反一音酌〇十三經音略五云汋由若翻音躍一音酌箋曰傳云益汋之也注云汋血而與之按莊子田子方夫水之於汋也釋文汋音灼李以略反李云取也以略由若用字異周所謂音躍音灼即音酌則此着音本於李益其時讀如此一音同又音始為汋之本讀也詳彼箋大廟音泰始見賢編反下文而見同夫人成風也左氏以為哀姜正適丁歷反本亦作嫡〇攷證云今書作嫡下並同箋曰詳前序釋文是嫡箋之稱尺證反無別彼列反為其于偽反母緦音思去夫人起呂反襚音遂九年樂說魚呂反本亦作御說音悅采地音菜禮柩其救反禮記云在牀曰尸在棺曰柩今背音佩

菆木才官反本又作欑同○孜證云今書作欑木校語錄云菆欑不同字菆當音才工反見前箋曰注云欑木如椁塗之曰殯按禮記檀弓云天子之殯也菆塗龍輴以椁鄭注云菆木以周龍輴加椁而塗之也釋文菆塗才官反又天子龍輴而椁幬注云殯以椁覆棺而塗之所謂菆塗龍輴以椁釋文作欑塗才丸反才丸即才官則欑菆音同此乃讀菆為欑陸書此類多矣法謂菆不與欑同字當音才工反未審竊孜公羊傳三十三年傳云公伐邾婁取叢釋文叢作菆才工反即法氏此所說者然彼讀菆作叢義為地名此讀菆作欑義為塗木故音相異也陸以此本用菆禮記檀弓同他本用欑注疏本同 **笄而**古兮反 **為殤**式羊反 **著之**丁略反 **為見**于偽反下賢編反 **不復**扶又反 **無歃**本又作唶所洽反又所甲反○箋曰注云所謂無歃血之盟左隱七年釋文歃色洽反歃血也僖二十八年同歃所洽反本又作唶宣七年同歃所洽反又所甲反總上諸證可知所洽為歃之本讀所甲音同狎洽混用歃為正字陸以此本用之唶為俗字陸以他本用之 **用豭**音加 **雍泉**於勇反塞也 **以鄣**音章又之亮反○孜證云今書作以障校勘記云閩監毛本同釋文作以鄣箋曰注云專水利以障谷按說文十四障隔也鉉音之亮切

又音始爲障本讀音章即爲鄭作釋陸所本如此故列於首也 訖羅音狄訖上也 謂貯張呂反

適子丁歷反 與國音豫 詭諸九委反左氏作僞諸○箋曰公羊釋文同左氏釋文僞諸九委反此

以人名無定字故其音同而形異陸引之爲證者所以明公穀用字同也 枉殺紆往反 十年

弒其君申志反下弒二君所爲弒並同 卓勅角反 所爲于僞反下文皆同 重耳直龍反

殺奚齊申志反又如字 麗姬力池反伐虢所得左氏伐麗戎所得 長曰丁丈反 稚

曰直吏反 吾苦如字又枯路反下同○箋曰如字讀同廣韵姥韵康杜切苦患之苦枯路讀同暮韵苦故切困

苦之苦此調雖異而義則近也 女其音汝下及注同 使祠自緣反○校語錄云祠自不同紐此亦從邪不

分箋曰法說是也今語祠慈無别實本于此 以酖直蔭反以鴆鳥毛畫酒 跪曰求委反 覆

酒芳服反 地賁扶粉反注同沸起也 呼曰火故反 喟去愧反又去怪反○箋曰去愧讀大

息之喟去怪讀吟歎之喟前序釋文喟然起愧反又苦怪反起愧即去愧苦怪即去怪與此同詳彼箋 過差初賣

反。又如字 刎亡粉反 脰音豆。頸也 兩雩于付反 十一年 丕鄭浦悲反

大雩音于 龍見賢遍反。下同 應變應對之應 索也所白反 以別彼列反。下同 雩禱丁老反。又音丁報反。○箋曰：禮記曲禮「禱祠祭祀」，釋文禱丁老反，鄭云「求福」，則此首音爲本讀。丁報蓋讀如到，調異而義不殊。詩都宗人釋文禂本亦作禱，丁老反，一音丁報反，此又音即彼一音，詳彼箋。 十二年

貫之古亂反 遠齊于萬反 而近附近之近 楚爲于僞反 杵臼昌呂反

十三年 于鹹音咸 十四年 以難乃旦反 及繒在陵反

來朝直遥反。下文及注同 此近如字。又附近之近 林屬之玉反 背叛音佩

倏肸許乞反 惡之烏路反 十五年 不復扶又反 見于外賢遍反 禍釁許靳反 興衰本或作喪，息浪反 皆治直吏反 螽音終 晦冥也亡定反 以見賢遍反 二桃他堯反 若契息列反 敗徐必邁反。下相敗同

十六年　隕石云敏反　陽行下孟反，下陰行同　隊落直類反　四竟音境　耳治直吏反，下目治同　磌之人反，又大年反，聲響也。○箋曰：注云聞其磌然，公羊釋文磌然之人反，又大年反，聲響也，詳彼箋。　六鶂五歷反。○注疏本作鷁，校勘記云：閩、監、毛本同，石經鷁作鶂，下五石六鷁同，釋文出六鶂。案十行本鷁字係剜補，乃淺人妄改，而仍有改之未盡者。案說文作鶂，無鷁字。箋曰：公羊釋文六鶂五歷反，水鳥。左氏傳六鷁退飛過宋都，杜注及孔疏並作六鷁，疏引春秋考異郵、洪範五行傳、廣志諸書亦是益聲之鷁，正此十行本鷁字之所據。阮以說文無鷁，遂謂後人剜改，殊有未憭。審左氏釋文云六鷁五歷反，本或作鶂，音同，鷁水鳥，則彼云本或作鶂者，正指本傳與公羊所從兒聲之鶂也。且鷁與公羊之鶂音義並同，可知鶂為本字，鷁為或體，三傳各有所承授耳，陸則仍舊不改也。

不亢苦浪反　于淮音懷

十七年　英氏於京反　滅項戶講反，國名也，齊滅之，左氏以為魯滅　為賢于偽反，下為之諱同　易可以豉反　惡惡並如字，又烏路反　其行下孟反　于下皮彥反　前見賢徧反，下同

十八年　于

甗魚輦反又音言○箋曰注云甗齊地公羊釋文同左氏釋文于甗魚免反又音言魚免即魚輦詳彼箋　惡宋烏路反注同　以別彼列反下同　故去起呂反○注疏本作故不云及校勘記云閩監毛本同案釋文出故去起呂反在以別下于郲上今驗以別之下于郲之上無故去之文當是陸所據本此故不云及四字作故去反三字箋曰傳云戰不言伐客不言及言及惡宋也注引何休曰戰言及者所以別客主直不直也故文十三年晋人秦人戰于河曲兩不直故不云及今宋言及明直在宋非所以惡宋也依傳文何說則為故不云及四字注疏本是也此謂故去起呂反去或云譌因音起呂反耳　于郲蒲必反一音弼○箋曰前莊十年釋文于郲皮必反一音弼與此同詳彼箋　亟

戰欺冀反　豎刀音彫○攷證改刀作刀云舊作刀字俗諸子書亦尚有作刀字者今據改正校語錄云刀盧改刀箋曰廣韻蕭韻都聊切刀下引風俗通云齊大夫豎刀之後俗作刀按韻會丁聊切引作豎刀注云禮韻作刀說文刀兵也都牢切又丁聊切本一字而二音後人作刀以別之而已詩維玉及瑤琕琫容刀亦一音貂此則刀字本作刀可見也復古編云别作刀非是然則刀有都牢丁聊二音俗别都牢即刀丁聊為刀刀刀正俗字丁聊音彫直音反語用字異依此音則作

刀陸菴從俗以所本如此音之者正明此非刀字也盧據諸子書改之恐失陸氏原意矣　近衛如字又附近之近

遠齊如字又于萬反○箋曰如字即讀廣韻阮韻雲阮切遙遠之遠于萬則讀願韻于願切遠離之遠按注云今狄

亦近衛而遠齊當以如字為本讀故以于萬為又音也　為其于偽反　省文所景反　十

九年　求與音豫注及下文同　惡之烏路反下惡其長同　叩其音口　以餌音二

釁也　湎於面善反　正長丁文反下及注同　之治直吏反　背叛音佩　二

十年　而治直吏反　郜子古報反　則近附近之近　禰宮乃禮反父廟也

二十一年　獻捷在接反　為執于偽反　不復扶又反　二十

二年　須句其俱反　升陘音邢　為內于偽反　于泓烏宏反　其知

音智又如字　又復扶又反　被甲皮既反　嬰胄直救反　司馬子反左傳作子

魚　要而於遙反　非僥古堯反　倖也音幸　不推如字又他回反○箋曰禮記月

令天子三推釋文三推出佳反又吐回反出佳即此如字之音吐回即他回音正同詳彼箋 陳亂直覲反 則攻如字又音貢○箋曰說文三攻擊也鈺音古洪切古洪即此如字之音音貢蓋讀若貢集韵送韵貢紐古送切攻注戰伐也正依本書然則調相異而義亦微異矣 則守如字又手又反 之狷音絹 介音界 焉識於虔反 二十三年 圍閔左氏作緡二十五年楚圍亦同 而惡烏路反下而惡同 惡乎音烏 造次七報反 顛沛音貝 為襄于偽反 背殯音佩 權譎音決 折足之設反 詩刺七賜反 二十四年 巡守手又反下同 之行如字或下孟反下同○箋曰說文二行人之步趨也鈺音戶庚切戶庚即此如字之音下孟蓋讀言行之行則非此義故云或音 復雅扶又反 惡之烏路反 篡文初患反 二十五年 侯爕況委反 自為其于偽反下為祖同 復以扶又反下是復同 旬師徒偏反○攷證云舊徒作扶今從毛本桓公內音徒薦反校語錄云扶疏本作徒是箋曰徒旬同在定紐扶則在奉紐毛注疏

本是也余本即與毛本同故盧依改今亦從之　累於劣偽反　隱去起呂反下同　以見賢徧反　為繼于偽反又如字　弑音試　與會如字一音豫○箋曰注云小國無大夫以公與會按如字讀同廣韵余呂切待與之與與言小國無大夫以公待會也音豫則讀參與之與一音同於又音矣前四年釋文得與音預又如字預豫直音用字異互詳彼箋

二十六年

于向舒亮反　至嶲音攜又似兖反○攷證云當是本或作嶲故有似兖一音箋曰公羊釋文至嶲户圭反又似兖反户圭音攜為直音反語用字之異詳彼箋　施而舒豉反　滅夔求龜反　為魯于偽反　中道如字又丁仲反　以共音恭本又作供　假借音嫁又古雅反下子夜反又子亦反○箋曰古雅為假之本音子亦為借之本音說文鉉音俱可證廣韵禡韵古詡切假借也古詡即音嫁詩抑釋文借子夜反假也則假音轉上為去借音轉入為去遂成疊韵連語調異而義不殊故陸皆列于首也

二十七年

來朝直遥反　齊侯昭或作照非　信夷狄音申注除宋以信義一字皆同音申或讀依字者非也○箋曰說文言部信誠也鉉音息晋切人部伸屈伸鉉音失人切段注云伸

古經傳皆作信此云注除宋以信義一字即謂信義依字本讀音申即失人切則讀作伸攷注云夫屈信理對言信必有屈也信楚之曲屈宋之直是義所不取信曲屈直猶不可況乃華夷乎然則四國信楚而屈宋春秋屈其信而信其屈凡此皆屈信相連故云同音申明注多以為屈伸之伸與信義一字之讀迥別而或有讀依字者故復曉人云非也　楚復扶又反　亡義音無一音如字○箋曰前莊二十九年釋文一亡如字又音無則此一音同於又音矣詳彼箋　而見賢徧反下同　碌碌音祿　得與音豫　圜解如字又胡懈反○箋曰莊子徐无鬼釋文解佳買反司馬曰去也此謂宋得與盟則宋圜解去故佳買即此如字之音胡懈蓋讀曲解之解非此之義故列于後

二十八年　以刺七賜反下文及注同　畀宋必利反與也下及注同　惡八烏路反下文及注同　復致扶又反　守于音狩下同　之行如字或下孟反　為天王于偽反　獨公朝與音餘　傎矣都田反　傎倒丁老反　斷在丁亂反

二十九年　介音界國名　大雨于付反　雹蒲學反

三十年　累上劣偽反

泄冶息列反下音也　近半附近之近　諸正音征　鵠古毒反　之愆起虔反

戰爭爭鬬之爭　救台土來反又音臺○箋曰土來讀如胎音臺讀如臺惟聲有清濁之異耳通志堂本土原作工當是傳鈔之誤毛刻本注疏本俱作土今依正　入鄆音運　惡季孫烏路反　美惡烏路反或如字

三十一年　幼少詩照反　大平音泰　岱音代　疆界居良反

緇衣側其反　熏裳許云反　闋其苦鵙反　不共音恭本亦作恭　三十二年　伯捷在接反　重耳直龍反　之弑申志反　子亹亡匪反　朝聘直遥反　交好呼報反　否隔備矣反　記注張住反　不復扶又反

三十三年　敗秦必邁反下同　于殽户交反　男女之别彼列反　百里子如字或作伯誤也　蹇叔子紀輦反　巴拱九勇反合手曰拱　女死音汝下及注同　唫本作崟音吟一音欽○箋曰傳云女死必於殽之巖唫之下注云其處險隘一人可以要百人按漢書揚

雄傳師古曰礐崟高鋭貌崟牛林反牛林即音吟范謂其處險隘則此山勢高鋭也說文二唫口急也鋖又牛音切牛音亦讀吟則唫為崟之同音假借字音欽益讀作嶔公羊釋文嶔徐音欽左氏釋文同徐作又則此一音同彼又音本於徐讀矣詳公羊箋

其處昌慮反　險隘於懈反　要百於遥反下文要而擊之同　倚輪居宜反一隻輪也或於綺反○箋曰傳云匹馬倚輪無反者注云倚輪一隻之輪此釋義本之按公羊傳作隻輪何注隻踦也釋文踦居宜反說文五奇一曰不耦叚注云今音後義居宜切然則作倚作踦皆為奇偶字之音借故何以踦釋隻范以隻釋倚彼此相為轉注也於綺始為倚字之本音但非此義故陸云或而列于後也

訾樓子斯反　敗狄必邁反　隕霜云敏反

文公襄王二十六年即位名興第六　范甯集解

元年　隱去起呂反　以見賢編反　繼弑申志反　貴稱尺證反　來

錫星歷反　采地音菜地本又作邑　于戚倉寂反　弑其申志反傳同　君髡苦門

反　蕞立初患反　夷夏户雅反　謹識如字又申志反○箋曰說文三識常也一曰知也鉉音賞職切賞職即此如字之音為知識義之本讀申志蓋讀作旗幟之幟為識之本義左宣十二年傳注楚以茅為旌識釋文旌識申志反可比申此本原作巾當為字形之殘缺今依注疏本正　二年　彭衙音牙　為僖公廟于偽反　所馮皮冰反　長尺直亮反又如字下同○箋曰禮記檀弓釋文長尺直亮反周禮爰人凡度長短曰長釋文音同如字即讀平聲名詞為長久之本讀此作動詞解故以去聲為首音也　壞廟音怪下同　易檐以占反　伉也苦浪反　為公于偽反　去處父起呂反下同　高傒音兮　差降初賣反又初佳反○箋曰初賣讀差除之差初佳讀差殊之差注云丙申及齊高傒盟于防不去高傒氏者公不親如齊不與其君盟於恥差降則差為差除之義故以初賣為首音　士縠户木反本又作穀九年同○注疏本作士穀校勘記云閩監毛本同石經縠作穀釋文出士縠云本又作穀九年同箋曰户木為縠之本音左氏釋文士縠户木反本又作穀同可證若穀則讀古祿切說文鉉音如是此蓋讀縠為穀矣公羊左氏並作縠　垂斂如字左氏

作垂隴　大廟音泰注及傳大祖同　躋僖子兮反升也　祫也户夾反下及注皆同　昭繆

音韶穆下及傳同○校勘記云閩監本同毛本繆誤穆釋文出昭繆音韶穆下及傳同案通志堂釋文亦誤作昭穆此據宋本陸

以穆作繆音則本文作繆可知箋曰此本昭穆之穆臧校亦作繆北館本同阮說是也今依正左氏釋文昭穆上遥反上遥音

韶為直音反語用字之異　南鄉音向下同　雖長丁丈反　以先悉薦反下同　于禰

乃禮反　雉雊古豆反雉鳴也　傎倒丁田反下丁老反　三年　伐沈音審沈

潰户内反　以守手又反　雨螽于付反下同下音終　茅茨在思反茅草也茨蒺蔾也

見於賢徧反　有難乃旦反　自解音蟹又古買反○箋曰注云時楚人圍江晉師伐楚楚國有難

則江圍自解按音蟹讀作和解之解左隱二年釋文和解又户買反是其比古買蓋讀解散之解　四年

為其于偽反　公與音餘注同　反覆芳服反　夫人與音豫注同　有貶彼檢反

甯俞羊朱反　五年　歸含户暗反釋舊作晗○箋曰注云含口實也禮記曰飯用米貝弗

忍虛也諸侯含用玉按左氏釋文歸含本亦作哈户暗反口實也珠玉曰哈說文作琀云送終口中玉則含為初文哈琀皆為
後出分別文詳彼箋按舊作哈上之釋字此既不可解他處亦未見當為衍文 且賵芳鳳反 飯用扶晚反
賵襚音遂 于穀户交反 乘馬繩證反下同 皆令力呈反 相者息亮
反 稽顙音啓下息黨反 葦席于鬼反 從竟音境 主為于偽反 入鄗
音若 六年 侯驩好官反 累上劣偽反下同或如字○箋曰禮記儒行不累長上注云累
猶係也釋文累力偽反一音力追反力追即此如字之讀則此或音即一音詳彼箋 漏言魯豆反 上泄
息列反又以制反○箋曰公羊釋文言泄息列反又以制反與此同詳彼箋 上聾魯公反 否塞備鄙
反 夜姑左氏作射姑○注疏本作射姑校勘記云石經閩監毛本射作夜釋文出夜姑云左氏作射姑此十行本
本亦作夜淺人據左氏妄改剜補之迹顯然下射姑之殺射姑使人並當作夜箋曰左氏釋文狐射姑音亦一音夜公羊釋文
音同並云穀梁作夜音亦為射作釋音夜則從本書之讀故此不注音三傳互文即見釋文仍舊不改則本傳作夜姑甚明阮

說極是陸於本傳稱左氏作射於公羊稱穀梁作夜者正明公左二傳用字同俱與本傳相異也 趙盾徒本反

攻伐如字又音貢○箋曰前僖二十二年釋文則攻如字又音貢與此同詳彼箋 惻隱初力反

佐女音汝 以語之魚慮反○箋曰魯在來紐語在疑紐非雙聲字余本作魚是也則魯為魚下增加曰字之

誤今依正 竟上音境 士造七報反 辟而言必亦反君也注同 詭辭九委反 猶

朝直遙反注及下同 朝朝上如字下直遙反 莫夕音慕 敢泄息列反 不數所古

反或所具反○校語錄云數古不同部古字誤當作主箋曰所古即廣韻所矩切之數其義為計以本書麇婈混用法說未審

所具則讀同色句切之數義為筭數竊攷傳云天子不以告朔而喪事不數也則為計數非此之義故陸以之為或音言或有

一本作其音也 叢祖洪反○校語錄云供當作洪箋曰洪叢同在東韻供則在鍾韻注疏本即作洪可見供為洪傳鈔

之誤法說是也今依正之 七年 須句其俱反 城郚音吾 壬臣本或作王臣

令狐力丁反 輟戰丁劣反 為將子匠反 于扈音户 喪取七住反本

亦作要〇攷證云今書作要箋曰乇住爲要之本音下文而要乇住反可證此正讀取爲要詩伐柯釋文取乇喻反本亦作要乇喻即乇住故今書用字與陸所見或本同　八年　衡雍於用反　雒戎音洛本或作伊洛之戎誤　以見賢編反　九年　無復扶又反　刺公七賜反　箕鄭居其反　使萩子遙反又子小反或作蔌左氏作椒〇十三經音略五云萩子遙翻音椒又子小翻音勤左氏公羊作椒公羊一作萩箋曰左氏釋文無音公羊釋文使椒子遙反一本作萩子小反據是知子遙爲椒之本音子小爲萩之本音此又音始爲本讀周氏音勤是也首音正從左氏公羊之讀陸於公羊釋音沿作音家之舊而此則引左氏爲證者以三傳相勘詳略同異互見矣　而見賢編反　共公音恭　十年　之胄直又反　國近附近之近　女栗音汝　厥貉亡白反　十一年　伐麇九倫反　郤缺苦悅反　來朝直遙反　敗狄必邁反　于鹹音咸　于麗力知反　莒挐女居反　佚害大結反更也害本又作宕　猶更音庚　堅強其丈反　打擿直隻反

射其食亦反下注同　廣一古曠反　長百直亮反　斷其丁管反　眉見賢徧反　於軾音式　不重直用反注同　創初羊反　為内于偽反注同　造次七報反　顛沛音貝　十二年　郕伯音成　來朝直遥反　而冠江喚反下及注同○江攷證作工云舊工譌江今改正校語錄云江盧改工箋曰工江同在見紐改之何益盧校法說俱誤　而娶七住反　譙周在遥反　而笄古兮反　先是蘇徧反　後是户豆反　苟比毗志反或如字　得復扶又反　曰鰥古頑反　禮為于偽反　服長丁丈反　使術音述　已亟去冀反數也注同○攷證云案數也亦當標明作音襄公內音所角反此亦當同箋曰傳云不言及秦晉之戰已亟故畧之也注云亟數也夫戰必有曲直以一人主之二國戰鬪數曲直不可得詳故畧之不言晉人及秦人戰依注以數釋亟則非筭數數計字可知此為速數之義即七年戊子晉人及秦人戰于令狐十年夏秦伐晉十二年冬又戰于河曲故范謂戰鬪數也此云襄公内音所角反者謂襄十年注云自爾已來數數反覆釋文數反所角反其義亦

為速數之數故云此亦當同然陸于音讀述而不作葢其所本無從何標明之故條例詳謂今之所撰微加斟酌盧言數也亦當標明作音其說欠審

有難乃旦反　十三年　籧其居反篨直居反　大室音泰傳皆同　不復扶又反　于沓徒荅反　于棐芳匪反　十四年

侯潘浦干反　星孛步內反　猶茀李軌扶憒反徐邈扶勿反一音步勿反又音弗〇十三經音畧五云茀李軌扶憒翻音孛去聲徐邈扶勿翻音孛入聲此以輕切重也一音步勿翻音佛此以重切輕也又音弗校語錄云步勿與扶勿同箋曰經云有星孛入于北斗傳云孛之為言猶茀也按公羊釋文星孛步內反徐扶憒反徐即讀孛為茀李與徐讀同故此首音為本讀扶勿葢讀如佛步勿音同等韵家所謂重輕交互法說是也則一音同又音周以扶勿為輕切重殊昧物韵無重脣步勿直音佛又昧脣音重輕交互矣音弗即讀如弗今讀入聲非奉無别此時已然

魁中苦回反　邪亂似嗟反　並殺音試　捷菑在接反下側其反　長轂古木反　五百乘繩證反下及注同　步卒子忽反　夐入况盛反遠也　玃且俱縛反下子餘反　方悟

五故反 正適丁歷反 爲受于僞反 貍蜃力之反下市軫反 踰竟音境下同
殺其音試本又作弑傳及注同 單伯音善 十五年 華孫户化反 奉
使所吏反 爲好呼報反 以見賢徧反 官稱尺證反年末注同 來朝直遥
反 以難乃旦反 介我音界注同 其郛芳浮反 十六年 欲去起吕
反 爲厭於豔反 師丘左氏作鄭丘公羊作犀丘 復行扶又反又音服注復使及下注而復
皆同○箋曰詩執競釋文反復扶又反重也又音服公劉釋文復音服又扶又反則其義同爲去入聲之異耳 弑其
申志反 杵臼昌吕反下其九反 十七年 諸侯會于扈范云言諸侯者義與
上十五年同亦諸侯皆會公獨不與恥而略之 十八年 伯滎乙耕反 弑其申志反後
悉同 使舉所吏反注同 不稱介音界下同副使也 而數所主反 之稱尺證
反 惡宣烏路反注惡下奉同 敬嬴音盈依公羊應作頃熊○攷證改左傳作公羊云公羊舊譌作左傳

依官本改正校語錄引盧云公羊譏作左傳箋曰按左氏文十八年傳文公二妃敬嬴生宣公釋文嬴音盈公羊宣八年傳頃熊者何宣公之母也釋文頃音傾然則左氏與穀梁同公羊自作頃熊陸引之者所以明與穀梁異盧說是也故法從之今依正

姪娣 大結反下音弟 共養 並如字一讀上九用反下餘亮反○箋曰如字讀共同之共養育之養九用益讀為供餘亮即讀供養之養論語鄉黨釋文共之本又作供九用反詩蓼莪釋文終養餘尚反俱為其比按用通志堂本殘缺為川依余本毛刻本校

宣公 名捷子赤庶兄匡王五年即位 第七 范甯集解

元年 與聞 音豫下注同 自見 賢編反 之挈 苦結反 宣弒 音試 來朝 直遙反 趙盾 徒本反 棐林 芳尾反又音匪○箋曰芳尾在敷為棐本讀左氏釋文棐林音可證音匪在非讀同上聲非敷無別其時已如此矣 列數 所主反 穰夷 而羊反 趙穿 音川

二年 華元 户化反○三北館本作二臧校同箋曰此上是元年下是三年則三為二傳鈔之譌臧校及北

館本俱是依正 言盡子忍反 其將子匠反下注將帥同 將帥所類反 當復扶又
反 賢行下孟反 弒其音試年内皆同 朝諸直遥反 而暴暴戲暴也 彈徒丹
反又徒旦反〇箋曰徒丹為彈之本讀左宣二年傳釋文彈人徒丹反可比徒旦益讀如彈廣韵彈紐徒案切彈行丸義有名
動之別故音分平去 辟丸音避 於竟音境 之玦古穴反杜元凱云如環而不連 後斷
丁亂反 徽許歸反 纆亡北反徽纆皆繩也三股曰徽兩股曰纆 孰為盾絶句孰誰也 志
同則書重絶句 惡甚如字又烏路反 見忠賢徧反或如字下同 三年 復
死扶又反 陸渾戶門反又戶困反〇箋曰戶門為渾之本音戶困益讀如溷此陸渾戎為夷族名故方音所稱
無定而有平去之異也 四年 及郯音談國名 取向書亮反莒邑 而為如字
又于僞反 弒其音試 五年 待迎魚敬反 之稱尺證反 受使所吏
反 六年 螽音終 七年 伐萊音來國名 黑壤人丈反

八年　大廟音泰注同　共殺音試　見其賢編反注同　故去起呂反下文及注同　子翬許韋反　猶繹音亦爾雅云又祭也　之享許丈反　去籥餘若反管也　為之于偽反注為卿變同　惡其烏路反　熊氏宣公妾母左氏作嬴氏　舒鄝音了本又作蓼國名○箋曰詩漸漸之石釋文無國名二字餘同史記十二諸侯年表作滅舒蓼則此與詩釋文所云本又作蓼者殆指史表矣　頃熊音傾左氏作敬嬴　不為于偽反　潦車音老　載蓑素禾反　笠音立　張設如字又陟亮反○箋曰如字為張之本讀陟亮則讀去聲如帳義有名動之異故聲調有平去之殊　遷柩其又反尸在棺曰柩　昧爽音妹　而引以刃反又如字○箋曰儀禮既夕禮屬引釋文引音胤又如字音胤以刃為直音反語用字之異其義皆同互詳彼箋　遣奠弃戰反　九年　行朝直遙反　黑臀徒門反　踰竟音境　以別彼列反　于操七報反　郤缺去逆反下傾雪反　泄冶息列反下音也○攷證云石經泄作洩此猶未為唐諱校勘記云閩監毛本同石經泄作洩下同釋文出

泄冶箋曰左隱五年傳鄭祭足原繁洩駕以三軍軍其前釋文洩駕息列反本經云陳殺其大夫泄冶則洩泄二字皆為人姓

此石經作洩即與釋文泄同左哀八年釋文泄息列反又作洩可見其時已有用洩之本益陸所本為泄耳則石經作洩不必

為唐諱也　夏徵户雅反　衣其衣上於既反下如字　其襦而朱反　在裏音里

本又作衷　於朝直遥反　十年　公娶七住反　不復扶又反下注復以同

不冠工翫反○攷證改翫為亂云舊亂作翫今依注疏本改經籍舊音辨證二云按翫亂同韵盧斥為譌失之今仍作工

翫反箋曰翫亂為用字異何改之有吳說是也　猶朝直遥反　見變賢徧反　崔杼直吕反

惡其烏路反　弑其音試　盍為于僞反　責稱尺證反　取繹音亦

饑本或作飢居疑反　十一年　夷陵左氏作辰陵　攢函音咸　諸夏户雅

反　弑君音試　之悖補對反　惡入烏路反　傎倒丁田反本又作顛　邪

正似嗟反　輔相息亮反下輔相同　而楚強其丈反一音其良反○箋曰前文十一年釋文堅強其

文反僖二年釋文能彊其良反又其丈反可見此雖平去異調而義無殊一音猶言又音矣

十二年

君弑音試　夏姬戶雅反　于邲皮必反

十三年

先穀戶木反本作穀○攷證云石經作穀校勘記云閩監毛本同石經穀作穀宋本釋文出先穀云一本作穀兩者必有一誤通志堂本先穀一本作穀箋曰戶木爲穀之本音故石經作穀此穀亦讀爲穀前文二年釋文士穀戶木反本又作穀正爲其比互詳彼箋

十四年

十五年

潞氏音路　嬰兒一盈反　札子側八反

召伯上照反　矯王居表反　無婁力侯反　初稅始銳反賦也　什一音十十稅一也

佃田佃音田又徒編反○箋曰說文三畋平田也鉉音待年切待年音田爲直音反語之異則此讀佃爲畋徒編始爲佃之本音周禮匠人釋文佃音田又音電音電即徒編反也　以共音恭　爲盧力魚反

田畯音俊田大夫也　之去如字又起呂反○箋曰如字讀同廣韵丘倨切去離也起呂反讀同羌舉切去除也義小異而音別上去矣左僖十五年釋文三去又起據反一音起呂反即與此同　蔥韭音九　楸桑音秋

蝝生 以全反劉歆云此蚍蜉子董仲舒云蝗子字林尹絹反○箋曰公羊釋文蝝生與專反與專以全用字異則此首音為本讀尹絹益讀去聲如掾左氏釋文蝝生悅全反字林尹絹反蝱子也劉歆云蚍蜉子也董仲舒云蝗子悅全即以全集韻緣韻俞絹切掾紐有蝝其義本此俞在喻紐尹在為紐用字異紐者以六朝時不分喻為之故正可見陸書沿作音家之舊喻為混用此時已然互詳左氏箋

十六年 留吁 許于反 別種 章勇反 并盡 必正反又如字 宣榭 音謝本或作謝○校勘記云閩監毛本同單疏本榭作謝下同按此則單疏本所據經注必皆作謝與釋文或作本合箋曰左氏釋文宣謝本又作榭音同公羊釋文宣謝災左氏作宣榭火則此正本與左氏所作字同此或本與公羊所作字同按臺榭字從木者為後出專字其作謝從言者為假借字此云本或作謝即謂公左二傳皆作謝也 災 傳例云國曰災邑曰火左氏作火

十七年 錫我 星歷反 斷道 徒短反一音短○箋曰公羊釋文斷道音短又大短反大短即徒短左氏釋文徒短作直管餘同直在澄徒在定緩韻一等有定無澄則此音為正讀左氏音為類隔一音同又音互詳彼箋 叔肸 許乙反 宣弒 音試注同 織屨 九具

反

十八年　子臧子郎反　戕在良反殘也賊也猶殺也　繒子本或作鄫在陵反○鄫校勘記云石經閩本同監毛本繒誤繪釋文繒本或作鄫箋曰說文六鄫姒姓國鉉音疾陵切段注云按國名之字左傳公羊作鄫穀梁國語作繒然則此所謂本或作鄫正指公左二傳所用之字矣按左氏釋文鄫子才陵反即與此同音

棁殺他活反又徒活反捶打也字林云木杖或作撲普木反○校勘記云石經閩監毛本同嚴杰云石經初刻挩作棁後改從手非也棁殺謂以杖殺之後漢書禰衡傳手持三尺棁杖是也十三經音畧五云棁他活翻音脫又徒活翻音奪捶打也或作撲義同校語錄云廣雅原誤韵棁杖也曹音吐活杜活二反此云字林訓木杖則字當從木箋曰說文六棁木杖也鉉音他活切字林義本說文則此首音讀從木之棁阮法所說俱是徒活盍讀解棁之棁周音奪是也即此捶打之義故字又作從才以陸音攷之他活居首則本字從木徒活為又則讀作從才此棁挩二字皆通

謂捶章蘂反○攷證云舊章譌草據宋本改正校語錄云草乃章之誤箋曰章捶俱在照紐若草則在從紐則草為章字形近之譌公羊昭三十一年釋文負篓章蘂反本又作捶正是其比盧校法說俱是也余本正作章今依正之

打音頂○校勘記引錢大昕云晋唐人書木旁字多作手旁

此必朾字之譌說文朾橦也朾與椯椓連文知橦亦兼有橦擊義箋曰說文新附手部打擊也鉦音都挺切按說文木部朾撞也鉦音宅耕切段注云撞從手各本誤從木通俗文曰撞出曰朾丈鞭文莖二切與說文合謂以此物撞彼物使出也朾之字俗作打音德冷都挺二切段說是也音頂即都挺益陸時已有從手之打則所本不定為從木之朾要在從俗用字故耳錢謂打必朾字之譌阮據以為校語恐失陸書原意矣

惡其烏路反　距難乃旦反　楚子呂左氏作旅　捐殯以全反弃也　之使所吏反注同　至檉丑貞反左氏作笙○箋曰左氏釋文至笙音生徐又勑貞反云本作檉案徐後音是依二傳文以彼證此則知丑貞為檉作釋公羊與本傳用字同互詳彼箋

魯竟音境

成公名黑肱定王十七年即位第八　范甯集解

元年　夏之戶雅反　無復扶又反　甲鎧開代反　夫甲音符　貿戎音茂左氏作茅戎○箋曰公羊釋文多一音茅三字餘同左氏釋文茅戎亡交反史記及二傳皆作貿戎亡交即音茅公羊一

音茅正從左氏讀公羊與此音茂則爲貿字作音矣

爲尊于僞反

孰敗之必邁反又如字○箋曰左隱元年傳釋文敗必邁反敗佗也如字始爲自敗之義前隱十年傳釋文公敗必邁反又皮邁反皮邁即此如字之音按本傳云然則孰敗之晉也謂王師被晉敗于貿戎也是敗佗之義故列必邁爲首音

行父禿他木反

郤克

眇亡小反

良夫跛波可反○攷證改戒作波云舊波譌戒據宋本正校語錄云盧據宋本改戒作波戒誤公羊音作布箋曰波布同在邦紐若戒則在見紐故臧校及余本俱作波盧校法說俱是也今依正

公子手僂於矩反一音力主反○校語錄云於矩乃傴字之音殆誤箋曰說文八僂尫也鉉音力主切傴僂也鉉音於武切段注云問喪注曰傴背曲也通俗文曲脊謂之傴僂則於武即於矩於矩即讀僂作傴力主始爲僂之本讀以二字義無別也一音同於又音本書此例多矣法以爲誤未詳攷耳

御禿音訝五嫁反迎也下皆同○十三經音畧五云御范注音迓即毛詩百兩御之之御五嫁翻此疑毋字吴音也改作俔夜翻於吴音尤爲親切今多讀歸喻毋矣箋曰五嫁反爲訝作釋音訝蓋讀御作迓即周所謂毛詩百兩御之之御公羊釋文迓跛本又作訝五嫁反迎也正用迓字可爲其比俔夜與五嫁聲韵皆同周

氏依毛晃增韻謂釋文為吳音改作俔夜尤為親切實未體驗釋文因無吳音也

姪子 大節反又丈乙反○箋曰左隱元傳釋文姪直結反字林丈一反兄女也爾雅釋親姪大結反字林云兄女又丈一反直結大結俱即大節此又音正本呂忱之讀詳彼箋

頃公 音傾

不說 音悅

胥閭 思徐反下力居反

不解 古買反又音蟹○箋曰禮記檀弓釋文不解佳買反舊胡買反表記猶解古買反徐又音蟹音蟹胡買為直音反語之異則此又音本徐讀詳彼箋

而橫 華孟反又如字○箋曰華孟讀同廣韻映韻户孟切之橫義為非禮來如字即讀庚韻户盲切義為縱橫也按此注云穀梁子作傳皆釋經以言義未有無其文而橫發傳者則此橫字為非禮之義故陸以華孟為首音户盲乃橫字本讀謂橫又有此音也

脫此 徒活反又他活反○箋曰說文肉部脫消肉臞也鋭音徒活切手部挩解挩也鋭音他括切則又音讀作挩義本相近而音有清濁之異耳

二年

新築 音竹

僑如 本亦作喬其憍反

公子手 左氏作首

于竁 音安

欲令 力呈反

雍門 於用反齊城門

之茨 在私反門葢

夫甚 音符

敗衛 必邁反

教卻 五報反

謂笑其跛

布可反案杜預注左傳云郤克跛此傳言郤克眇范注當依傳而作跛恐非○攷證云今書無蹤字校勘記云閩監毛本同釋文出謂笑其蹤跛五字案陸氏云云玩此則釋文本元無蹤字蹤跛字皆從足形相涉而誤衍蹤字也又云案臧琳經義雜記云據沈文阿引穀梁傳知古本穀梁作晋郤克跛故范注二年傳云謂笑其跛也箋曰阮謂蹤誤衍是也今依刪之臧以范注證傳古本作郤克跛與杜注相合可申陸說

之甗　魚輦反又音言又音彥玉甑也○箋曰說文十二甗甑也讀若言鉉音魚蹇切魚蹇即魚輦則此首音為本讀又音本於許所擬之讀攷工記陶人為言注鄭司農云甗無底甑釋文甗魚輦反又音言一音彥儀禮少牢饋食廩人概甑甗釋文甗魚展反又音言劉音彥俱以音彥為末此又音即一音實本於劉互詳彼箋

為質　音致下同

侵易　以豉反下伐易同

取汶　音問

鄉之　本又作曏亦作向同許亮反下文同○攷證云今書作向之本又作鄉亦作曏校勘記云閩監毛本同釋文出鄉之云本又作曏亦作向箋曰說文七曏不久也段注云按禮注曏字或作鄉今人語曰向年向時向者即曏字也按段說是也曏為本字鄉向俱假借字論語顏淵釋文鄉也許亮反又作曏同儀禮士相見注云曏曩也釋文曏許亮反陸此用鄉與論語同又作曏與儀禮同亦作向即注

疏本所用之字 會與盟同月絶句 不同月絶句 則地會地盟絶句 三年 禰宮乃禮反父廟也 所馮皮冰反 去疾起呂反 咎如音羔 不復扶又反 四年 來朝直遥反 城鄆音運 五年 壅遏於勇反下於葛反 伯尊左氏作伯宗 不辟音避 將在子匠反 君為此于偽反 素縞古老反 無績本或作續 攘善如羊反盜竊也 蟲牢直忠反下力刀反 六年 取鄟音專又市轉反國名○箋曰傳云鄟國也此釋義本之左氏釋文取鄟徐音專又市轉反市轉即市轉此首音本於徐可見二傳讀同公羊釋文市轉反又音專則與左穀所讀互易蓋以其義俱為國名故其讀僅首又異耳 來朝直遥反 伯費音祕 七年 鼷鼠音兮 郊 吉否方九反 觓角其樛反一音求角貌本或作筋非○校勘記云監本同石經閩毛本斛作觓是也釋文出斛角云其樛反一音求本或作筋非校語錄云斛當作觓箋曰注云觓球球然角貌此釋角貌者畧注言之也其樛在幽為觓本讀音求在尤音同此尤

幽混用也一音同又音按斛通志本原作斛說文十四斛十斗也鉒音胡谷切與此音義不合阮校法說俱是臧江校並同今

依正　禦患魚呂反　球然音求　所能如字亦作耐　復食扶又反下同　緇

衣側其反　纁裳許云反　蓋為于偽反　伐郯音談　來朝直遙反　八

年　韓穿音川　為之于偽反　名伯上照反　曰見賢遍反注更見同　一稱

尺證反注同〇攷證補注同二字云舊無注同二字宋本有箋曰傳云曰見一稱也注云今言天子是更見一稱依例則通志

本漏注同二字盧依宋本補是也今依增之　以上時掌反　士燮素協反　來媵以證反又

繩證反〇箋曰公羊左氏釋文並同詳彼二箋　娶嫡丁歷反　姪娣大結反下音弟　共公音恭

下同　九年　刺巳七賜反　內稱尺證反又如字注同〇箋曰傳云不正故不與內稱也注

云內稱謂稱使疏云案經內大夫出國例言如不言使此季孫行父如宋即是內稱按楊申范說是也尺證讀稱愜之稱即此

傳文之本讀如字則讀稱銓之稱言此音又是稱字本音也　為尊于偽反下及此傳注同　臧項乎講

反　頃音傾　苕潰戶內反　之行下孟反　惡之烏路反　十年

强也其丈反　侯獳乃侯反　十一年　郤犫尺由反公羊作郤州　十

二年　常處昌慮反　一見賢徧反注同　今復扶又反　瑣澤素果反

敗狄必邁反下同　十三年　郤錡魚綺反　過京師音戈下同　出竟

音境　朝聘直遥反下皆同　伯廬力吳反又力魚反○箋曰左氏公羊釋文並云力吳反本亦作盧按力吳在模為盧本音力魚在魚始為廬音可見三傳俱讀廬作盧故此以力魚反為又音也　十四年　時

迎魚敬反傳同本或作逆○注疏本作親迎校勘記云閩監毛本同釋文出時迎云云案下注有時逆字陸為迎字作音當出親迎今出時迎是釋文本此文作親逆下文時逆作時迎與今注疏本互易箋曰注云泰曰親迎例時大夫逆皆謹月以譏之宣元年公子遂如齊逆女亦以時逆而月致義與此同下傳云刺不親迎也按傳無時逆此云傳同足見所錄注文為親迎故音魚敬反阮謂當出親迎是也今出時迎而云本或作逆殆涉下文時逆而誤錄歟　刺不七賜反　之

挈苦結反　侯臧子郎反　十五年　有弒音試　惡晉烏路反　斷在丁亂反　宋共音恭，注及下文同　為賢于僞反　無咎其九反　子鰌音秋　于葉始涉反　許復扶又反　見也賢徧反　十六年　雨木如字，或于付反，非也○箋曰：左氏釋文：雨木冰，如字。公羊傳云：雨而木冰也。舊于付反。按說文十一雨，水從雲下也。鉉音王矩切。王矩即如字之音，為名詞。詩北風篇雨雪其雱釋文：雨，于付反。此讀或音則為動詞。范注云：雨木冰者，木介甲冑，兵之象。益言雨著木成冰，猶木著甲冑也。則此雨讀名詞，故以如字為首音。左氏音義厠于付反于末者，亦謂其音非正讀。此或音即舊音，故陸直云非也。　木介音界　甲冑直又反　雨著直略反　欒黶於斬反　鄢陵音偃，又於連反○校語錄云：連乃建之譌，三傳九十餘見皆同，無作連者，惟隱元年左傳音義有於然一讀，然亦先有於建反也。箋曰：左氏釋文：鄢陵，謁晚反，又於建反。公羊釋文謁作於，餘同。於晚即音偃，但於建與於連本屬二讀。史記韓世家集解徐廣曰：潁川鄢陵縣，於乾反。於乾即於連，則此又音與徐廣讀同。而左隱元年傳釋文之又於然反，即與此又音同。既有二證，何得以他處反語下字無作連者遂謂為建之譌耶法說迂曲不可信 茗丘音條 叔孫婼丑略反 復不扶又反注同 無以見賢遍反下所以見公同 孫紇恨發反 刺公子七賜反傳同爾雅云殺也 戍衛式喻反

十七年

單子音善 于柯音歌 謀復扶又反 而強其丈反 荀罃烏耕反 貍蜃上力之反下時軫反 踰竟音境 貜俱縛反 且子餘反 見殺音試又如字○箋曰如字讀殺之本音音試蓋讀作弒按注云厲公見殺之禍厲公君也此言君被人所弒則殺當弒之義故陸以音試為首也

十八年

弒其君音試下以弒同 復入扶又反注同 士匄本又作丏音蓋○校勘記云石經閩監毛本同釋文士匄本又作丏按丏俗匄字箋曰禮記曲禮釋文士丏本亦作匄音蓋與此大小字互易 來朝直遙反下同 鹿囿音又苑也 藪澤素口反 以齊如字又側皆反 士魴音房 崔杼直呂反 虛朾丘魚反下丑丁反

襄公名午，簡王十四年即位。第九　范甯集解

元年　復入扶又反　于鄫似陵反。○箋曰：鄫在從紐，左氏宣十八年釋文「鄫子」才陵反，可爲其證。此音似陵，則在邪紐，以其時從邪混用，故音無别也。　壬夫而林反　來朝直遥反，下注同　孫剽匹妙反

二年　伯睔古困反。○攷證：困作囷，無説。箋曰：左氏釋文伯睔古困反，彼攷證云：古困反，宋本困作囷，疑譌。而公羊釋文亦作古囷反。審困在慁韵，與睔同部；若囷則在真韵，故作囷爲譌。可見左氏釋文是，公羊釋文非。此盧本亦非。詳彼二箋。　而稱尺證反，注同　之將子亮反　齊姜如字，齊謚也。一音側皆反，後齊歸同。○箋曰：注云「齊，謚」，此義本之。如字即讀廣韵徂奚切之齊，楊疏所謂「謚法執心克莊誤壯曰齊」是也。側皆蓋讀爲齊一音，猶言或音。按左氏釋文：齊姜，如字，謚法執心克莊曰齊。或音側皆反，非。彼直言或音非者，蓋以其先正也。互詳彼箋。　故爲于僞反

三年　長樗丑居反　受使所吏反　而復扶又反

四年　杞音起。○攷證：于杞下增姓字，云舊脱姓字，今補。校語録云：杞下盧補姓字。箋曰：按敘録條例云摘字

爲音虞有相亂方復具錄此注云姒杞姓經傳俱未見杞字則無虞相亂者故陸僅摘杞不復贅姓字正爲其舊本耳盧於杞
下補姓法說從之未免小失矣　五年　子巫亡符反　爲我于偽反　善稲吳謂
之伊緩左氏作善道　曾夷才登反又如字○箋曰注云繒以外甥爲子曾夷狄之不若按莊子徐无鬼釋文未嘗本
或作曾才能反才能即才登曾即嘗義謂繒以外甥爲子嘗夷狄之不若論語爲政釋文曾音增馬云則音增即爲如字之讀
謂繒以外甥爲子則夷狄之不若二義兼通故以如字爲又也　不復扶又反　其數音朔　六
年　來朝直遥反　莒人滅繒似陵反立其甥爲後異姓故言滅也○箋曰繒在從紐前閔十四年
釋文及繒在陵反即其證也似陵則在邪紐亦從邪混用與上文于鄫例同　别之彼列反下同　以莅
音利又音類○箋曰詩采芑釋文莅本又作涖音利沈力二反臨也禮記祭義莅官音利又音類力二音類爲直音音反語之異
詳彼二箋　七年　郯子音談　來朝直遥反下同　城費音祕　于鄬本又作⿰阝爲
于詭反　髡苦門反本又作郡或作頵頵音於倫反左氏作髡頑○箋曰公羊釋文髡原苦門反左氏作髡頑按說文

九髡鬄髮也鉉音苦昆切苦昆即苦門說文鉉音顏於倫切與陸此音同 **于操** 七報反 **見以** 賢編反

緎而 音試下及注同 **故去** 起呂反 **踰竟** 音境 **背華** 音佩 **八年**

公子溼 本又作隰同音濕又音燮二十年同左氏作燮○攷證改大字濕作溼云舊作公子濕則不當云音濕毛注疏本前後皆作溼今從之案溼爲申入反濕即漯字他合反二字音不同然陸往往不辨如易水流溼作水流濕是溼音濕乃其本文如此但隰當音習何以亦云同音濕今注疏本俱刪去此三字校勘記云閩監本同毛本濕作溼釋文本又作隰校語錄云濕盧據注疏本改溼箋曰溼說文鉉音失入切與申入字異音同按廣韵合韵他合切漯濕上同謂濕爲水名本字漯爲俗寫緝韵失入切溼濕上同見經典此謂溼爲本字濕爲俗寫則濕有二音一與漯同一與溼同列子天瑞釋文濕失入切易乾釋文濕申入反爾雅釋地溼俗作濕音同正可見濕音同溼六朝已然廣韵失入切即本釋文諸讀所謂見經典也毛本作公子溼音濕葢以俗字釋正字盧依校改是也故法從之今亦依正左氏釋文公子燮悉協反此音燮即從左氏讀同音濕之同屬上句謂他本作隰與此本之溼同音俱爲人名也 **郱丘** 音刑 **見魯** 賢編反 **九年**

于戲許宜反　十年　于柤莊加反○攷證改如作加云舊加譌如今改正校語錄云如乃加之誤箋曰柤加皆在麻韵左氏公羊釋文于柤俱莊加反可證若如則在魚韵是如爲加形似之譌盧校法説俱是也毛本正作加今依正之　復夷扶又反下不復皆同　傅陽左氏作偪陽　葢爲于僞反　一眚所景反　則并必性反又如字○箋曰傳云中國有善事則并焉注云若中國有善事則不復言會諸侯改日遂滅傅陽如僖四年諸侯侵蔡蔡潰遂伐楚是并焉按范申傳義是也禮記檀弓行并植於晉國注云并專也釋文并必正反專也必正必性字異音同如字即讀同廣韵府盈切并合也之并謂并字又讀此音也　汲鄭音急引也　所殺音試下同　爲楚于僞反　驕蹇紀輦反　公子斐芳尾反左氏作騑○箋曰公羊釋文子斐同詳彼箋　惡上烏路反注同　數反所角反　覆芳服反　十一年　將皆子匠反　舍中音捨　京城北左氏京作亳　復伐扶又反注同　鄭與音豫　挈國苦結反　是傳直專反　十二年　圍部本又作邰他來反又音臺○箋曰公

羊釋文圍台他來反又音臺左氏釋文他來作勑才餘同勑才他來為舌音類隔此云本又作台者正指公左二傳所用之字矣互詳彼箋　攻守手又反又如字○箋曰手又讀同廣韻宥韻太守之守為名詞如字讀同有韻主守之守為動詞周禮宮正釋文守手又反又音手即與此同按注云益攻守之害深故以危錄其月依陸音則守讀分上去因詞別名動也此於二義皆通故以如字為又音也　蔿為于偽反　入鄆音運　惡季烏路反　十三年　取邿音詩　共王音恭　十四年　孫蠆丑邁反　于向舒亮反　君弒音試　與知音豫　華閱音悅　十五年　向戌舒亮反下音恤　劉夏戶雅反注同　過我音戈　成郛音孚郛郭也　十六年　湨梁古闃反湨梁地名　十七年　邾子瞯音閑左氏作牼○箋曰公羊釋文邾婁子瞯音閑左氏作牼左氏釋文子牼苦耕反徐戶耕反則瞯與牼之徐音雙聲益人名因聲轉而異其字矣陸於公穀俱云左氏作牼者明今文古文承授各別也　十八年　言朝直遙反下同　其使所吏反下同　同與音餘

注同○注疏本與作焉校勘記云閩監毛本同石經余本焉作與案釋文出同與是陸所據本亦作與作焉者非箋曰傳云非大而足同焉注云齊非大國諸侯豈足同共圍之與按論語學而篇皇疏曰與語不定之辭經傳釋詞二云焉猶乎也禮記檀弓孔疏云乎者疑辭然則焉與俱乎之借范注用與釋傳之焉正明焉爲疑辭故閩監毛本阮校注疏本俱用焉字也阮謂作焉者非殆有所失 負芻初俱反 十九年 祝柯古何反 復伐扶又反下及注皆同 伐齊與音餘 漷水火虢反又音郭水名○箋曰公羊釋文漷水又作徐無水名二字餘同左氏釋文漷水好虢反徐音郭好虢即火虢則此又音同徐讀矣詳彼二箋 軋於八反委曲也 惡盟烏路反 宜墠音善除地也 乎介音界副使也 二十年 于向舒亮反 澶淵市然反 陳侯之弟光左氏作黄 惡也烏路反注同 二十一年 以漆音七 閭丘力居反 來朝直遥反 商任音壬 二十二年 二十三年 伯匄古害反 畀我必二反 復入扶又反 雍渝於用反又

如字下陽朱反左氏渝作榆○箋曰左氏釋文雍榆於用反則此首音爲本讀公羊釋文雍渝羊朱反左氏作榆則雍讀如字則三傳相校可知穀梁雍字首音與左氏同渝則公穀皆同並云左氏作榆者明今文古文承授有别也

惡其烏路反下傳惡之同

聶北女輒反

中道丁仲反又如字○箋曰丁仲讀同廣韻送韻陟仲切之中中當也言當道也如字爲中字本讀故云又

蘧伯其居反

輕行遣政反又如字○箋曰輕行者謂置其輜重輕裝以進故讀去聲如字即讀廣韻去盈切輕重之輕義别音有平去之異耳

二十四年

孫羯居謁反

陳鍼其廉反

宜咎其九反

之嗛去簟反不足貌

之饉音近○校語錄云廣韻饉近不同音且近本上聲字不當作音箋曰攷廣韻上聲隱韻其謹切有近去聲焮韻巨靳切亦有近饉在震韻則此音近當在焮韻本書震焮混用不得以廣韻分部律之耳

臺榭音謝

堊飾烏路反又烏洛反○堊注疏本作塗校勘記云閩監毛本同何校本下塗作堊釋文出堊飾箋曰說文十三堊白涂也鉉音烏各切烏各即烏洛則此又音爲本讀集韻暮韻汙紭烏故切有堊云白飾也殆依本書竊攷毛本音義塗烏路反又同都反同都固爲塗作音而集韻烏故切則無

塗字可見作堊爲是今攷傳云臺榭不塗注云塗堊飾言臺榭不以白土飾也則注塗飾之塗益涉傳文塗字而誤歟

弛侯式氏反弛廢也侯射侯也　廷道徒佞反朝廷之道也一音庭〇箋曰公羊隱五年傳注用之朝廷足以序羣臣釋文廷徒佞反説文二廷朝中也鉉音特丁切特丁即音庭則二讀義同

二十五年　弑其音試注同　爲此于僞反下爲其同　重丘直龍反　屈建居勿反　公孫夏户雅反　吳子謁左氏作遏　見以賢徧反下同　脩守手又反或如字　門人射食亦反　矢創初良反

二十六年　弑其音試下文及注皆同　君剽匹妙反　其日人實反　侯衎苦旦反本作衎　見知賢徧反　實與音豫下同　殺其如字　世子座在禾反　踰竟音境

二十七年　孔奐呼亂反　喜弑音試下弑君皆同　而復扶又反〇注疏本復作得校勘記云閩監毛本同何校本得作復案釋文出而復作復是箋曰注引鄭嗣曰若獻公依阮校以喜有弑君之罪而殺之則不宜既入以爲大夫而得殺之明以他故據注兩言殺之則得爲復字形誤

陸所本是也故阮舉以證注疏本之譌惡獻烏路反弟專左傳作鱄己雖音紀見

獻賢偏反織約其俱反邯鄲上寒下單與約如字又於妙反下同○箋曰說文十三約纏束也鉉音於畧切於畧即此如字之音於妙蓋讀如要今川西田間農民以草為索纏束蔴榦即謂之草約子禮記學記大信不約注云謂若胥命于蒲無盟約釋文約徐於妙反沈於畧反與此互易者以其詞有名動之别也為約于偽反本或作盟約背之音佩

二十八年

來朝直遥反

二十九年

閽弑音昏守門人也下音試下同餘祭側界反寺人本又作侍人不近附近之近下同臧否音鄙又方九反○箋曰詩烝民釋文否音鄙惡也舊方九反王同云不也按注云無恥不知臧否臧否猶言善惡故以音鄙列首左昭元年釋文臧否悲矣反悲矣即音鄙可為其證此否無不義又言其字以方九為本音也

不狎戸甲反邇怨於願反又於元反注同○箋曰於願為怨恨之怨讀動詞於元為怨讎之怨讀名詞按傳云不邇怨疏云言為人君之道内不得近怨何者吴過以邇怨害身故不可近怨也依陸音次則怨為動詞依楊疏義則怨為

名詞益二義兼通矣 仇之音求 杞復扶又反 使札側八反 之尊稱尺證反

北燕音烟國名 姞姓其乙反又其吉反○箋曰其吉其乙用字異俱爲姞之本音也 三十年 蘧罷于委反下音皮 弒其音試下盡蔡般傳及注皆同 與夷如字又音餘夷宋殤公名○箋曰注云桓二年宋督弒其君與夷如字即讀余呂切常語之與鄭注禮記檀弓云與及也是其義音餘謂與又有平聲之音也 子般音班本或作班 髡之苦門反 以別彼列反 見以賢編反下同

少辟音避下同 遂逮音代又大計反○箋曰公羊僖十六年釋文逮音代又大計反及也與此同詳彼箋

爲行下孟反 長子丁丈反 共姬音恭注同 惡之烏路反 所爲于僞反

以見賢編反 更宋音庚償也 所喪息浪反注同 償其時亮反 三十一年 大子音泰 弒其音試

昭公名稠景王四年即位第十 范甯集解

元年　子招上昭反　于郭左氏作虢　取鄆音運　弟鍼其廉反　惡也烏路反　敗狄必邁反　大原音泰下及注同○注疏本大作太校勘記云閩監本同石經毛本太作大釋文出大原云下及注同箋曰大為小大之大說文鉉音徒蓋切太讀他蓋切乃為後起之字然經典本作大以音別之如詩板釋文大師音泰禮記大學舊音泰皆是也此依音則陸所本為大字公羊釋文正同注疏本作太殊非　大鹵力古反　去疾起呂反　疆鄆居良反疆境界也　猶竟音境　子卷音權左氏作麇○攷證云舊麇譌麇今改正校語錄云麇當作麇箋曰左氏釋文子麇九倫反則此麇麇為麇形近之譌余本毛本皆作麇盧校法說俱是也今依正之　二年　刺公七賜反　見義賢遍反　惡季烏路反　三年　來朝直遙反　大雨于付反　雹皮學反　四年　大雨雪于付反左氏作兩雹　沈子音審　為齊于偽反　弑其申志反注及下弑君皆同　粲然七旦反盛笑貌　不為于偽反　不肖音笑　謂與音餘　五年　舍中音捨

屈申居勿反　敗莒必邁反　賁泉扶粉反左氏作粉泉　失台湯來反

六年　合比必里反又毗志反○箋曰必里在止讀同比校之音毗志在志讀同比近之音然比之上聲在旨去聲在至此為止旨志至混用　七年　暨齊其器反　孫婼丑略反　莅盟音利又音類　鄉香亮反本亦作鄉八年同　八年　以惡烏路反下及注同　俟溺乃歷反　秋蒐所求反　于紅户公反　以見賢編反　蒐狩手又反　艾蘭魚廢反　置旃之然反通帛為旃　卬車五郎反一音仰本又作昂○箋曰禮記曲禮釋文卬本又作昂又作仰同五剛反又魚文反五剛即五郎魚文即音仰按說文八卬望欲有所庶及也鉉音伍岡切段注云卬與仰義別仰訓舉卬訓望今則仰行而卬廢且多改卬為仰矣此音仰即讀作仰以卬為仰故云一音一音猶言或音謂非卬之正讀也說文新附昂舉也鉉音五岡切則昂為後出分別文故陸以此本用卬他本用昂　為槷魚列反門橜也　椹也張林反　中臬魚列反橜也　為褐户葛反毛布也　流旁握握四寸也　御轚古帝反挂也劉

兆云絓也本或作擊　**兩轊**　音衛一音徐歲反車軸頭也○箋曰說文十四害車軸耑也轊害或從彗鉉音于濊切廣韵作于歲濊為歲訛按廣韵祥歲切害車軸頭也轊上同祥歲即徐歲殆依此讀一音猶又音也　**挂也**　戶卦反又音卦礙也○箋曰戶卦讀如畫集韵畫絓胡卦切挂云礙也正依本書音卦始為挂之本讀說文鉉音古賣切正卦之音也

候蹄　徒兮反馬足也　**相應**　應對之應　**揜禽**　於檢反本亦作掩　**能中**　丁仲反下皆同

誅降　戶江反　**惡虐**　烏路反年末傳及注同　**幼少**　詩名反　**以共**　音恭　**之庖**　步交反　**不爭**　爭鬬之爭　**公子過**　音戈

九年

許復　扶又反　**見也**　賢徧反　**陳火**　左氏作災○攷證云宋本災作灾箋曰臧校用宋本北館本同按公羊釋文亦作災說文十裁天火曰烖灾或從宀火災籀文從巛則此本用籀文宋本用或體攷經云夏四月陳火傳云國曰災邑曰火然則公羊用火左氏用災者殆今文古文承授之異也　**孫貜**　俱縛反　**郎囿**　音又舊于目反苑也○箋曰公羊釋文郎囿音又左氏釋文囿音又苑也舊于目反按左莊十九年傳注囿苑也釋文囿音又徐于目反苑也則此舊音本于徐釋義本于杜

十年 侯彪彼虬反 為下于偽反 公成音城 十一年 子瘞在禾反○攷證云案前經文作座在禾反此處宋本在戈反箋曰禾藏校及北館本並作戈從宋本按禾戈同韵實為用字之異 不弟大帝反又如字下不弟同○箋曰注云鄭莊公殺弟而書蔑以段不弟也按段注說文弟下云引伸之為兄弟之弟如字即讀兄弟之音言叔段不弟也大帝反蓋讀同廣韵特計切之悌言叔段失悌道也 子虔其然反或作乾 侯般音班 弒父音試下伐弒同 得惡烏路反下以惡之豈直惡同 陳夏戶雅反 醜行下孟反 罰當丁浪反又如字○校勘記云閩本同監毛本罰誤討釋文出罰當箋曰注云凡罰當有理雖夷必申疏云注意言但罰當其理者則華夷不異按禮記學記鼓無當於五聲注云當猶主也釋文當丁浪反主也此亦為主當之義如字則讀丁郎切言當字又有此本音也 趙盾徒本反 有累力偽反 比

蒲音毗 器械戶戒反 祲祥子鴆反 北宮佗大河反 厭慭魚靳反又五轄反○校語錄云靳當作覲下二年同案魚靳已屢見與魚覲互出箋曰按慭在震覲同韵詩十月之交釋文慭魚覲反左文十

二年傳 慭音同法故以爲靳當作覲殊不明靳雖在炊其時炊震混用則音無别左氏釋文厥慭魚靳反一音五轄反法所謂魚靳已屢見是也俱以魚靳爲首音者從慭字本讀也五轄反讀爲鬣段注説文慭下云慭與鬣雙聲假借則此又音同彼一音互詳彼箋

叩其 音口

以緝 音二

惡之 烏路反下文及注同

注乎 張具反又之住反○攷證云毛注疏本注作註校勘記云石經閩本同監毛本注誤註注同釋文出注手箋曰段注説文注下云按漢唐宋人經注之字無有作註者明人始改注爲註大非古義也古惟註記字從言如左傳敘諸所記註韓愈文市井貨錢註記之類通俗文云記物曰註廣雅註識也古起居註用此字與注釋字别依段説則註爲後出字監毛本用之殆非誤春秋序釋文記注張住反字或作註可證張住即張具此首音正讀注論語序釋文註本又作注之戍反又張注反之戍即之住則此又音即讀爲註但其時知照混用故二音無殊矣

封疆 居良反

十二年

挈燕 苦結反

以去 起呂反

子慭 魚靳反

見因 賢編反

諸夏 户雅反

舍而 音捨

十三年

圍費 音祕

弑其 凡弑字從式殺字從殳君父曰弑取積漸之名自外則皆曰殺此可

以意求也傳本多作殺字故時復音之後放此 乾溪苦兮反 君髡苦門反 祝吁香于反

于濮音卜 之稱尺證反○攷證云此二字無所附麗注云故以君殺大夫之辭言之豈陸所見本之辭作之稱與然未安箋曰按此條在釋文上爲于濮下爲不與二條間傳注俱無之稱連用者故盧謂此二字無所附麗也

不與音豫又如字下注同○箋曰傳云公不與盟音豫即讀參與之與言昭公不肯參與同盟于平丘也如字讀余呂切言其字本讀有此音也 有難乃旦反 不令力呈反

十四年

見君賢遍反 去疾起呂反 意恢苦回反 振鐸之慎反下大各反 在甸徒編反

己姓音紀又音祀○箋曰音紀爲己之本音讀同自己之己音祀蓋讀如辰己之己此言本或作已故又音爲祀也

十五年

夷末亡葛反 籥入由若反 去樂起呂反 可復扶又反

十六年

十七年

來朝直遙反 星孛蒲內反 茀于音佩本亦作孛○攷證云今書作孛于校勘記云閩監毛本同釋文星孛下出茀于云本亦作孛今本作孛與釋文亦作本合箋曰音佩

為孛之本音左文十四年傳昭十七年經釋文孛並音佩可證茀蓋孛之假借字故此讀茀為孛說文一茀道多艸不可行鉉音分勿切與孛星音義俱殊

曰敗必邁反下文及注同　成陳直刃反　檇李音醉

十八年　子惡音烏　入鄅音禹又音矩○箋曰公羊釋文同左氏釋文入鄅音禹許慎郭璞皆音矩國名按說文六鄅妘姓之國讀若規榘鉉音王榘切王榘即音禹乃典籍常用之音故列于首音矩本於許郭之讀故為又音互詳左傳箋

十九年　弑其音試下文及注皆同　與夫音豫又如字下音扶　弟

虺許鬼反　歠昌悅反又常悅反○箋曰說文八歠歠也鉉音昌說切常悅蓋讀為啜爾雅釋言啜茹也釋文啜常悅反可為其證　飦之然反又居言反粥也○箋曰說文三鬻鬻也飦鬻或從食干聲鉉音諸延切諸延之然用字異段注鬻下云鬻作粥者俗字也莊子讓王釋文飦之然反一音紀言反家語云厚粥紀言即居言則此又音同彼一音矣互詳彼箋

粥之六反　嗌音益咽喉也　容粒音立　羈貫古亂反交午翦髮為飾曰羈貫羈又作羇○攷證云舊羈亦作羈譌今改正校勘記云石經閩本同監毛本傳誤傳釋文羈又作羇疑覊誤校語錄云覊盧改羇箋曰段注說文羈

下云今字作羈俗作羇依是則此又作羈典籍無其字盧改作羇從俗書是也今依正之　**以上**時掌反　**累**

及劣偽反注同　**二十年**　**自夢**無工反又亡忠反又亡弄反本或作薨左氏作鄸○校勘記云石經閩監毛本同釋文夢本或作薨箋曰公羊釋文自鄸音蒙又亡忠反又亡貢反左氏釋文自鄸莫公反字林音夢窠夢字字林亡忠反按莫公為夢本音無工亡忠並音同皆即公羊直音音蒙也如依左氏釋文則此亡忠本於呂忱矣亡弄亡貢用字異此亦脣音輕重交互也詳彼二箋　**致令**力呈反　**兄輒**如字或云音近縶輒者兩足不能相過也左氏作縶　**惡其**烏路反　**適兄**丁歷反○攷證云今書作嫡箋曰詩江有記釋文嫡都狄反正夫人也都狄丁歷用字異則適為其假借字陸所本如此也　**齊謂之綦**音其又其㚟反劉兆云其連併也○箋曰音其讀同履飾之音其㚟讀如忌轉平為去義實無殊故此云又也　**楚謂之踂**女輒反劉兆聚合不解也云　**衛謂之輒**本亦作縶劉兆云如見縶絆也○校勘記云石經閩監毛本輙作輒是也釋文本亦作縶箋曰王校云糾當作絆按段注説文絆下云小雅縶之維之傳云縶絆維縶也周頌曰言授之縶以縶其馬箋云縶絆也按縶謂繩用此繩亦謂之縶投

說是也傳箋皆以絆釋縶縶絆連文則此糾為絆字形誤王校是矣毛本正作絆今依正之　處甚昌慮反

以見賢遍反　二十一年　蔡侯東左氏公羊作蔡侯朱　惡烏路反

二十二年　昌閒如字一音簡○箋曰如字為閒之本音音簡讀平為上殆方音之轉一音猶言又音矣

亦為于偽反　單子音善　二十三年　雞甫左氏作雞父○履芬本於書眉云此雞字誤衍千里並以朱點父字旁注臧校箋曰依千里校則雞字衍依臧校則父衍攷左氏釋文無此條而公羊釋文有雞父音甫足見此左氏二字為公羊之誤顧臧校俱非當云公羊作雞父　子髡苦門反　子盈本亦作逞

夏齧戶雅反下五結反　之稱尺證反注之稱同　辟子朝音避　惡烏路反下同

別嫌彼列反　二十四年　則挈苦結反　郁釐於六反下力之反

二十五年　鸜其俱反本又作鸛音權左氏作鸜公羊作鸛○攷證云舊權作灌案公羊音權此哀末年亦同今據改正校勘記云閩監毛本同釋文鸜本又作鸛校語錄云灌當作權盧改箋曰江校亦改灌作權北館本同左氏釋

文鸜其俱反嵇康音權公羊傳作鸛音權公羊釋文鸛音權左氏作鸜音劬按其俱反即音劬皆爲鸜作音音權則爲鸛之音通志本作音灌與盧所謂舊本同誤觀二傳音切可知今依正陸以此本用鸜與左氏同他本用鸛與公羊同故復引左氏作鸜公羊作鸛以爲證也　鵒音欲　濟子禮反　公孫音遜本亦作遜下同○校勘記云閩監毛本同是也釋文孫本亦作遜箋曰左氏釋文公孫音遜本亦作遜注及傳同按傳云孫之爲言猶孫也諱奔也則此同左氏陸此本用借字作孫他本用本字作遜詳彼箋　齊竟音境下同　唁音彦弔失國曰唁　邡公音方又音訪依注讀爲訪訪謀也○箋曰傳云邡公也注云邡當爲訪訪謀也言宋公所以卒于曲棘者欲謀納公按注申傳義是也音方爲邡之本音音訪蓋讀作訪范所謂邡當爲訪故陸云依注讀也　易辭以豉反下同　其爲于僞反

二十六年　鄟陵音專又市轉反○箋曰公羊釋文鄟陵音專左氏釋文鄟陵音專又市轉反則專爲本音市轉爲别讀也互詳左氏箋　名伯上照反　簒君初患反

二十七年　君僚力彫反　郤宛於阮反又於元反○攷證云石經郤作郄係俗字校勘記云石經閩監毛本同釋文出郤宛箋曰干

祿字書入聲𨚗卻上通下正則釋文用正字故盧謂石經用俗字按公羊釋文郤宛下紆阮反可見此首音為本讀於元乃他義之讀也　祁犂力兮反又力私反○攷證云今書作犂校語録云閩監毛本同石經犂作犁釋文出祁犁箋曰二傳釋文犁俱作犂左氏私又作之餘同按私犁俱在脂之在之兮在齊此時脂之齊混用則其音同　于扈音戶

𢈔快苦夬反　畀必二反本或作鼻　逋逃布吴反　二十八年　鄭伯寗下滕子寗皆如字　二十九年　叔倪五計反又五兮反左氏作詣○箋曰五計為詣之音從左氏讀此葢讀倪為詣五兮始為倪本音故此云又也　鄆潰戶内反　則惡烏路反或如字　脩行下孟反　復使扶又反　三十年　去疾起吕反　項公音傾　為下于偽反　惡也烏路反　三十一年　萄櫟音歷舊作躒　適歷丁狄反○攷證改狄為歷云舊丁狄反乃音下歷字歷字例不作音注疏本作丁歷反正音上適字與嫡音同今據改正錢馥云案丁狄反是音上適字非音下歷字若音歷字則用來母字為標不用丁字也丁狄丁歷一也校語録云狄盧改歷經籍舊音辨

證二引盧文弨云云承仕案狄歷同韻隨所施用釋文嫡摘等字丁狄丁歷互見本無出入也盧改已非又謂丁狄為文歷字作音則尤妄矣箋曰公羊釋文適歷丁歷反盧氏改狄為歷益依此然狄歷俱在錫韻公羊音用歷穀梁音用狄乃反語用字之異錢氏辨之詳矣攷證謂丁狄乃音歷字丁端母歷來母聲紐既大謬反音豈無異故吳氏斥盧為尤妄也

既為于偽反　黑肱古弘反　以濫力甘反又力暫反○箋曰本經云冬黑肱以濫來奔注云邾以濫邑封黑肱故別之若國按集韻談韻盧甘切濫邑名在邾則此首音為濫邑之本讀力暫即讀氾濫之濫言濫字又有此音非謂此處有力暫之音也　別乎彼列反又如字注同

三十二年

取闞口暫反　大叔音泰○校勘記云閩監毛本同石經太作大釋文出大叔音泰按大太古今字箋曰阮說是也詳前昭元年大原箋　不享音許丈反　覲見其靳反下賢偏反下同○校語錄云覲靳不同部箋曰靳在焮韻覲在震韻本書焮震混用法謂不同部者蓋以廣韻律之也　不復扶又反　無朝直遙反

定公名宋昭公庶弟敬王十一年即位第十一　范甯集解

元年 見無賢偏反下注所見同 聽治直吏反 之處昌慮反 敢背音佩 耕

芸本又作耘音云○箋曰注疏本毛本俱作耘按說文四𦓸除苗間穢也𦔳𦓸或從芸鉉音羽文切段注云今字省艸作耘

則此本又作者為今省或體芸者艸也當為其借字 不艾魚廢反 為旱于偽反 去讓羌呂反

是舍音捨 焉請於虔反 應上時掌反 道之音導下同 詒託以之反

煬宮餘亮反煬公之廟也煬公伯禽子

二年 兩觀工喚反注及下文同闕也

欲令力呈反 差可初賣反

三年 子穿音川 于拔皮八反地名

四年 國夏戶雅反 名陵詩照反 公孫姓音生又如字○箋曰公羊釋文公孫歸姓二傳無歸字姓音生又音性音性即此如字之音左氏釋文公孫生本又作姓音生則此與公羊音生俱從左傳讀詳彼二箋 臯鼬叟又反○攷證改叟為由云舊由譌叟據左傳音改校語錄云叟疑臾之譌盧據左傳改由箋曰左定四年經釋文鼬由又反則盧據此校改按爾雅釋獸釋文鼬餘又反公羊作浩油釋文音由一音羊又反羊又餘又由又俱為鼬

之音惟其用字不一耳以音言之叟在心紐由臾俱喻紐是叟字譌以形言之臾叟形相近法說較確然余本毛本並作由則

與左傳用字無異矣 故復扶又反 劉卷音權 采地七代反 寰內音縣又音環○

箋曰詳前隱元年寰內箋 吳信音申又如字○箋曰易繫辭釋文信也本又作伸同音申下同韋昭漢書音義云古

伸字則此音申即讀信為伸如字始為信之本讀故云又也 而攘如羊反却也 挾弓户牒反又子協

反○箋曰公羊釋文挾弓音協又子協反音協户牒為直音反語用字之異詳彼箋 闔廬户臘反下力居反

見不賢編反 為是于偽反下不為匹夫為是皆同 朝於直遥反注同 囊瓦乃郎反

南郢以井反又以正反○箋曰詳公羊釋文南郢箋 數年所主反 易無以豉反 壞

宗音怪注同 撻平土達反○攷證改上為土云舊土譌上今改正他經土亦作吐校語録云上當作土盧改箋曰

土撻俱在透紐上則在禪紐是此上為土筆劃殘缺之譌余本正作土盧校法說俱是也今依正之 欒縣音玄下同

能亢苦浪反 御之魚呂反○攷證云今書作能抗禦之校勘記云閩監毛本同余本抗禦作亢御釋文出能

亢御之與余本合。案十行本係剜修，當是本作亢御，淺人妄改。箋曰：說文手部：抗，扞也。鉉音苦浪切。示部：禦，祀也。鉉音疑舉切。疑舉即魚呂。段注云：左傳僖二十八年曰：以亢其讎。注云：亢猶當也。亢為抗之假借字。又云：後人用此為禁禦，古只用御字。然則釋文亢用借字，御用古字，陸所本如此，而與余本合也。不肖音笑 而奮方問反 三敗必邁反

復立扶又反，注同。楚國復立也 五年 見其賢編反 惡也烏路反 子

翬許韋反 六年 三家張也如字，一音知亮反，注同。○箋曰：傳云：城中城者，三家張也。注云：三家修張，故公懼而修內城。按范申傳義是也。如字為張之本讀。說文鉉音陟良切。左桓六年傳注：張，自侈大也。釋文豬亮反。豬亮即知亮，雖音有平去之異，而義小殊，一音猶或音矣 七年 于鹹音咸 八年

惡之烏路反 侯栁良久反 曲濮音卜 九年 伯蠆丑邁反 分

器扶問反 惡得音烏，注同。惡猶於何 堤下丁兮反，又音蹄。○箋曰：說文十四：隄，唐也。鉉音都兮切。段注云：唐、塘，正俗字。其實窊者為唐，障其外者為隄。音蹄則轉破裂為摩擦，殆方音之變，今讀為陰陽平矣 十年

頰谷古協反左傳作夾谷　為危于僞反　相焉息亮反下兩相同　壇徒丹反封土曰壇　鼓譟素報反羣呼曰譟　羣呼火故反　合好呼報反注同　使禦魚呂反

逡巡七旬反　屬其章欲反語也注同○攷證改意爲章云舊章譌意據宋本正校語錄云意盧據宋本改章箋曰臧校意亦作章北館本改章于意上按章屬俱在照紐意則在影紐可見意爲章形似之譌盧依宋本改之是也故臧校法説俱同今亦依正　夫人音扶注同夫人謂孔子也　語也魚呂反　之行下孟反

幕音莫帳也　優俳皮皆反　欲嗤尺之反　鄆讙好官反　益為于僞反

以見賢徧反　圍郈音后　暨宋其器反　仲佗大河反注同　石彄苦侯反　所强其丈反

十一年

者渝羊朱反變也　惡之烏路反下同　取夫音扶　叔還音旋

十二年

墮郈許規反毀也　違背音佩　墮費音祕

十三年

垂葭音加　淵囿音又　比蒲音毗　吉射食夜反或食亦反○箋曰

公羊釋文吉射食亦反又食夜反左傳釋文同並與此互易按此為人名故具二讀與左定五年釋文蓬射食亦反又食夜反

音正同

君比必履反又毗志反〇箋曰本經云薛弒其君比按必履讀同比校之比周禮宮正注比校次具人之在否釋文比徐方履反可證毗志讀同比近之比左傳文十七年注比近也釋文比毗志反可證比本在至毗志在志本書志至混用此為人名故具二音

十四年

晉趙陽左氏作衞趙陽

佗人徒河反又如字〇箋曰公羊釋文公子佗人大河反二傳作公孫佗人左氏釋文佗人吐何反又徒何反大河即徒河吐何即此如字之音則穀梁與左傳音互易以其為人名故有二讀僅為清濁之異耳

子牂作郎反

敗吳必邁反

檇音醉

于牽去賢反〇箋曰云余本毛本盧本俱作去按去牽同在溪紐云則在為紐可見云為去字殘缺之譌今依正之

于洮他刀反

歸脤市軫反生祭肉也〇臧校生為主北館本注于旁箋曰傳云脤者何也祭肉也生曰脤則此云生祭肉者陸本傳義為釋臧校生作主實為臆必之語今仍依舊

熟曰膰音煩本或作煩〇校語錄云作煩之煩疑當作鐇注疏本亦誤箋曰公羊釋文曰燔本亦作膰音煩按說文十鐇宗廟火孰肉鉉音附袁切段注云

今世經傳多作燔作膰惟許書作𤎅火部燔下云爇也是詩作燔為假借字他經作膰乃俗耳然則法疑本或作𤎅用說文本字若依段說以公穀二傳相較公羊以他本用俗字作膰同穀梁此本字公羊以此本用借字作燔應同穀梁或本字如是則煩當為燔亦不必作𤎅然毛本阮校本盧本俱作煩與本書同蓋煩乃同音借字當陸書之舊歟

蒯聵苦怪反下五怪反　之行下孟反

十五年　來朝直遙反　鼷鼠音兮　一處昌慮反　渠蒢直居反○攷證云宋本蒢從竹今注疏本皆作蒢按箋曰臧校蒢亦從竹北館本改于上俱依宋本從竹從艸字六朝時多混寫如爾雅釋訓籧篨口柔也廣韻魚韻直魚切蒢下云又籧蒢口柔也可為其比此注云渠蒢地也地名之字多或故從竹從艸者俱可　弋氏羊職反哀公之母左氏作姒氏　於長丁丈反　帥之所類反　不為于僞反　下稷如字昊也左氏作昊○校勘記云閩監毛本昊作昃下同箋曰說文七篇日在西方時側也𠇗音阻力切段注云日在西方則景側也易曰日中則昃孟氏易作稷穀梁春秋經戊午日下稷古文假借字隸作昃亦作昊按范注云稷昃也下昃謂晡時後漢書王符傳李注引說文曰餔謂日加申時也今為晡字晡與昊義同左傳用

隸變本書用借字　晡時布吳反　定弋左氏作定姒

哀公名蔣敬王二十六年即位第十二　范甯集解

元年　不見賢徧反下復見同　今復扶又反　斛角音糾又音求○箋曰集韻黝韻糾紐

吉酉切斛角貌春秋傳展斛角丁度依之可證其時以此音為本讀說文四斛角貌鉸音渠幽切音求則在尤本書尤幽混用

言此音本又為斛之讀也　有差初賣反　則否方九反　不復扶又反下同　滌宮

徒歷反　敢擅市戰反　施式氏反又如字○箋曰注云故不敢擅施也按式氏讀為弛謂不敢擅懈弛為此施

字之本讀說文七施旗貌鉸音式支切式支即此如字之音言施之此音乃其本讀也　始庀匹爾反具也下同

管鍵其展反又其偃反○箋曰互詳司門箋　監古銜反○攷證監下補門字云舊無門字案當有補之校

語錄云監下盧補門字箋曰注云然則未左右時監門者養之盧據此以補門字按此條上為管鍵下為享道檢二條間傳注

俱復無監字依敘錄條例所謂摘字為音慮有相亂方復具錄之義此本無慮相亂者故陸僅摘監不復具錄門字實為其舊

耳盧以意測補之法從其說皆不免於小失矣　享道許文反注同　二年　鄗東火號反又音郭○箋曰公羊釋文又作徐餘同則此又音本徐讀矣詳彼箋　沂西魚依反　句繹古侯反下音亦　不與音預　來朝直遥反　欲弒本又作殺同音弒○箋曰音弒之弒當作試如隱二年繼弒十一年君弒桓二年弒其皆音試隱二年隱殺十年簒殺桓二年內殺皆音試則弒殺二字皆以試釋其音若此音作弒即與正文弒字無異諸家俱失校故具論之　信父音申　書簒初患反　得復扶又反　曩日乃黨反　鉾本又作矛亡侯反○攷證云今書作矛箋曰注云此矛楯之喻也正義本引釋文即以矛為正字與此互易集韻矦韻迷浮切矛鉾或從金則陸此本用或字　楯常允反又音允　則拒音巨　邪也似嗟反○攷證云今書無也字校勘記云閩監毛本同釋文出邪也則陸所據本邪下有也字箋曰注云明正則拒之者非邪按邪對正言則邪為不正之義故邪下當有也字作助詞語氣始備阮謂所據本邪下有也字是也毛本今注疏本省也字殊失之　于鐵他結反　三年　曼姑音萬　者辟音避　有難乃旦反　樂髡苦門反

四年　盜弒音試下及注皆同　微殺如字注同　陳夏戶雅反　區夫烏侯反　辟中音避　即殺如字殺賊同　西郛音孚　弒君音試　項公音傾

五年　杵臼昌呂反　不數所主反

六年　于柤莊加反　子軫之忍反　君荼音舒又音徒一音丈加反○箋曰音舒讀同美玉之瑹音徒讀同苦菜之荼丈加則讀為荼此以人名無本讀故具三音按公羊作君舍釋文二傳作荼音舒左傳哀公五年諸子鬻姒之子荼嬖注云荼安孺子釋文荼音舒又音徒又丈加反則俱以音舒為首一音同於又音矣　當去起呂反　見當賢編反　子糾居黝反　後殺如字　惡之烏路反

七年　皇瑗于眷反　曼多音萬　于繒在陵反　而擅市戰反　表惡烏路反傳及注同

八年　及闡尺善反　惡內烏路反　伯過音戈

九年　雍丘於用反　易辭以豉反下及注同　將芳子匠反

十年　以見賢編反　孟彄若侯反

十一年　轘頗破河反　艾陵五益反　十二年　今別如字又彼列反○箋曰注云古者丘賦之法因其田財通共出馬一匹牛三頭今別其田及家財各出此賦按如字即讀離別之別言今離其田及家財出賦也彼列反與之有破裂摩擦之殊義亦小異矣　為官于偽反　官稅舒銳反　夏謂戶雅反　諱取如字又七住反○箋曰如字為取之本讀說文鉉音七庚切七住益讀作娶也　橐皋章夜反一音託○箋曰注云橐皋某地按章夜讀如柘為此地名其時之本音音託益讀如拓始為橐字之本讀益以從木從才之字相混故此具二音一音猶或音也公羊釋文同左氏釋文一上有或字互詳彼二箋　于鄖音云　螽音終　十三年　于嵒五咸反　易以豉反下同　祝髮之六反斷也　斷也音短　以辟音避　蛟龍音交　累累如字猶數數也　數數所角反　尊稱尺證反下同　夫差音扶下初佳反　星孛音佩　區夫烏侯反　十四年　西狩手又反　不出如字又赤遂反　矣夫音扶　不王于況反下王德同　闕雎七余

反

之應於敬反　自為于偽反　其適如字適之也　道喪息浪反　鸍音權又音劬○箋曰詳前鴝音欲　蜮音或

昭公二十五年鸍下箋

經典釋文集説附箋卷第二十二

經典釋文集說附箋卷第二十三

成都趙少咸

孝經音義

唐國子博士兼太子中允贈齊州刺史吳縣開國男陸德明撰

鄭氏 相承解爲鄭玄○攷證氏下有注字解作以云鄭志目錄記康成所注書並未有孝經說者謂其孫鄭小同所注今已亡失釋文依鄭注作音義而今本則唐明皇所注以釋文附之自多不合校此書者往往云本今無即入之陸氏書中殊爲混殽今作黑圈以別之近海鹽陳氏鱣集孝經鄭注爲一編其有可證者即附見此書之下箋曰惠校亦云鄭氏鄭小同也今所傳乃唐明皇注鄭注已亡與盧說合按阮福義疏云陸氏釋文所釋者乃鄭注今文故首出鄭氏二大字注云云案孝經相傳爲鄭玄注陸澄辨以爲非後漢書鄭玄傳云嘗疾篤自慮以書戒子益恩云云康成戒益恩書在七十歲時卒年七十四小同爲

遺腹子名為康成所命是蓋恩卒在康成之前其未傳學更顯矣三國魏志魏名臣奏載太尉華歆表云云是小同非但通經且以孝聞以此諸證推之注孝經之鄭氏當是小同無疑小同注今沒入唐注中唐注刪鄭注者甚多今鄭注被刪者不可見而尚有五百二十一字見於陸氏音義之中片言隻字皆是漢人所遺亟可寶貴阮說是矣

開宗明義章

仲尼女持反仲尼取象尼丘山又音夷字作𡰥古夷字也援神契云蟲也○攷證云舊𡰥作尼僞今改正箋曰注云仲尼孔子字邢昺疏云孔子故名丘字仲尼案桓六年左傳申繻曰名有五其三曰以類命為象杜注云若孔子首象尼丘蓋以孔子生而汙頂象尼丘山故名丘字仲尼按邢說是也說文八屔反頂受水丘也鉉音奴低切尼從後近之鉉音女夷切段注云若尼山乃取於汙頂水潦所止屔之假借字也女夷在脂女持在之此時之脂混用則屔為正字尼為假借字邢說與陸意同音夷蓋讀作𡰥漢書高紀有司馬𡰥師古曰𡰥古夷字孝經義疏云書堯典厥民夷平也蓋孔子首頂之平若尼丘山頂之平

故以為字則原作尼為誤故王校謂當云字作𡰥惠校江校俱作𡰥北館本同今依正之**居**如字説文作凥音同鄭玄云凥
凥講堂也王肅云閒居也孔安國云靜而思道也○箋曰注云居謂閒居邢疏引古文孝經云仲尼閒居蓋謂乘閒居而坐與
論語云居吾語汝義同按説文尸部居蹲也几部凥處也引孝經曰仲尼凥凥謂閒凥如此徐鉉並音九魚切陸音與徐同撥
注云衞宏所校古文孝經如是釋文引鄭本亦作凥孝經之凥即小戴之孔子閒居也鄭目録曰退朝而處曰燕居退燕避人
曰閒居閒居而與曾子論孝猶閒居而與子夏説愷弟君子故孝經之凥謂閒處閒處即凥義之引申但閒處之時實凭几而
坐故直曰仲尼凥也段説是也陸此引説文為證者明凥處字作凥此以蹲居字代凥後別製踞為蹲居字乃致經中凥字皆
隸變為居故復引鄭王孔之説證此不讀居之本義也**曾**則能反姓也**子**男子美稱也曾子孔子弟子也名曑字子
輿魯人也或作參音同義別下皆同○攷證云案此作曑當謂天上曑壘也乃云字子輿則與作參者義並無別不知陸意云
何箋曰注云子孔子弟子邢疏云案史記仲尼弟子傳稱曾參南武城子子輿少孔子四十六歲孔子以為能通孝道故
授之業作孝經死於魯故知是仲尼弟子也按邢申鄭説是也説文七曑商星也參或省鉉音所今切撥注云參即今用參兩

參差字也又按詩小星維參與昴釋文參所林反星名也關雎參差荇菜釋文參初金反所今即所林爲曾參之本讀林部森讀若曾參之參可證初金與之僅有塞擦摩擦之小異陸時讀已無別故云音同若曾參字子輿則當義同所林反之曑曑星取三星相連之義參乘取三人同輿之義陸意謂其時隸變之參有用爲參差字則作不齊之義故云義別也

侍卑在尊者之側曰侍

子孔子也古者稱師曰子

曰語辭也從乙在口上乙象氣人將發語口上有氣故曰字缺上也凡曰皆放此

先王鄭玄云禹三王最先者案五帝官天下三王禹始傳於啟祀夏配天故爲孝教之始王謂文王也○攷證云舊子亦作殷今改正顧校云於殷當作郊鯀江校云殷當是啟之誤下文於殷二字亦誤於殷配天四字當作家天下三字又云王謂文王也之上當有某云字大約王肅孔安國語也箋曰劉履芬本以藍匚殷字丨於殷配天四字於右旁眉批云此非也當云郊鯀配天疑作家天下又以朱、殷字左上角乚江校語於殷二字旁○規之誤二字書足云於殷當作祀夏則諸家所校俱以殷及於殷三字爲誤是也攷本經注云言先代聖德之王能順天下人心先代聖德之王所謂文王也三王爲夏禹商湯周文武是禹爲最先者史記夏本紀云禹舉益任之政十年禹崩雖授益天下未洽故諸侯皆去益而朝啟曰吾君帝禹之子也是禹傳位於啟則殷為啟形似之譌江校是也又按禮記郊特牲郊之祭也大報本反始也鯀乃禹父言夏啟郊祀先人禹父鯀以配天即此藍墨所謂郊鯀也漢書郊祀志上古者天子夏親郊祀上帝於郊故曰郊正此朱墨所謂祀夏也若以字形言之祀夏與於殷相近或為後世傳鈔之誤今依正之家天下三字雖與官天下對文然以於殷配天字數不合恐非舊文

有

至德鄭云至德孝悌也王云孝為德之至也○攷證云為德之德舊脫今補箋曰盧補德字是也注云孝者德之至道之要也邢疏云依王肅義審下文要道注引王云孝為道之要彼釋要道而云為道之要此釋至德故云為德之至今依補之

要因妙反注同

道鄭云要道禮樂也王云孝為道之要

孝悌大計反又順也本今無此字○箋曰今本經云先王有至德要道注云孝者德之至道之要也正義云依王肅義據邢說則知此字當為鄭注

民用和睦音目字林云忘六反○箋曰說文四睦一曰敬和也鉉音莫卜切莫卜一等音目三等此為入聲洪細混用忘六音目讀同呂音輕重交互也

上下無怨紆萬反

女音汝本或作汝凡本女字皆放此汝水名音同義別○注疏本作汝校勘記云岳本汝作女鄭注本同此正義本則作汝字箋曰莊子齊物論女聞人籟釋文女音汝本亦作汝廣韻八語汝爾也人渚切則

俱讀女爲爾之義書舜典汝涉帝位史記五帝紀作女登帝位汝作秩宗周禮春官序官司農注作女作秩宗此二字通用之證按詩汝墳遵彼汝墳傳云汝水名也說文十一汝水出弘農盧氏還歸山東入淮鉉音人渚切然則二字義別而音同陸言之者曉人知女讀若汝其義則女汝俱爲假借也

知之乎曾子辟○音避注同本或作避注疏本作避校勘記云鄭注本避作辟用假借字與此本不同箋曰曲禮釋文辟嫌音避本亦作避同此按說文二避回也鉉音毗義切段注云回俗作迴經傳多假辟爲避此言曾參聞夫子之說乃迴避所居之席起而對正是禮師有問避席起荅也則避爲正字陸俱以此本用借字他本用正字並從鄭說也

參所林反

不敏密隕反達也

夫音符注及下同

人之行下孟反

復音服注同

坐在臥反注同

女音汝本今作汝

身體髮膚方于反

不敢毀如字蒼頡篇云毀破也廣雅云虧也

傷

父母得其顯譽音預

也者

卌

彊其良反

而仕○攷證云卌爲四十字廣韻二十六緝有卌字先立切引說文云數名今直以爲四十字箋曰說文林部𣞤下云卌數之積也段注云卌篆不見於本書故釋其義耒部耤下曰卌又用卌字漢石經論語年卌見惡焉是卌爲四十并

猶廿為二十并卅為三十并也其音則廣韵先立切四十之合聲猶廿讀如入卅讀如趿也按曲禮四十曰强而仕則段盧所說俱是也然段較盧為精審

行步不逮 音代亦及也又音大計反○箋曰大學注云逮及也釋文逮音代一音大計反禮運逮音代及也一音代計反代計即大計反則此又音同彼一音互詳彼箋

縣 音玄

車 音居

致仕 自父母至仕字今本無○校語錄云自父母至致仕一段凡不音之字亦校者所加以下各條皆同箋曰臧庸堂云案敍錄云孝經童蒙始學特紀全句於此見之按臧說是也足知此非校者所加法說未審陸意又案今本經云身體髮膚受之父母不敢毀傷注云父母全而生之己當全而歸之故不敢毀傷正義云父母全而生之己當全而歸之者此依鄭注引祭義樂正子春之言也據邢說則此二十字當為孝經之舊文矣

大雅云 此文王之詩六章文

母 音無本亦作無○注疏本作無校勘記云鄭注本作母念左傳文二年趙成子引詩同此正義本則作無念箋曰說文十二𣞤亡也鉉音武夫切毋止之詈也鉉音武扶切段注云詩書皆用無士昏禮夙夜毋違命注曰古文毋為無是古文禮作無今文禮作毋也漢人多用毋故小戴禮記今文尚書皆用毋史記竟用毋為有無字按段說是也無乃蕃𣞤字之隸變以音借為有𣞤字觀下文念字云無念無忘

也則橆為正字無為俗字毋為其借字陸以注本用借字他本用俗字

念 鄭玄云無念無忘也爾雅云勿念也○箋曰本經引詩大雅云無念爾祖注云無念念也義取恒念先祖攷大雅文王無念爾祖毛傳無念念也鄭箋當念女祖為之法爾雅釋訓勿念勿忘也郭注勿念念也勿與無同則郭注據毛傳鄭云依爾雅以詩箋證之蓋非鄭玄之語當是小同所注陸從其說故引之以為證也

爾祖聿 尹吉反爾雅循也述也本今作爾○攷證引孔云爾雅下當有云字校語錄云吉聿不同類吉當作橘箋曰本記引詩大雅云聿脩厥德注云聿述也述脩其德按爾雅釋言遹述也釋詁遹循也釋文孫云古述字讀聿一音餘橘反餘橘為遹之本音亦即聿之本音讀聿者謂聿遹通用詩大雅文王有聲遹追來孝禮記禮器引作聿追來孝又聿脩厥德毛傳聿述也可證故陸引爾雅遹字之訓以為此聿字作釋也餘橘在術尹吉在質其時質術混用故吉非橘誤

天子章

子曰 此一子曰通天子諸侯卿大夫士庶人五章也

不敢惡 烏路反注同舊如字○箋曰烏路讀為憎惡之惡如易繫辭釋文之惡烏路反是也如字即讀過惡之惡說文十惡過也鈺音烏各切段注云人有過曰惡有過而人憎之亦

曰惡本無去入之別後人分之段說是也 於人 不敢慢 亡諫反俗作愓○箋曰說文十慢惰也鉉音謀
晏切謾晏亡諫用字異廣韵諫韵謨晏切慢怠也俗作愓蓋依本書 於人愛敬盡 津忍反 於事親
形于 法也字又作刑 四海 ○攷證云經云形於四海注形見也舊形作刑與經互異今改正注疏本作刑校勘記云
鄭注本刑作形此正義本則作刑于字監本毛本改於校語錄云刑盧改形尚書作呂刑五字疑亦校語箋曰唐注云刑法也
當為四夷之所法則也說文彡部形象形也井部㓝罰辠也鉉音並為戶經切段注刑下云凡㓝罰典㓝儀㓝皆用之則此㓝
法字當以從刀井之字為正從刀幵聲從彡幵聲二字俱為其借矣又案下注云甫刑即尚書呂刑也邢疏云尚書有呂刑而
無甫刑案禮記緇衣篇孔子兩引甫刑辭與呂刑無別則孔子之代以甫刑命篇明矣據是則此下文甫刑注云尚書作呂刑
陸蓋本之小同所注為釋也法疑為校語不亦誣乎 刑見 賢遍反下同本今無刑見字○箋曰今本注云刑法也當
為四夷之所法則也正義云刑法也釋詁文依邢疏則明皇注用爾雅可證 甫刑 尚書呂刑 兆 知從八正直表
反十億曰兆 民 百萬曰兆民 賴之 引辟 上鹿艾反辟止本或作譬同匹臂反本今無引辟二字○攷證

云案鹿艾反乃為上賴之作音止字疑衍本字板脫今補或止字即本之譌李善注文選與孫晧書引二譬連類校語錄云闕處盧補本字箋曰詩小雅小弁譬彼舟流釋文譬彼本亦作辟匹致反周禮天官宰夫注辟於治官則冢宰也釋文辟於音譬本亦作譬是則辟譬字通匹致匹臂用字異互詳彼箋孜本經云兆民賴之唐注云義取天子行孝兆人皆賴其善故陸云本今無引辟二字明其時世所傳者蓋非鄭注本也盧謂此止行本脫補本字是也臧校亦補本字但止字未刪何耶

諸侯章

危殆音待本今無殆字○箋曰說文四殆危也鉉音徒亥切徒亥音待為直音反語用字之異按此以危殆訓危正與許書相合今本妄刪　**滿而不溢**音逸　**費**芳味反　**用**如字　**約**於略反　**儉**勤檢反　**奢**書虵反　**泰**音太　**為溢**羊栗反　**富貴不離**力智反注同○臧氏云釋文離音力智反則不字後人所加箋曰本經云富貴不離其身唐注云言富貴常在其身邢疏云此依王注釋富貴不離其身也義疏引臧云蓋常在其身者謂常麗著其身也此經云富貴離其身猶諫爭章云則身離於令名釋文於彼亦音力智反標經無不字可前後互證福謂此

不然也。臧謂離力智反，當為麗著之義，其實古人仄聲亦可訓分離，此經文明明有不字，且不字與不危不溢相應，不離與長守相應，安可以釋文力智反即拘泥為無不字乎。按阮說是也。易漸象曰離羣醜也，釋文離力智反，鄭云猶去也，然則陸讀力智之離，有麗著分離二義，此與易漸音義同，阮所謂古人仄聲亦可訓為分離也，故陸引經亦有不字，臧謂後人所加，實為臆必之語

其身

薄賦斂 力儉反

省 所景反

傜 音遥，本亦作繇。○箋曰：傜者㑾之隸變。說文㑾下段注云：凡傜役字即此字之隸變，繇者傜之假借。漢書貢禹傳繇役，師古曰：繇讀曰傜。雜記釋文給繇音遥，本又作傜。王制傜役，本又作繇，音遥。陸以此本用隸變字，與王制同；他本用假借字，與雜記同。互詳彼箋。

役

列士封疆 字又作畺，同居良反。自薄字至居良反，本今無。○劉履芬本以墨△於自薄字以下十字旁，書眉錄江校云：十字校書者語。北館本同。箋曰：說文十三畺，界也。疆，畺或從土彊聲。鉉音居良切，則畺為正字，疆為或體。周禮載師云：以大都之田任畺地。鄭注：畺，五百里王畿界也。陸以此本用疆，與周禮用畺字同。攷今本經文富貴不離其身以下為然後能保其社稷而和其民人，蓋諸侯之孝也。此為薄賦斂省傜役烈士封疆，陸故謂自薄字至居良反本今無，以明所取為鄭注本，與其時通行之注本異也。江校謂此

十字為校書者語蓋不審此陸氏引鄭注為之作釋也

詩云 此詩小雅節南山之什小旻卒章

戰戰 章扇反

兢兢 棘冰反

恐 丘勇反懼也注及後同

隊 直類反本今作墜○箋曰詩小旻釋文隊直類反本又作墜禮記檀弓將隊本又作墜直媿反直媿直類用字異互詳彼箋

恐隊 沒陷之陷

卿大夫章

服 山龍華 胡花反 蟲 直忠反

服藻 音早 火

服粉 方謹反 米 字或作絲音同○攷證云絲舊譌綵今改正校語錄云粉謹不同部采蓋絲之譌采藏校作綵北館本改字上王校云采作綵筠按當作絲廣圻校云絲誤為綵箋曰盧王顧所校俱是也說文十三絲繡文如聚細米也鋔音莫禮切段注云繡謂畫也米絲疊韻今咎陶謨作粉米許所見壁中古文作黺絲尚書益稷釋文粉米說文作黺徐本作絲音米陸以此字用今文作米與今本尚書同他字用古文作絲與徐本尚書同粉在吻謹在隱此為隱吻混用

米 字或作絲音同

皆謂文繡 修又反 也

田 本又作佃音同○箋曰詩鄭風大叔于田叔于田、毛傳田取禽也孔疏云田者獵之別名以取禽于田因名曰田

易繫辭以佃以漁釋文佃音田本亦作田馬云取獸曰佃漢書律歷志引作吕田吕漁是田佃音義俱同故陸以此本用田與詩傳同他本用佃與繫辭同

獵力輒反

卜筮市制反

冠古亂反又如字○箋曰說文七冠絭也所以絭髮弁冕之總名也鋋音古丸切段注云絭者纕臂繩之名所以約束褎者也冠以約束髮故曰絭髮古丸即此如字之音則讀名詞所謂弁冕之總名古亂即讀如貫以冠約束髮則讀動詞所謂絭髮是也曲禮冠者不櫛釋文冠如字徐古亂反則此首音本於徐讀矣

素積茲亦反自山龍至茲亦反本今無○攷證云北堂書鈔百二十八周禮小宗伯疏文選大將軍讌會詩注俱引先王制五服天子服日月星辰諸侯服山龍華蟲卿大夫服藻火士服粉米陸云字或作絲又皆謂文繡也下儀禮少牢饋食禮疏引田獵卜筮冠皮弁衣素積百王用之不改箋曰劉履芬本以朱△於自山龍以下十字旁並錄江校以上文烈士封疆條例之則江氏亦以此十字爲校書者語觀盧氏引書鈔及少牢饋食疏所引正與此同足證非校書者之語江說實誤又案今本注云服者身之表也正義云此依孔傳也所謂孔傳者即孔安國注也本經序疏云孝經今文稱鄭玄注古文稱孔安國注先儒詳之然則注所用者爲古文此言本今無者依唐本注也

非先王之德行下孟反注

德行下擇行行滿皆同禮以檢奢紀儉反本今無○箋曰注言必守法行必遵道邪疏云此依王義釋非法不言非道不行也據是以證則知唐本注用王肅之說以刪鄭注之文故本今無也無口過古卧反注同

無怨惡烏路反舊如字注同○箋曰天子章釋文不敢惡烏路反注同舊如字與此同詳彼箋宗廟本或作庿○劉巖芬本以朱、庿寫廣字於右旁書眉云廣蜀本同箋曰說文九庿古文廟廟、尊先祖貌也段注云尊其先祖而以是儀貌之故曰宗廟宗廟者先祖之尊貌也庿見禮經十七篇凡十七篇皆作庿注皆作廟依此則蜀本作廣為庿字形似之謚陸以此本用小篆之廟與禮經注文同或本用古文之庿與儀禮經文同為作于偽反宮室自為作至室字本今無○箋曰古逸本毛本經注俱無此四字與陸所言本今無者同則此為鄭注之存見於釋文也

詩云此大雅蕩之什烝民篇語夙夜匪懈佳責反注及下字或作解同○箋曰說文十懈怠也鉉音古隘切段注云古多假解為之易謙釋文匪解佳責反雜記三月不解注云解倦也釋文不解佳責反佳責古隘用字異則懈為正字解為借字按上文詩云下注此大雅蕩之什烝民篇語孜烝民懈即作解彼釋文云不解佳責反本或作懈下文匪解同是則陸此云字或

作解即指彼詩文所用者彼云本或作懈正指此經注所用者互文相證自見矣**夜莫**如字又音暮下竝同也解

自夜莫至也字本今無○箋曰詩名南行露釋文夜莫本又作暮同忙故反又亡博反忙故即音暮亡博即如字則此當又音

為本讀也如字蓋讀為無其義恐不可通攷古逸本毛本注俱云夙早也義取為卿大夫能早夜不惰是則夜字不必作釋疑

此夜莫也三字為衍文**也解**自夜莫至也字本今無**惰**徒臥反注同○箋曰徒通志堂本作古古在見紐徒惰俱

在定紐易震釋文惰徒臥反儀禮鄉飲酒惰禮記少儀言不惰一音竝同則古字是誤今依正之

士章

資者人之行下孟反**也**本今無此句○箋曰今本經注云資取也正義云此依孔傳也案鄭注表記考工記

竝同訓資取也依邢說唐注本用孔傳改鄭注也**兼**古恬反并也**之者父也　以敬事長**

丁丈反注皆同**則順　食稟**必錦反公羊傳云廩賜穀祿也○攷證云穀為穀之俗字本作穀但小變耳從殸非

也箋曰說文㐭稟賜穀也鉉音筆錦切段注云賜穀曰稟中庸既稟稱事鄭注周禮宮正内宰廩人掌固皆云稍食祿稟也筆

錦即必錦為用字異按周禮地官序官廩人注云盛米曰廩釋文廩力甚反倉也與稟音義俱殊此謂賜穀祿則廩字為譌檢公羊傳全書亦無此文殆陸所引為逸本歟**為**于僞反○于僞反三小字盧氏改作大祿字孜證云舊為下有于於原誤僞反三字是妄人所增宋本與祿字及下始字皆空白今依陸注內補校語錄云于僞反盧校云是妄人所增箋曰臧校冂于僞反此館本同但未改字盧依陸注補祿是也廣雅釋詁四稟祿也此云食稟為祿者言士所食為上所賜穀也若此為字下注音食稟為成句則不辭矣當依正之**祿始為曰祭**一本作始曰為祭曰音越又人實反○校語錄云盧本作始為曰祭箋曰劉履芬本以朱填始字於墨釘書眉云始字初印係墨釘今○去並錄履芬記按說文五曰詞也鉉音王伐切王伐即音越一為直音一為反語人實則讀作日**別**彼列反**是非**自食字至非字今本無○箋曰今本經云以敬事長則順注云移事兄敬以事於長則為順矣正義云此依鄭注也然則唐注所用鄭注與釋文所出十一字不同可見此十一字為唐注所刪之鄭注也**詩云**此詩小雅節南山之什小宛篇語**夙興夜寐**面利反**無忝**辱也他簟反**爾所生**所生謂父母本今作爾

庶人章

春生夏長丁丈反　秋收如字又手又反本作斂力儉反○注疏本作斂校勘記云石臺本作秋收鄭注本同案正義云此依鄭注也則當作秋收岳本改為秋斂非此作斂斂斂乃正俗字箋曰說文三收捕也鉉音式州切式州即此如字之音捕者取也捕取即穫割之義也手又則讀如狩廣韵宥韵狩紐有收注云穫多言農畝秋時則穫多也禮記月令釋文之收如字又守又反同此詩甫田收手又反又如字則與此互易矣爾雅釋詁斂聚也釋文斂力儉反言農畝秋時則聚斂品物也陸從鄭說故以此本用收他本用斂　冬藏才郎反　分方云反注同　地之利　分別彼列反　五土周禮五土一曰山林二曰川澤三曰丘陵四曰墳衍五曰原隰　丘陵阪險阪音反又蒲板反險音許檢反○救攷證作板臧校及北館本並同校語錄云又蒲救反疑當作又蒲板反在音反之下箋曰法說是也按說文十四阪坡者曰阪鉉音府遠切段注云呂覽孟春記阪險原隰高注阪險傾危也小雅正月阪田箋曰崎嶇墝埆之處也府遠音反為直音反語用字之異易說卦其於稼也為反生釋文反生虞作阪云陵阪也則經文借反為阪此音反為阪之本讀矣彙

集釋文所載阪音如詩東門之壇阪音反又符板反正月板作
版餘同禮記月令阪音反又蒲版反左文十六年傳阪音反一
音扶板反襄九年傳陰阪板作版餘同俱是則救為板形似之
譌甚明故當在音反之下高注所謂阪險傾危之處可耕種者
也今依正之**宜棗棘**本作宜種棗棘自丘陵至棘本今無○攷證云案疏云分别五土視其高下亦鄭注明皇
用之下云高田宜黍稷下田宜稻麥邱陵阪險宜種棗棘見初學記五太平御覽三十六引箋曰按此上文五土下注引周禮
大司徒山林川澤丘陵墳衍原隰為證言土地所宜五穀所殖丘陵阪險宜棗棘謂丘陵阪險之處其穀宜棗棘雖無種字詞
意已足陸從鄭義故以此本用之而以他本所用宜種棗棘者與初學記引同其亦當時通行之本歟
又案注云分别五土視其高下各盡所宜此分地利也正義云分别五土視其高下者此依鄭注也各盡所宜此分地之利也
者此依孔傳也彼此相勘可知唐注删鄭注五土之名及其宜種之物而以孔傳各盡所宜此分地利補注之以足其義耳
以養羊尚反**父母**　**行**下孟反音如字**不為非度**待洛反**財為費**芳味反**什**
音十**一而出**十而出一**無所復**扶又反謙自行字至謙本今無○箋曰自行字上為以養父母今本經以養父

毋下云此庶人之孝也注云庶人為孝唯此而已正義云此依魏注也所謂魏注者魏眞克之注也本經序疏云隋有鉅鹿魏眞克者亦為之訓注然則唐注本所用者為魏說是釋文所出者正為唐注所刪之鄭注也

謙 自行字至謙本今無

故自天子 古文分此以下別為一章

故患難 奴旦反

不及其身也善 一本作難自故患至善字本今無○箋曰按此下為未之有也今本經注作而患不能及者未之有也兩兩相較則唐本注刪鄭注難其身三字之迹顯然可見矣

未之有也

三才章

曾子曰甚哉 曾從八正甚從甘匹正皆放此○校語錄云甚哉條及下爭字條注從某正云云他無此例皆放此三字亦與通例不合以後多正字體他經無之箋曰劉履芬本以藍筆丨從八從甘匹從爪各字右旁於書眉云宋人改按說文八部曾從八甘部甚從甘從匹夊部爭從夊丿則此所謂從某正云云葢指說文本字所從之部陸意示人別於隸變之曾上八作丷甚作甚爭上作⺈俱不成字也釋文依鄭注作音義自非宋人所改以其為童蒙始學故耳

語 魚據反

喟丘媿反又丘怪反○箋曰說文口部喟大息也鉉音丘貴切丘貴在未丘媿在至此時至未混用禮記禮運喟然而歎釋文喟然去媿反又苦怪反去媿即丘媿苦怪即丘怪俱為用字之異詳彼箋然自語字至然本今無○箋曰按今本經文甚哉注云參聞行孝無限高卑則為釋甚之義與此語喟然釋甚哉之義不同可知唐本以自注改鄭注耳夫音符孝民之行下孟反注同也孝弟大計反本亦作悌○箋曰禮記王制釋文孝弟大計反本又作悌曾子問同大計即為悌作音悌為孝弟後出專字此以後出字之音為初文作釋也恭敬民皆樂音洛之自孝弟至之字本今無○箋曰按今注謂孝為百行之首正義云鄭注論語云孝為百行之本言人之為行莫先於孝以彼證此則見唐本引鄭論語注為釋而刪改此鄭注八字也其政不嚴而治直吏反注同政不煩苛音何自政至苛本今無○箋曰此解其政不嚴而治句按今注云順此以施政教則不待嚴肅而成理也正義云經云其教不肅而成其政不嚴而治注則以政教相就而明之嚴肅相連而釋之從便宜省也依邢疏唐本注併合經文兩句為釋與此之分釋其意迥然不同則知此四字為鄭注也民之易以豉反本今作人之易也而民

興行（下孟反）上好（呼報反下好禮同）義（自上字至義本今無）而民不爭（爭鬬之爭從爪争正皆放此）若文王敬讓於朝（直遙反）虞芮推畔於田則下効（户教反）之（自若字至之本今無○箋曰此上文為而民不爭按今本經云先之以敬讓而民不爭注云君行敬讓則人化而不爭正義云此依魏注也可見魏貞克之注簡唐注以簡改繁故刪此鄭注十七字也）導（音道本或作道○箋曰說文三導導引也鉉音徒皓切段注云經傳多假道為導義本通也徒皓即音道一為直音一為反語道者人所行道其引申為引道則道讀引申義導為後出分別文陸以此本用本字他本用借字）之以禮樂示（神至反）之以好（如字又呼報反○箋曰如字讀美好之好為此字之本讀說文十二好美也鉉音呼晧切可證段注云凡物之好惡引伸為人情之好惡本無二音而俗強別其音呼報即讀好惡之好蓋為引伸之義也故陸云又論語子張釋文好如字舊呼報反則此又音本於舊讀也）惡（如字注同又烏路反○箋曰如字讀過惡之惡為此字之本讀說文十惡過也鉉音烏各切可證段注云人有過曰惡有過而人憎之亦曰惡本無去入之別而人分之烏路即讀憎惡之惡為其字引申之義易繫辭釋文之惡

烏路反是也故陸亦云又左宣十四惡烏路反又烏洛反與此首音又音互易矣**而民知禁**金鴆反注同**詩**

云此詩小雅節南山之詩○箋曰履芬本以朱囗上詩字於其旁書蜀本無三字下詩字末增也字於其旁書蜀本二字按以上卿大夫章詩云注此大雅蕩之什烝民篇語下孝治章詩云注此大雅蕩之什抑篇語例之則蜀本囗上詩字是句末增也字非**赫**本又作赤火白反○攷證云⿱艹赤舊作赤譌⿱艹赤亦俗字此書內間有之校語錄云赤當作⿱艹赤箋曰履芬本以朱、於赤旁書眉批云⿱艹赤蜀本同北館本注於旁按莊子馬蹄夫赫胥氏之時釋文赫本或作⿱艹赤呼白反呼白火白用字異晋書十九禮志赫臣音義上作⿱艹赤注云與赫同則此赤為⿱艹赤失艸頭而譌盧法之說俱是也蜀本北館本不誤當依正之陸俱以此本從經典作赫他本用或字作⿱艹赤**師尹**張勇反**若冢宰之屬也女**音汝下同**當視**

民常旨反皆放此自若字上放此本今無○箋曰注云赫赫明盛貌也尹氏為太師周之三公也正義云此毛傳文依邢說則唐本注據詩毛傳為釋而刪此鄭注十字也

孝治章

㫺正皆放此本今作昔○箋曰說文四㫺乾肉也段注又引申之則以今昔為今古矣按五經文字下㫺昔注云上說文此字本是口腊字上象肉文得日而乾後加疑此漏肉字作腊以此為古昔字下石經則此所言正者即指說文篆字言本今作者為隸變字也

聘匹正反 問天子無恙羊尚反 五年一朝直遙反下注同自聘字至優本今無○攷證云此以下亦今無案周禮大行人疏御覽百四十七引古者諸侯五年一朝天子使世子郊迎芻禾百車以客禮待之晝坐正殿夜設庭燎思與相見問其勞苦也箋曰阮福義疏除引大行人疏及御覽引孝經鄭注為證外復引儀禮覲禮疏引鄭注云天子使世子郊迎禮記王制正義孝經云德不倍者不異其爵功不倍者不異其土故轉相半別優劣正義曰舊解云公者正也言正行其事侯者候也言斥候而服事伯者長也為一國之長也子者字也言字愛於小人也男者任也言任王之職事也臧氏按舊解言公侯與鄭注異釋文曰當為于偽反下皆同舊解亦無惟伯者長也為一國之長也男者任也與鄭注合然則正義所稱舊解不專謂鄭注矣本或作以客禮待之此八字非陸語故舊本空一字以別之校者據釋文有此本也序錄謂孝經童蒙始學特記全句則此一本是義疏家稱引舊注往往不加區別禮記正義引孝經即此注也按阮說是也

其引證孝經注較盧說為精審矣攷周禮小祝將事侯禳禱祠之祝號鄭注云侯之言候也則侯字舊解即與鄭注同臧說未審而優下依孔疏所引孝經鄭注當有劣字義始足此似漏又按今本經注云小國之臣至卑者耳王尚接之以禮況於五等諸侯是廣敬也正義云此依王注義也據邢疏說則唐本注用王肅之義為釋而刪改此鄭注義四十二字也

郊迎

魚敬反又魚荆反○箋曰詩鄭風有女同車釋文親迎魚敬反又羊齊風著禮記曲禮哀公問公羊隱二年親迎俱同說文二迎逢也鉉音語京切語京即魚荆為用字異按逢者相遇也謂無意而遇見也廣韻魚敬切迎逆也詩召南鵲巢百兩御之釋文御之五嫁反又作迓同迎也謂有意而相接也二義不同故音分平去也

芻

初俱反

禾百車以客

苦百反本或作以客禮待之

夜設庭燎

力名反本亦作燎同一音力弔反徐力燒反鄭云在地曰燎執之曰燭又云樹之門外曰大燭於內曰庭燎皆是照衆為明○箋曰說文十火部則此一音同又音又小雅庭燎庭燎之光毛傳庭燎大燭釋文庭燎力照反徐又力燒反大燭也鄭云在地曰燎執之曰燭又云樹之門外曰大燭於內曰庭燎皆是照衆為明即此所引證者力照力名為用字之異按儀禮士喪燭俟于饌東注云火在地曰燎執之曰燭周禮秋官司烜氏共墳燭庭燎注

云樹於門外曰大燭於內曰庭燎釋文燎力名反燎對燭言則在地比執之者為大樹於門外者又比庭內者為大故又以大燭與庭燎對文鄭析言之也陸引其說為證者明此正燎之義他本所作之字是也此本作尞乃祡祭天其為同音假借耳

當為于偽反下皆同王者侯者侯戶豆反伺音司又相吏反○箋曰相吏與音司平去相承皆伺候之義左宣十二年釋文謂伺音司一音息嗣反息嗣相吏為用字異則彼一音同此又音詳彼箋伯者長丁丈反下同男者任而鴆反也德不倍步罪反别彼列反優自聘字至優本今無

故得萬國之歡字亦作懽○注疏本作懽校勘記云鄭注本作歡此正義本則作懽按說文八歡喜樂也國策秦策而大國與之懽注云懽猶合也則懽為歡之後出字干祿字書平聲懽歡並正五年一巡音旬守手又反本又作狩勞來上力報反下力代反自五年字至力代反本今無○攷證云亦今無案禮記王制正義引諸侯五年一朝天子天子五年一巡守箋曰王制五年一巡守釋文巡守手又反本或作狩後巡守皆同與此說合按孟子梁惠王下天子適諸侯曰巡狩巡狩者巡所守也段注說文狩下引孟子云云此謂六書假借以守為狩則此與王制巡守字皆用假

借陸並以他本用本字易明夷明夷于南狩釋文南狩手又反本亦作守同左僖二十八年經天王狩于河陽釋文狩于本又作守音同則此音為狩之本讀陸以本字之音為借字作釋也此言他本所作者正與易經左傳用字相同矣又按今本經注云萬國舉其多也言行孝道以理天下皆得懽心則各以其職來助祭也正義云萬國其多也者此依魏注也可見唐本注先引魏眞克之義繼以明皇所釋是則本今無者即刪改之鄭注也

不敢侮亡甫反

於鰥古頑反

寡無妻曰鰥無夫曰寡

男子賤稱尺證反下同

小大盡津忍反

節自男子至節字本今無○箋曰今本經注云臣妾家之賤者正義云案尚書費誓曰竊馬牛誘臣妾孔安國云誘偷奴婢既以臣妾為奴婢是家之賤者也據邢說則知唐本注引孔傳尚書之義而刪此鄭注之說也

養羊尚反

夫然音符

則致張利反從夂音陟里反他皆放此俗作攴非

其樂音洛自則致至洛字本今無○箋曰說文五致送詣也從夂從至銍音陟利切陟利即張利為用字異段注云送詣者送而必至其處也引伸為名致之致按本經云夫然則致其樂謂皆行孝道以理事則名致其樂也陟里蓋讀作及說文五及從後至也銍音陟修切此為止紙混用是及引伸亦有送義與致義相通二音各

依字而作故云他皆放此孜致本從夂夂象人兩脛有所躧也夂則象人兩脛後有致之者隸書往往兩形淆混以其義別而可通陸故兩音並舉即謂從及不以為非若俗書作攴其義為小擊其形從又卜聲則與名致之義迴異矣故直言非也陸所以如是辨證文字偏旁者俾使始學童蒙識別其形體之正謟耳江校以墨丨陟里反又改作夂北館本並同則俱依說文篆體而昧於陸從當時俗書敘例所稱合理會時是也又案本經注云夫然者上孝理皆得懽心正義云此謂明王諸侯大夫能行孝治皆得其懽心也與此言名致其樂詞意義同是則唐本以自注刪改鄭注也

祭則鬼享 許丈反

災 本或作灾則才反〇箋曰易復有灾眚釋文灾本又作災鄭作裁案說文裁正字也灾或字也災籀文也子夏傳云傷害曰災鄭云害物曰災按文十裁灾或從宀火災籀文從巛鉉音祖才切祖才即此則才陸以此本用籀文與易經或本同他本用或字與易經正本同又按蜀本則作作則與作俱在精紐為用字異

詩云 此大雅蕩之什抑篇語

有覺 音角大也

德行 下孟反注同

聖治章

聖從壬正從王非○箋曰履芬本以藍丨釋文六字於書眉批云此類皆後人改按說文耳部聖通也從耳呈聲口部呈平也從口壬聲段注云壬之言挺也故訓平可見作王者乃俗書形似之誤故陸直言從王非以示童蒙始學宜略識字也與上三才章甚從甘匹正爭從𠬪丿正例同實非後人所改也

之行下孟反

則周公周公名旦文王之子武王之弟

巳音似

后稷上音後稷官名后社名弃周公之始祖也○○劉履芬本以藍寫君字於社旁以朱、祖社○○君政證社作稷俱無說箋曰今古逸本毛本經文俱云昔者周公郊祀后稷以配天注云后稷周之始祖也按史記周本紀云周后稷名弃帝堯舉為農師帝舜封於邰號曰后稷別姓姬氏則此社當作稷盧本校改是也今本注少稷官名名弃公六字阮氏義疏所謂唐注中刪鄭注者不可見尚見於陸氏音義之者於此即知之

故異其處昌慮反○政證云以下亦今無案疏引鄭云明堂居國之南南是明陽之地故曰明堂明堂上圓下方八牖四闥又南齊書禮志引上帝者天之別名又史記封禪書集解續漢書祭祀志注引神無二主故異其處辟后稷也箋曰此盧引證陸氏音義中之鄭注見於他書者皆可寶貴也

辟后稷也音避本亦作避同○箋曰說文二避迴也鉉音毗義切段注云經傳多假辟為避則避正

字辟假借字陸以此本用借字他本用正字禮記曲禮釋文辟嫌音避本亦作避正與此同互詳彼箋 於朝直遥反 越嘗遠國也 重直龍反 譯本亦作驛同音亦自故異字至音亦本今無○箋曰說文言部譯傳四夷之語者鉉音羊昔切馬部驛置騎也鉉音羊益切段注云周禮傳遽注曰傳遽若今時乘傳騎驛而使者也蓋乘傳謂車騎驛謂馬玉藻注云傳遽以車馬給使者也然則置騎謂以驛馬而傳命也故譯驛義通羊益即羊昔同音通假矣陸以此本用譯他本用驛又案本經周公郊祀后稷注云周公攝政因行郊天之祭乃尊始祖以配之也與此故異其處辟后稷也於朝越嘗重譯十四字不同可見唐本此删鄭注而自作注也 夫音符 滕辛七反從木入水桼音七正○箋曰說文九厀脛頭卪也從卪桼聲鉉音息七切段注云俗作膝息七即辛七厀正膝俗又六桼從木象形桼如水滴而下也鉉音親吉切親吉音七為直音反語用字之異則許謂字形左右各三皆象水自木出滴下此云從木入水者陸隨俗說以桼為會意釋木汁之義也 以養羊尚反 父母日嚴人實反注同日者實也日日行孝故無闕也象日 致其樂音洛下樂同 親近附近之近 於母自致其樂至於母本今無○箋曰今本經故親生之膝下以養父母

日嚴注云親猶愛也膝下謂孩幼之時也言親愛之心生於孩幼正義云嫌以親為父母故云親猶愛也云親愛之心生於孩幼之時也者言孩幼之時已有親愛父母之心生也與此親近於母義相合是則唐本用自注刪鄭注也其政不嚴而治直吏反不令力正反而行自不令至而行本今無○箋曰古逸本毛本其政不嚴而治注俱無此四字可見唐本注刪之亦鄭注之存於陸氏音義中者父子之道古文從此已下別為一章續音俗相續也焉本今作莫○注疏本作莫經云父母生之續莫大焉注云父母生子傳體相續人倫之道莫大於斯按注中經義是也而釋文云父子之道續焉大焉則言父子恩親之情是天生自然之道論語陽貨篇所謂子生三年然後免於父母之懷是子繼父母傳體相連不絕此為大焉則作莫作焉二字俱通故陸祇云本今作莫以明俗行本與所用本之字有殊耳大焉復扶又反何加焉自復字至焉本今無○箋曰古逸本毛本續莫大焉下經文為厚莫重焉注文無此四字則知此謂本今無者實為唐本注所刪之鄭注而存於陸氏音義者也故不愛其親古文從此已下別為一章謂之悖補對反注及下同德若桀其列反紂丈久反是也

言中詩書丁仲反下同自若字至下同本今無○箋曰今本經注云言盡愛敬之道然後施教於人違此則於德禮為悖也正義云言盡愛敬之道然後施教於人者此孔傳也云違此則於德禮為悖也者按禮記大學云堯舜率天下以仁而民從之桀紂率天下以暴而民從之其所令反其所好而民不從依邢說則是唐本注引孔傳並釋愛親敬親改鄭氏此注單明悖德之證而以大學足其義也又按下經云言思可道行思可樂注云思可道而後言人必信也與此言中詩書不同可知此四字為鄭注言思可道舊文唐本刪之

行思可樂如字音洛注同○攷證引孔云如字疑當在行字下校語錄云如字與音洛不同音疑脫一字引盧說云云箋曰說文六樂五聲八音總名鉉音五角切段注云樂之引伸為哀樂之樂然則如字即五角為樂之本讀音洛蓋讀哀樂之樂為樂之引伸音隨義別法謂如字與音洛不同音是也後喪親章聞樂如字不樂音洛可為其比禮記射義釋文蓋觀如字又古亂反舍也如字舊音捨以彼例此法疑脫一字亦是也按注疏本注云思可樂而後行人必悅也正義曰思者心之慮也可者事之合也行謂施行也樂謂使人悅服也禮記中庸稱天下至聖行而民莫不說也依是而言則樂非音樂之義不讀如字之音至若行字凡四音户庚户剛户浪户孟俱是此謂施行即户庚之音

為行之本讀孔光疑如字當在行字下非憶測也改證引從其說較法說為優矣難進而盡津忍反中

易以豉反退而補過古臥反傚戶教反漸也不令力政反下文並注並同

而伐謂之暴蒲報反自難進至報反本今無○箋曰今本經云容止可觀進退可度注云容止威儀也必合規矩則可觀也進退動靜也不越禮法則可度也正義云容止威儀也必合規矩則可觀也者此依孔傳也云進退動靜也者易艮卦象曰時止則止時行則行動靜不失其時其道光明是進退則動靜也動靜不乖越禮法故可度也又經云故能成其德教而行其政令注云上正身以率下下順上而法之則德教成政令行也正義云上正身以率下者此依孔傳也言正其身以率下則下人皆從之無不法依邢疏說則是唐本注俱引孔傳改鄭注而約易艮象傳之詞又加己說以足其義也詩云此詩曹風鳲鳩之篇語淑人常六反其儀字從人不忒他得反差也

紀孝行下孟反章

也盡津忍反禮也一本作盡其敬也又一本作盡其敬禮也今本作居則致其敬○劉履芬本以藍｜今本作居

則致其敬八字旁書眉批云案陸所云一本一本皆指鄭注言之校者見唐明皇注中無因誤以經文當之大堪發笑箋曰其説是也則陸時所見鄭注者已有三本矣按注疏本經云居則致其敬與陸所云今本同注云平居必盡其敬與陸所云一本同此鄭注没入唐注中之證也 養羊尚反 則致其樂音洛 病則致其憂疾甚曰病 擗婢亦反 踊羊冢反○攷證云明皇注擗踊哭泣盡其哀情用鄭注北堂書鈔九十三引箋曰正義曰擗踊至哀情此依鄭注也盧説蓋本之 泣器立反 齊側皆反本又作齋○箋曰論語鄉黨齊必變食孔曰改常食也皇疏云齊必變食者方應接神欲自潔淨故變其常食也釋文齊必本或作齋同側皆反陸氏俱以此本作齊他本作齋按禮記曲禮立如齊注云齊謂祭祀時釋文齊側皆反本亦作齋音同祭祀潔淨以齋從示為本字側皆則為其本讀大字為齊蓋經典通用字也陸首寫之故特以本字之音為釋也互詳彼箋 必變食 敬忌 踧子六反自必變至子六反本今無○箋曰此解祭則致其嚴之義今本注則云齋戒沐浴明發不寐正義云此皆説祭祀嚴敬之事也案祭義曰孝子將祭夫婦齊戒沐浴盛服奉承而進之言將祭必先齊戒沐浴也與此説不同是唐本注以祭義改鄭注也 在醜昌九反 不爭爭鬬之爭注及下同 不忿芳粉反下

同爭也　好呼報反自不忿至呼報反本今無○箋曰按今本經注云醜衆也爭競也當和順以從衆也正義云此依魏注也醜衆釋詁文左傳曰師競已甚杜預云競猶爭也故注以競釋爭也依邢說則魏真克引爾雅左傳義以釋此經唐本注用之故刪鄭注也　亂則刑　罰音伐　及其身也自罰字至身也本今無○箋曰按今本經云為下而亂則刑則此亂則刑罰及其身也為注語唐本注無當為其所刪之鄭注存於釋文者　雖日用三牲之養羊尚反後九字本今無　不敢惡烏路反　於人親○箋曰履芬本以藍筆於親字下批云九字指此上言之按今本經注云三牲大牢也雖日致太牢之養固非孝也與此不敢惡於人親殊異可見唐本注刪改鄭注而自為注也

五刑章

五刑之屬三千墨劓刵宮大辟呂刑云墨罰之屬千劓罰之屬千刵罰之屬五百宮罰之屬三百大辟之罰其屬二百五刑之屬都有三千　科苦和反本今無○校語錄云若當作苦箋曰苦科同在溪紐作若則在日紐是若為

苦形似之譌説卦釋文科苦禾反可證法説是也今依正之按經云五刑之屬三千今本注云五刑謂墨劓剕宮大辟也條有三千鄭注乃云科條三千謂劓墨宮剕大辟然則科條言即所犯五刑所載之條文也唐本注變易其文妄删科字**條三千謂劓**魚器反截鼻之刑**墨**刻其額而涅之以墨**宮割**男子割勢女子宮閉之呂刑及周禮並直作宮字或作瞎字本今無割字○攷證云閉設閑即閉之變體犍舊譌瞎犍者去牛羊之勢也宮刑與相似今改正校語錄云瞎誤盧改犍箋曰尚書呂刑宮辟疑赦偽孔傳云宮淫刑也男子割勢婦人幽閉次死之刑正義曰男子之陰名為勢割去其勢與椓去其陰事亦同也婦人幽閉閉於宮使不得出也則此云宮閉者謂女子幽閉於宮中也周禮秋官司刑宮罪五百鄭注云宮者文夫則割其勢女子閉於宮中若今宦男女也彼經文宮下俱無勢字即此所謂呂刑及周禮並直作宮字也則此割字為衍當刪按説文二犍騬牛也鉉音古拜切段注云騬謂今之騸馬然則騬馬犍牛俱謂去勢與人之宮刑其事相同其音雙聲故二字互通宮或作犍也盧謂瞎為犍譌當從之**剕大辟**婢亦反下同○大辟上攷證增臏字云舊脫今補呂刑作剕尚書大傳白虎通俱作臏箋曰周禮秋官司刑注云刖斷足也周改臏作刖黄以周云鄭意臏者脫其髕也剕者斷其趾也刖者

斷其足也白虎通義五刑篇云剕者脫其臏也是以剕為臏也漢書刑法志孟康注云臏者刖左右趾是又以臏為剕也依是則二字通用按上文五刑之屬三千解云墨劓剕宮大辟古逸本毛本注俱同而此所列四刑皆備剕刑獨缺盧氏補之是也但當作剕字

穿音川窬音俞又音豆○箋曰禮記表記釋文穿窬一范羊朱反徐音豆羊朱音俞讀同一為直音一為反語則此首音本於范又音本於徐讀矣詳彼箋

盜徒到反盜從次次似延反口液也他皆放此俗作盜者全非○箋曰說文次部盜厶利物也從次皿次欲也欲皿為盜鉉音徒到切此云俗作盜者全非者陸依許書篆文正之也按次之義為慕口欲液也從欠水鉉音敘連切敘連即似延為用字異有所慕欲而口生液故此即以口液作釋也次之義則為不前不精次皿與盜義不同陸故辨之於此所以示童蒙知俗書之不可用也

竊者劓與周禮注不同○箋曰周禮司刑注云竊易君命革輿服制度姦軌盜攘傷人者其刑劓孫氏正義云御覽刑法部引鄭大傳注云攘竊也孝經釋文引鄭注云穿窬盜竊者劓說與此畧異故陸此謂不同也

劫居業反

賊傷人者墨與周禮不同○攷證云舊空一字未刻今案無脫文校語錄云盧本亦闕一字下作與周禮不同別本作義與周禮卷下同箋曰履芬本在空處以朱填義卷二字又○

去其字於書眉云凡○去者均原係墨釘履芬記江校亦云空缺處抄本正如此按周禮司刑注云非事而事之出入不以道義而誦不詳之辭者其刑墨孫氏正義云御覽引大傳詳作祥又引鄭彼注云非事而事之令所不當為也孝經釋文引鄭注云劫賊傷人者墨與此說異依是則盧校是也下為不缺筆之誤今依正

男女不與禮交 本或無交字者非

者宮割 周禮無割○攷證云古與以通用尚書大傳作以又割下增一字字云字字舊脫今補箋曰履芬本以朱於周禮下增本字無割下增字見上宮割注內七字並○去其字說同上按周禮司刑注引書傳曰男女不以義交者其刑宮孫氏正義云即所謂淫刑也孝經釋文引鄭注云男女不與禮交者宮割說與此同按禮記曲禮云男女非受幣不交不親注云重別有禮乃相纓固蓋言先須禮幣然後可交親也以彼證此則禮下當有交字故陸直言或本無交字者為非也此割衍文詳上宮割箋注文割下不必有字字詳下壞人箋此作與者以與為以也

壞 音怪 **人踰** ○攷證云此上四字亦今補校語錄云闕處皆依盧本補箋曰通志堂本此處原係墨釘抄本是空白北館本有壞音怪人丨五字按周禮司刑注引書傳曰決關梁踰城郭而略盜者其刑臏孫氏正義云孝經釋文引鄭孝經注云踰垣牆開人關闔者臏與伏說略異比而觀之則此墨

釘空鈌處當是壞音怪人踰五字踰字即北館本之丨處空白與字數正相合詞意亦貫通今依補盧校於上文注割下多字字

此人下少踰字者未細審耳**垣**音袁**牆**本或作廧同疾良反○箋曰說文五牆垣蔽也鉉音才良切才良即疾良左襄

二十六年傳寺人惠廧伊戾釋文廧音牆或作牆九經字樣广部廧音牆左傳成年三廧咎如相承作此廧字書無文則廧為牆

之或字詩小雅常棣兄弟鬩于牆釋文牆本或作廧在良反在良疾良用字異陸俱以此本用正字作牆他本用或體作廧

開人關闔音藥字或作鑰通用○箋曰說文十二闔關下牡也鉉音以灼切段注云關者橫物即今之門櫝闔下牡

者謂以直木上貫關下插地是與關有牝牡之別漢書所謂牡飛牡亡者謂此也古無鎖鑰字葢古祇用木為不用金鐵按慧

琳音義二十六涅槃四十户闔古文鑰字同用余酌反方言關東謂之鍵關西謂之闔余酌即以灼與音藥為直音反語用字

之異則闔為正字鑰為俗字**者刖**與周禮並同微異○攷證作者臏注無同字云二字今補下舊空字未刻

案無脫文箋曰此二字均原係墨釘嚴芬本是空白北館本有朱者刖二字按周禮司刑注引書傳作決關梁踰城郭而略盜

者其刑臏與此義同而詞略異故陸謂此與周禮並同微異也又按注云刖斷足也周改臏作刖孫氏正義云文選西征賦李注

引尚書刑德放云臏者脫去人之臏也說文骨部云髕厀耑也臏即髕之俗鄭意書傳有臏無刖此經有刖無臏孔說是也則

北館本作刖正與周禮經文同今依之

手殺人者大辟 亦與周禮注不同大辟死刑自穿字至此本今無○

箋曰周禮司刑注云降畔寇賊劫略奪攘撟虔者其刑死孫氏正義云書傳云降畔寇賊劫略奪攘撟虔即呂刑之罔不寇賊鴟義姦宄奪攘撟虔也孝經釋文引鄭注云手殺人者大辟說與此異按白虎通義五刑篇云大辟者謂死也則周禮注謂其刑死即此所云大辟也故陸解云大辟死刑按今本經注云五刑謂墨劓剕宮大辟也鄭義云此依魏注也此五刑之名皆尚書呂刑文是魏注以尚書之文釋五刑名據上諸證知鄭注本其祖康成注周禮司刑引書傳之義以釋五刑之用葢鄭生於漢五刑所加諸罪其時各具明文據實為注顯然易曉魏生於隋其時五刑僅存其名故鄭注繁而魏注簡唐本注以簡易繁經義反晦是妄刪也

要 一徭反 **君者無上** **非侮** 亡甫反本今無侮字○攷證肖作甫校語錄云肖乃甫之譌箋曰甫侮同在麌韵若肖則在笑韵是肖或甫形似之譌盧校法說俱是也今依正之按古逸本毛本經文云非聖人者無法非下即無侮字陸此所謂今本正指彼本歟

聖人者 已下十四字本今無○攷證云舊已下空字下空今

下空此所補亦未必確箋曰通志堂僅有已字今三字他皆為墨釘履芬本亦空白如以下文人行者三字計之作已下三字本今無其數與缺處始合又為今古逸本毛本所無者但此補連注文為十四字故盧謂未必確也

非人行者一本作非孝行行音下孟反○攷證云上當有非字箋曰通志堂本人上為墨釘履芬本是空白按古逸本毛本俱云非孝者無親邢疏云孝者百行之本事親為先今乃非之是無心愛其親也彼此相勘知彼經文正與陸所云一本同孝下刪行字此人行上之墨釘當為非字非人行者葢謂逆倫亂禮不孝於親是非毀人事也盧校是矣今依補之

廣要道章

莫善於弟本亦作悌同大計反○校勘記云鄭注本作弟此正義本則作悌箋曰古逸本毛本俱與正義本同蜀本大小字互易經云教民禮順莫善於悌注云言教人禮順無加於悌也大計即讀孝弟之弟為悌之音悌者弟之後出專字也則鄭注本用初文其他本用後出字禮記王制釋文孝弟大計反本又作悌曾子問同陸俱以後出字釋初文也互詳彼箋

人行之下孟反**次也　樂感人情者也惡**烏路反**鄭聲之亂樂也**

上好呼報反禮則民易以豉反使也則子說音悅注及下皆同盡津忍反禮以事自人行至事此本今無○箋曰按今本經云教民禮順莫善於悌移風易俗莫善於樂安上治民莫善於禮注云禮所以正君臣父子之別明男女長幼之序故可以安上化下也正義云云禮所以正君臣父子之別明男女長幼之序者此依魏注也云故可以安上化下也者釋安上治民也依邢說則唐本注用魏說又加自注以釋之而此人行之次也解莫善於悌樂感人情者也二句解莫善於樂上好禮則民易使也解莫善於禮與今本注全異是被刪之鄭注也又按今本經云故敬其父則子悅釋文則子說云音悅注及下皆同實已明其為經文此概謂本今無可見校者誤為注文矣此字本經文釋文出事此此當行文耳此之謂要因妙反下同道也

廣至德章

而日人實反語之魚據反○攷證云明皇注本依鄭文選讓中書令表注又竟陵王行狀注俱引言教不必門到戶至日見而日語之但行孝於內其化自流於外箋曰此盧引攷證陸氏音義中之鄭注見於他書者阮氏所謂皆可寶貴

之意也**但**音誕皆放此讀爲檀非○箋曰履芬本以藍丨讀爲檀非四字旁書眉云非陸氏語按廣韵旱韵但語詞又徒也段注說文但下云引伸爲徒也今人但謂爲語辭鉉音徒旱切徒旱即音誕爲直音反語用字之異改正義本注云但行孝於內其化自流於外也正義曰此依鄭注也即以音誕爲本讀讀爲檀由上轉平音義俱乖故陸云非又按上聖治章聖下云從王非五刑章盜下云俗作盜者全非此云讀爲檀非正同何謂非陸氏語

天子父事三老三老三公致仕○父改證補云舊脫今補校語錄云天子下盧補父字致仕下疑脫者字箋曰毛本注云則天下之爲人子弟者無不敬其父兄也正義云案舊注用應劭漢官儀云天子無父父事三老兄事五更乃以事父事兄爲教孝悌之禮按邢證注說是也觀下文天子兄事五更與應說合則此天子下漏父字盧補是今從之

天子兄事五更音庚三老五更謂老人知三德五事者自天子至事者本今無○改證弟作事云舊譌弟今改正校語錄云弟盧改事箋曰臧校弟亦作事北館本同此與天子父事三老對文是舊作兄弟或傳鈔之譌盧改是也今依正之按此言本今無者蓋唐本注用應說改鄭注也

詩云此大雅生民之什泂酌之篇語○箋曰泂通志堂本作洞按詩泂酌釋文泂音迥遠也則非洞字甚明此當形

近傳寫之誤今依正之

愷 本又作豈同苦在反樂也○箋曰說文十愷樂也鉉音苦亥切又五豈還師振旅樂也段注引周禮大司樂曰王師大獻則令奏愷樂注云愷樂獻功之樂按經傳豈皆作愷然則豈為本字之引伸愷因義變而加心旁為後出字左僖十二年傳引詩曰愷悌君子杜注詩大雅愷樂也釋文愷本亦作凱開在反詩小雅蓼蕭孔燕豈弟毛傳豈樂也釋文豈開在反本亦作愷苦在苦亥開在俱為用字異故陸以此本作愷與左傳同他本作豈與毛詩同

悌 本又作弟同徒禮反一音待亦反○校語錄云悌字無讀待亦者亦字殆誤箋曰左僖十二年傳釋文悌音弟本亦作弟禮記孔子閒居釋文弟本又作悌徒禮反注同徒禮即音弟為直音反語用字異陸以此本作悌與左傳同他本作弟與禮記同按亦在昔與悌不同韻故法謂為誤恐當為帝待帝蓋讀孝悌之悌三才章釋文孝弟大計反本亦作悌大計即與待帝讀同互詳彼二箋

君子

廣揚名章

兄弟 大計反本作悌下注皆同○箋曰古逸本毛本弟俱作悌經云事兄悌故順可移於長大計為悌之本讀悌蓋孝弟

字之後出專字此謂事兄能悌者故順可移其行以事於長者也三才章釋文孝弟大計反本亦作悌則鄭注本俱作弟他本皆作悌也互詳彼箋**故順可移於長**丁文反注皆同**居家理故治**直吏反注同讀居家理故治絕句○校勘記云正義曰先儒以爲居家理下闕一故字御注加之案釋文注云讀居家理故治與上異讀似陸氏所據本亦無故字後人依石臺本增入非也箋曰按經云君子之事親孝故忠可移於君事兄悌故順可移於長居家理故治可移於官注云君子所居則化故可移於官也正義曰此依鄭注也則正義本以故字屬下可移於官讀與陸所謂故治絕句屬上居家理讀自異益陸意以前二句對文孝故忠悌故順皆不絕句此句單文有別乃直言曰讀居家理故治絕句所以示童蒙始學者能識此與上異讀也則是陸所見本已有故字古逸本毛本並同石臺本益治用之御注益依鄭注實非後人增入也阮說未審**是以行成於内**下孟反

諫諍章

若夫音符**慈愛恭敬　敢問子從父之令**力政反下及注皆同**是何言歟**

音餘，下同。本今作與。○校勘記云：鄭注本作歟，用正字，此正義本作與，則用假借字。箋曰：正義曰：夫子以曾參所問於理乖僻，陳諫爭之義，因乃請而荅之曰：汝之所問，是何言與？案與為句末助語。說文八歟，安氣也。鉉音以諸切。段注云：今用為語末之辭，亦取安舒之意，通作與。論語與與如也。以諸即音餘，為直音、反語用字之異。左傳二十三年傳云：夫有大功而無貴仕，其人能請者與有幾？釋文：其人能請者與，音餘，絕句。即以與為歟也。則鄭注本用正字，其他本用借字，阮說是矣。

孔子欲見賢遍反

諫諍　諍，鬭也。此字從丮，音飢逆反，兩丮相對，鬥也，象門之形，而非門，若從門者非，他皆放此。二鬥士對戟曰鬭。○攷證云：釋文於諸經鬭但從門，而此獨加辨正，則鬭字自不當仍從門，今改正，下鬥字亦同，丮字亦依說文作丮。箋曰：北館本同。朱改鬭作鬭。履芬本以藍批書眉云：全不似釋文，輒刪可手。並記澗蘋。又朱書：此類全非陸語，亦記江臨。則二人俱以此釋文非陸書之舊。按說文三鬭，遇也。鉉音都豆切。段注云：凡云鬭接者，是遇之理也。古凡鬭接用鬭字，鬭爭用鬥字，俗皆用鬭為爭競而鬥廢矣。說文又云：鬥，兩士相對，兵杖在後，象鬥之形。鉉音同鬭。丮，持也，象手有所丮據也。鉉音几劇切。几劇即飢逆。鬥象兩手丮據爭持之形，則陸說本之。借鬭遇為鬥爭之義耳。鬥與門字形相似，俗多譌寫為門，故陸於此辨正云從門者非葢以明字體之所屬何謂非陸所言也如五刑章盜字下云盜從次次似延反口液也他皆放此俗作盜者全非即為陸語正與此意相合凡謂此類非陸語或不似釋文者俱未審本經音義在教始學者與他經音義體系固有殊也

之端　自孔子至此字本今無○箋曰此解經昔者天子有爭臣七人按今本經注云降殺以兩尊卑之差爭謂諫也則連下經文諸侯有爭臣五人大夫有爭臣三人作解正義引左傳云自上以下降殺以兩禮也則是唐本注用左氏義刪改鄭注也

不失天下　本或作不失其天下其衍字耳○箋曰此經文天子諸侯大夫並列不失天下後為不失其國不失其家二句對文故此首一句必當曰不失天下無其字是古逸本即與鄭注本同毛本有其字與或本同故陸以為衍文

左輔右弼　皮密反本又作拂音同○箋曰詩周頌敬之佛時仔肩釋文佛鄭音弼輔也按說文十二弼輔也㢸或如此鉉音房密切段注云弗者矯也故從弗弗亦聲房密皮密音弼俱為用字之異然則作拂作佛者皆與㢸取義同為弼之假借也

前疑後丞　本亦作承○攷證云承舊仍作丞譌今改正此段亦本今無按後漢書劉瑜傳注引七人謂三公及左輔右弼前疑後丞校語錄云注內丞字非異文殆誤盧改承箋曰盧改法說俱是也說文三丞翊也段注云翊當作翼翼猶輔也

哀十八年左傳曰使帥師而行請承杜曰承佐也承者丞之假借百官公卿表丞相應劭曰丞者承也然則丞承皆有輔佐之義其音亦同陸以他本作承則與左傳用字相合盧引劉瑜傳注所引以證此爲孝經古義也

使不危殆大改反下同自左輔字至此本今無○箋曰正義引劉炫云案下文云子不可以不爭於父臣不可以不爭於君則爲子爲臣皆當諫爭豈獨大臣當爭小臣不爭乎豈獨長子當爭其父衆子不爭者乎若父有十子皆得諫爭王有百辟惟許七人是天子之佐乃少於匹夫也據此而言則左右前後四輔之謂也疑丞輔弼當指於諸臣非是別立官也謹案周禮不列疑丞周官歷敘羣司顧命總名卿士左傳云龍師鳥紀曲禮云五官六大無言疑丞輔弼專掌諫爭者若使爵視於卿祿比次國周禮何以不載經傳何以爲文且伏生大傳以四輔解爲四鄰孔注尚書以四鄰爲前後左右之臣而不爲疑丞輔弼安得又采其說也劉炫之讜義雖合通途何者傳載忠言比於藥石逆耳苦口隨要而施之若指不備之員以匡無道之主欲求不失其可得乎先儒所論今不取也按依邢說補疏可知唐本此注删改鄭說蓋以疑丞輔弼非是別立官專掌諫爭者故據左氏自上以下降殺以兩禮也之義爲釋

則身不離力智反於令名○攷證引孔云身下脫不字校語錄云盧校云身下

脫不字箋曰阮氏義疏云則身不離於令名經文石臺開成石經唐注皆有不字是也獨此釋文無不字偶脫耳其力智反亦可訓為分離也此經文前曰不失其天下不失其國不失其家後有不陷於不義則此中一句必當曰不離於令名方合按阮說與孔同是也諸侯章富貴不離其身注云言富貴常在其身釋文離力智反即力智之音訓分離之義詳彼箋白虎通諫諍篇引孝經正有不字今依補之

陷　陷沒也陷從爪下非下同○攷證云舊譌不同今改正上一下字似可省校語錄云陷注有脫誤臽謂與從爪下臼之臽不同也盧校改不作下又云上一下字似可省箋曰說文十四陷高下也從𨸏臽臽聲段注云自高入於下曰陷易曰坎陷也謂陽陷陰中也凡深沒其中曰陷陸此以沒釋陷謂父失有子諫之則免沒於不義也按說文臼部云臽小阱也從人在臼上臽抒臼也從爪臼故法謂臽與從爪下臼之臽不同也依是則上一下字必不可省矣下同通志堂本正作不同盧以為譌校改是也蜀本即作下同今依正之

於不義

又焉　於虔反注同

得為

孝乎

感應章　本今作應感章○校勘記云石臺本唐石經岳本作應感正義前後並同今本作感應依鄭注本改非正義本

也箋曰正義云孝悌之事通於神明皆是應感之事也前章論諫爭之事言人王若從諫爭之善必能修身慎行致應感之福故以名章則陸所言本今作者與邢疏所據本同古逸本正作應感章 **盡**津忍反下同 **孝於父視其**

常旨反 **分**符問反 **理也**此已上字本今無○箋曰今本經云昔者明王事父孝故事天明事母孝故事地察注云王者父事天母事地言能敬事宗廟則事天地能明察也正義云王者父事天母事地者此依王注義也按白虎通云王者父天母地此言事者謂移事父母之孝以事天地也依邢疏可知唐本注用王肅說合解事父事母孝之義又加己說以明之故刪此單解事父孝之鄭注也 **長**丁丈反注同 **幼順故上下治**直吏反注同

神明章如字本又作彰○攷證云注疏本作彰校勘記云鄭注本作章矣此正義本則作彰矣箋曰經云天地明察神明彰矣注云事天地能明察則神感至誠而降福佑故曰彰也正義云誠和也言事天地若能明察則神祇感其至和而降福應以佑助之是神明之功章見也按邢疏鄭義是也尚書皋陶謨彰厥有常某氏傳呂覧義賞篇則忠信親愛之道彰高注並云彰明也段注說文彰下云通作章按樂意為一章與彰明義別而音同則章為彰之假借鄭注本用借字正義本用本字陸

從鄭注故以作彰為他本矣事生者易以豉反故重直用反又直龍反○箋曰說文八重厚也鈜音柱用切柱用即直用則此首音為本讀直龍葢讀重複重疊之重禮記禮器天子之席五重釋文五重直龍反此葢厚義之引伸也其音平去相承故陸云又攷工記輈人重讀直用反又直龍反與此正同其文也自事生字至此本今無○箋曰此解脩脩身慎行恐辱先也按今本注云天子雖無上於天下猶脩持其身謹慎其行恐辱先祖而毀盛業也正義云天子雖無上於天下者此依王注也按禮記祭義云父母既沒慎行不辱先也則是唐本注用王肅義與祭義之說而刪此鄭注也孝悌大計反之至則重直龍反譯音亦來貢公弄反自則字至此本今無○箋曰此解孝悌之至按今本注云能敬宗廟順長幼以極孝悌之心與此鄭注全異是唐本注以自注刪改之也詩云此大雅文王之什文王有聲之文莫不被皮寄反一本作章移反本今作莫不服○攷證云疏引鄭云義取德教流行莫不被義從化也校勘記云莫不敬義從化也石臺本閩本監本毛本敬作服正義云此依鄭注也案鄭注本則作被自石臺本改為服諸本仍之校語錄云一本作章移反則是祇字音矣此語亦疑是校語箋曰皮寄為被之本讀尚書堯典光被四

表釋文被皮寄反徐扶義反可證章移蓋讀作祇法說是也詩長發上帝是祇鄭箋云祇敬也言莫不敬義從化也阮刻注疏本即作敬被與敬音義俱別故云一本一本者或本也言或本有作祇者祇蓋被形之誤而古逸本毛本經注皆作莫不服服被義同正陸所指本今作也

事君章

上陳諫諍爭鬭之爭○校語錄云正文作諍注不得作爭疑正文本不從言箋曰說文言部諍止也段注云經傳通作爭按諫諍章釋文諫諍諍鬭也此釋義正同陸所以如是著之者明此不讀諍之本義而讀其通借之義即大戴記曾子事父母篇所謂孝子之諫達善而不敢爭辨禮記內則所謂父母有過下氣怡色柔聲以諫俱言以善言達於親也

之義舉欲見賢遍反已上字本今無○箋曰今本經云君子之事上也注云上謂君也然則鄭注上謂凡在己上者故以卑對舉明皇注上則惟指君故云上謂君是以己意釋經而刪改鄭注也

進思盡津忍反**忠**

死君之難乃旦反自死字至此本今無○攷證云文選三良詩注引鄭注死君之難為盡忠箋曰阮氏義疏云臧氏

引正義曰舊注韋昭云退居私室則思補其身過今云君有過則思補益出制旨也案正義所據舊注皆鄭注也此兼引韋昭者蓋韋與鄭同聖治章進退可度注云難進而盡忠易退而補過可見鄭注為人臣補身過也案此處引證李善用鄭注與陸書所記相同然未若阮引臧說申注舊義為精析也又按今本注云進見於君則思盡忠節正義云此依韋注也忠者善事君之名也節操也言臣常思盡其節操能致身授命也按左傳晉荀林父為楚所敗歸請死於晉侯晉侯許之士渥濁諫曰林父之事君也進思盡忠退思補過晉侯赦之使復其位是其義也文意正與此同故注依此傳文而釋之此理為勝故易舊也據是知唐本注用韋說而刪改鄭注取其文理易解耳

退思補過古禍反

詩云此小雅魚藻之什隰桑篇語

中本亦作忠心藏之○箋曰注云愛君之志恒藏心中無日蹔忘也阮氏義疏云釋文云本亦作忠此正義本則作中福案詩經亦作中今當作中曾子大孝篇云忠者中此者也是中與忠同無疑按阮說是也尚書仲虺之誥釋文建中如字本或作忠陸以此本作中與詩經同他本作忠與尚書或本同

喪親章

孝子之喪 如字，又息浪反。○箋曰：如字讀喪亡之喪。說文鉉音可證。息浪蓋讀喪失之喪。易坤釋文喪朋息浪反，馬云失也，是其比。此因詞有名動之別，故音分平去也。論語先進喪如字，亡也。舊息浪反，正與此同。

親也　死事未見 賢遍反。○攷證云：見，明皇注疏云此依鄭注。案此下云故發此章，明皇注作此事，非。箋曰：盧說是也。毛本作此事，古逸本正作此章。

哭 苦谷反。○箋曰：履芬本以朱、谷旁於書眉批云卜，蜀本同。按苦谷為哭之本讀，蜀本作卜谷，卜俱在廣韻一屋，實無分別。

不偯 於豈反，俗作哀，非。說文作㥨，云痛聲也，音同。○攷證云：舊㥨譌怒，今依本書正。箋曰：怒，惠校作㥨，王校當作㥨。北館本注于旁。按本經注云：氣竭而息，聲不委曲。阮氏義疏云：案偯、㥨二字，雖是加口於衣字中、加心於依字下，其義一也，皆從依生義也。依者，尚書虞書「聲依永，律和聲」，詩商頌那「依我磬聲」，其訓皆言依循樂聲以和樂律，有抑揚委曲之義。說文云：㥨，痛聲也，從心依聲。孝經曰哭不偯。此㥨字之義與偯字同，說文所引孝經，當是衛宏傳許慎之真古文孝經。按阮申注說是也。禮記雜記：曾申問於曾子曰：哭父母有常聲乎？曰：中路嬰兒失其母焉，何常聲之有。鄭注云：言其若小兒亡母號啼，安得常聲乎。所謂哭不偯。釋文於豈反，說文作㥨。以彼證此，可知孝子之哭親，悲痛急切之時，自如嬰兒亡母之哭正與此注不作委曲之聲同且可見曾子荅曾申者即本此哭不偯之義實受之於孔子也互詳彼箋惠盧王俱校怒作悠今依正之陸所以引說文爲證者明經傳之悠通作偯也作哀則爲偯失人旁之譌陸故直言爲非也**言不文**文飾也本或作聞非○箋曰本經云言不文注云不爲文飾也正義云言不文則是謂臣下也雖則有言志在哀感不爲文飾也按說文十二聞知聲也此言臣下三年之喪言不文飾非不知聲二義迴別故不能以同音而借用故陸以或本作文爲非也

不爲趨七須反字從芻楚俱反疾步也**翔**行而張拱曰翔室中不翔行而張足曰趨堂上不趨**唯**維癸反又以水反○箋曰左昭四年傳釋文唯維癸反徐以水反禮記喪服四制唯而維作余詩儆笱又以作沈養維余養以俱在喻紐爲用字異則此又音本於徐沈讀亦同也互詳彼箋**而不對也**

去羌呂反**文繡衣**於既反

衰七雷反字或作縗同並義俗作衰色追反非也○校語錄云並疑音之誤箋曰左襄二十三年傳釋文縗七雷反本又作衰喪服記衰長六寸博四寸斬衰釋文七回反字又作縗按說文十三縗喪服衣長六寸博四寸直心銓音倉回切鍛注云縗經典多假借衰爲之倉回七回七雷俱爲用字之異則此正文之衰借字也色追蓋讀衰微之衰詩齊風東方之日小序云刺

哀也釋文刺哀色追反言此詩之作以諷刺當時政事之哀則與喪服之哀義别故陸謂爲非也並義爲音義之譌法説是當從之**服也**自趣字至此本今無○攷證云服字本從舟舊作般則譌矣今改正校語録云般盧改服箋曰釋文云去文繡衣哀服也按説文服字從舟則般爲服之形誤通志堂本作般也今依盧校正之又按此解言不文服美不安今本注則云言不文不爲文飾服美不安不安美飾故服縗麻可見唐本注分釋二句與此注不同此爲鄭注之存在於陸氏音義中者

聞樂如字**不樂**音洛**故不樂也**音洛**不嘗**如字**鹹**音咸**酸**素丸反禮三年之喪食無鹽豉**而食粥**之六反又音育謂朝一溢米暮一溢米自不嘗至此本今無○箋曰禮記月令釋文糜粥之六反字林羊六反問喪糜粥之六反字林與六反云淖糜也羊六與六即音育一爲直音一爲反語按爾雅釋言鬻糜也郭注淖糜釋文作鬻云之六反字林亦作粥云淖糜也又與六反説文三鬻鍵也鉉音之六切段注云鬻作粥者俗字也是此首音爲本讀又音爲别讀然其義無殊也陸以本經用俗字與禮記同又按儀禮喪服傳曰歠粥朝一溢米夕一溢米注云二十兩曰溢爲米一升二十四分升之一段注説文溢下引此注云云按謂二十兩溢者謂滿於一斤十六兩之外也後人因製鎰字此陸引之爲

釋者明孝子喪服哀慼疏食也釋文歠粥之六反劉音育則此又音本於劉與呂忱用字異而讀同矣又按今本經云食旨不甘注云旨美也不甘美味故蔬食水飲正義云旨美經傳常訓也嚴植之云美食人之所甘孝子不以為甘故問喪云口不甘味是不甘美味也閒傳曰父母之喪既殯食粥既虞卒哭蔬食水飲不食菜果是蔬食水飲也韋昭引曲禮云有疾則飲酒食肉是為食旨故宜不甘也依邢疏則唐本注用韋昭說約禮記文為釋而删改此鄭注之義也

此哀慼七歷反

之情

毀瘠情昔反○攷證云情昔二字舊未刻今補校語錄云闕處依盧本補箋曰履芬本情下以朱填疾盈反三字又○去於書眉云○去三字原係墨釘按禮記曲禮釋文瘠在昔反瘦也左襄十二年注瘠瘦也釋文在亦反在昔在亦情昔俱為用字異情常見字釋文無音則盧補是也故法從之今依盧本通志堂本有情字昔反二字為墨釘

羸力為反

瘦色救反一本作病又或作憊皮拜反自瘠字至此本今無○攷證云舊作瘦譌今改正文選宋孝武貴妃誄注引此下有孝子有之校語錄云盧改瘦箋曰說文疒部瘦臞也鉉音所又切心部憊憋也鉉音蒲拜切段注云通俗文疲極曰憊今周易公羊傳皆作憊所又即色救蒲拜即皮拜作病似為瘦字之殘也　又按今本注云哀毀過情正義云哀毀過情者

是毁瘠過度也依邢疏説未明毁瘠何義若此言羸瘦則知鄭注即申毁瘠之義較諸唐本注爲精密矣似此片言隻字阮福所謂極可寶貴者是也 **喪不**蘇郎反**過三年示**神志反**民** **不肖者企**丘豉反**而及之賢者俯**音甫**而就之** **再期**本又作朞音同自而就之至此本今無○攷證云案禮記喪服小記再期之喪三年也鄭注當引此文箋曰説文七其復其時鉉音居之切按禮記檀弓釋文毋期居疑反本又作朞居疑即居之則讀稘年之稘經傳假期爲稘朞蓋期之俗故云音同盧謂鄭注引喪服小記者明再期之義也又案今本注云使不肖企及賢者俯從正義云案喪服四制曰此喪之所以三年賢者不得過不肖者不得不及檀弓曰先王制禮也過之者俯而就之不至焉者跂而及之也注引彼二文欲舉中爲節也觀此則知唐本注用禮記之文删改鄭注而就之再期五字也

爲之棺音官**椁**音郭**衣衾**其蔭反注同舊如字○箋曰説文八衾大被鉉音去音切審本經注云衾被也與許義同則此舊音如字爲本讀其蔭蓋讀衿帶之衿禮記内則衿音注云衿猶結也釋文衿本又作紟其鴆反結也漢書揚雄傳注應劭曰衿音衿糸之衿衿帶也師古曰其禁反其鴆其禁俱與其蔭爲用字之異是其比矣 **而舉之** **衾**

謂單音丹一本作殮力贍反○箋曰正義云衾謂單被覆尸薦尸所用喪大記云布紟二衾君大夫士一也鄭玄云二衾者或覆之或薦之是舉屍所用也音丹即單之本讀此謂衾爲單被所以爲覆尸薦尸之用也力贍則爲殯殮字之音禮記檀弓下小斂於户內大斂於阼釋文斂力驗反禮家凡小斂大斂之字皆同斂謂以衣斂死者也殮蓋斂之後出分别文力驗即力贍贍原誤贍依盧本改

可以亢苦浪反舉也

尸而起也自謂單字至此本今無○箋曰今本注云舉也衣謂斂衣衾被也舉謂舉屍內於棺也正義云此依孔傳也可知唐本注以孔傳之説釋經衣衾而舉之删鄭注可以亢尸而起也之文

陳其簠音甫

簋音軌簠簋俱祭器名

擗婢亦反字亦作躃

踊音勇○箋曰爾雅釋訓辟擗心也郭注謂椎胸也釋文辟婢亦反字宜作擗詩云寤擗有摽今詩邶風柏舟作辟彼釋文云辟本又作擘避亦反拊心也避亦即婢亦爲用字異按禮記問喪辟踊哭泣鄭注云辟拊心也與柏舟傳同釋文辟踊婢尺反徐扶亦反婢尺扶亦俱同婢亦然則本經鄭注用記文也互詳彼箋此陸言字亦作躃者蓋涉下文踴字足旁而然也

哭泣起及反

啼號户高反

竭情也自啼字至此本今無○箋曰本經云擗踊哭泣注云男踊女擗可見唐本注釋踊擗者之人與

此鄭注釋哭泣之義迴然有別互文自曉實為妄刪

卜其宅兆兆封也字書皆作垗廣雅云垗葬地○江校云廣韻乃宋時書大約論語孝經音義經宋人改竄處極多又云餘姚邵堦云當作廣雅江臨云字書皆作垗五字已非陸語箋曰履芬本以朱批書眉云段說非也韵當作雅釋言兆下所引是其證並記千里按本經云卜其宅兆注云兆塋域也正義云此依孔傳也案周禮冢人掌公墓之地辨其兆域則兆是塋域也邢疏申注義是也爾雅釋言兆域也郭注謂塋界釋文兆廣雅云葬地也本又作垗垗音同按廣雅釋邱宅垗塋域葬地也疏證引本經云云兆與垗同士喪禮主人兆南北面注云兆域也是兆為營域之稱然則江引邵堦及千里俱謂韵當作雅是矣盧本即作雅今依正之

而安厝之七故反字亦作措○箋曰說文十二措置也段注云置者赦也立之為置捨之亦為置措之義亦如是賈誼傳假厝為之按段說是也厝者厝石也許書厝錯義別徐鉉措音倉故厝音七互俱與七故為用字異經典同音假借也漢書賈誼傳抱火厝之積薪之下師古曰厝置也段氏所謂假厝為措也云字亦作措者陸明厝在許書作措也與賈誼傳用字同莊子逍遙遊釋文厝七故反本又作措是其比矣

為之宗廟字亦作庿○箋曰說文九廟尊先祖貌也庿古文段注云尊其先祖而以是儀

貌之故曰宗廟按段說是也庿字見儀禮凡十七篇經文皆作庿注文皆作廟則廟為今文也以鬼享之許丈反又作饗之〇箋曰易升釋文用亨馬鄭陸王肅許兩反馬云祭也鄭云獻也禮記曲禮饗本又作享香兩反聘義享食許兩反本又作饗許兩香兩許丈俱為用字之異無遺纖息廉反正皆放此也尋繹音亦天經地義究音救竟人情也行下孟反畢孝成自無遺字至此本今無〇校語錄云纖當作韱若如今本不得為正箋曰說文韭部韱山韭也糸部纖細也徐鉉並音息廉切依此文義但當作纖則陸云正者實謂即許書之字也法說殊失審矣又案無遺纖也解為之宗廟以鬼享之今本注云立廟祔祖之後則以鬼禮享之尋繹至孝成解生事愛敬死事哀戚今本注云愛敬哀戚孝行之始終也正義曰立廟者即禮記祭法祔祖謂以亡者之神祔之于祖也依邢說則唐本注用禮記再加己說而刪改鄭注之文也

孝經今文音義

序音舊本有此音非陸氏所撰今存之

三復 上蘇暫切○箋曰本經序云朕嘗三復斯言正義云復猶
覆也言每讀經至此科三度反覆重讀按論語先進南容
三復白圭釋文三復息
暫反息暫蘇暫用字異

泯 彌忍切○箋曰左宣十二年傳注泯猶滅也釋文彌忍反徐
亡軫反滅也則此音正與陸氏首音同按經序云況泯絕於
秦正義云泯滅
也亦依杜注

煨燼 上烏恢切下徐忍切○箋曰說文十煨盆中火鉉音烏灰
切左成二年傳注燼火餘釋文似忍反似忍即徐刃按經
序云得之者皆煨燼之末正義云言遭秦焚坑之後典籍
滅絕雖僅有存者皆火餘之微末耳若顏貞孝經是也然
則二字皆
其本讀矣

糟粕 下匹各切○箋曰莊子天道篇釋文糟音遭李云酒滓也
魄普各反司馬云爛食曰魄一云糟爛為魄本又作粕音
同許慎云粕已漉麤糟也普各匹各用字異按經序云傳
之者皆糠粕之餘糠蓋糟之形誤正義云言從始皇焚燒
之後顏貞出其父芝所藏凡一十八章以相傳授比
其微言醇粹既喪但餘此糟粕耳邪說申序義是也

踳駮上尺尹切下北角切○箋曰經序云近觀孝經舊注踳駮尤甚正義云踳乖也駮錯也今言觀此二注乖錯過甚按邢說是也莊子天下篇其道舛駮釋文舛川兗反徐尺允反駮邦角反則此踳音即取徐讀駮音與陸用字異

殆音待**騁**丑郢切○箋曰說文十騁直馳也鉉音丑郢切按本經序云攀逸駕者必騁殊軌轍則此即用鉉音其義亦本許說

軌轍上音晷下直列切○箋曰兩轍之間曰軌車輪所轢曰轍按說文十四軌車徹也鉉音居洧切居洧音晷為直音反語用字之異段注云車徹者謂輿之下兩輪之間空中可通故曰車徹是謂之車軌邢疏所謂兩轍之間也說文新附六轍車迹也鉉音直列切此同鉉音故邢謂車輪所轢曰轍按經典多作徹徹者通也謂車軌四達皆通也轍蓋徹之後出專字也

琬琰上音宛下以冉切○箋曰周禮攷工記玉人職云琬圭九寸琰圭九寸判規注云琬猶圜也凡圭琰上寸半琰圭琰半以上又半為瑑飾釋文琬圭於阮反琰圭餘冉反於阮即音宛餘冉即以冉俱為用字之異按本經序云寫之琬

琫庶有補於將來正義引玉人經及注云云今言以此所註孝經寫之琬圭琰圭之上若簡策之爲庶幾有所裨補於將來學者或曰謂刋石也而言寫之琬琰者取其美名耳然則此謂琬琰正用攷工記之二圭也

右四行並蜀本增

右依士禮居翻雕香嚴書屋所藏汲古閣影宋鈔本校正其書與所翻蜀大字本孟子音義式樣相同故謂爲蜀本與此本大有不同其無者刪之有者增之庶猶見宋本大畧也咸豐戊午仲春潘錫爵識

經典釋文集説附箋卷第二十三終

經典釋文集說附箋卷第二十四

成都趙少咸

論語音義

唐國子博士兼太子中允贈齊州刺史吳縣開國男陸德明撰

論語序此是何晏上集解之序今亦隨本音之

中壘力軌反　校尉戶教反　劉向舒尚反　太子大傅並音泰○注疏本作太子太傅校勘記云唐石經太作大案釋文出大子大傅云並音泰則字當作太箋曰禮記文王世子釋文大胥如字又音泰此音即彼又音讀大爲太經典字多如此故大學舊音泰是也太蓋大之後出字則釋文不誤　夏戶雅反　侯勝音升或升證反○箋曰音升爲勝之本讀升證則讀去聲蓋方俗語之轉故云或或者又也言又有作此音也　丞相息亮反　傳之直專反下同　頗多破可反　琅音郎本或作瑯○校勘記云皇侃義疏本作瑯瑯釋文出琅字云云案

瑯琊乃琅邪之俗字箋曰漢書地理志琅邪郡琅邪越王句踐嘗治此起館臺是則本作琅邪俗以琅涉下邪偏旁從邑而作瑯故陸以此本用琅或本用瑯爾雅釋地釋文瑯音郎又作琅同則與此互易矣

邪 以嗟反又也差反〇校語錄云也差反未詳疑當作似差反又也嗟反見禮記緇衣箋曰以嗟讀同廣韻麻韻以遮切之音為琅邪郡名之本讀也差益讀語助之邪莊子逍遙遊釋文色邪也差反助句不定之辭因非此義故云又音又音即或音言或有作此音也法言未詳疑似差之誤殊未審耳①

膠東 音交琅邪膠東皆郡名

壞得 音恠〇攷證云恠俗體正字當作怪箋曰禮記檀弓釋文壞音怪爾雅釋詁壞音同說文云敗也彼作音皆用怪干祿字書去聲恠怪上俗下正則盧說是也

大守 音泰下大常同守音手又反

為之註 本又作注之戍反又張注反〇箋曰序云鄭玄就魯論篇章攷之齊古為之註正義云言鄭玄亦為論語之註也註與注音義同按說文十一注灌也鉉音之戍切段注云引伸為傳注注之云者引之有所適也故釋經以明其義曰注古惟註記字從言如左傳敍諸所記註與注釋字別然則此是注釋之義注為其本字矣攷春秋序釋文記注張住反字或作註張住即張注為註之本音可知六朝注註假用彼本記註字假注為之此本注釋字假註為之陸氏

沿舊不改故於春秋序以此本用注他本用註於論語序又以此本用註他本用注互文相較自見正邢疏所謂註與注音義同也

頗爲于僞反

名曰論語論如字綸也輪也理也次也撰也荅述曰語撰次孔子荅弟子及時人之語也鄭玄云仲弓子游子夏等撰

集解佳買反何晏集孔安國馬融包氏周氏鄭玄陳羣王肅周生烈義並下己意故謂之集解

學而第一以學爲首者明人必須學也

集解一本作何晏集解

凡十六章

亦說音悅注同 通稱尺證反 說懌音亦 有朋蒲弘反有或作友非○攷證云有朋自遠方來與呂氏春秋貴直論有人自南方來句法極相似陸氏謂作友非語是校勘記云釋文出有朋云有或作友非案白虎通辟雍篇引朋友自遠方來又鄭氏康成注此云同門曰朋同志曰友是舊本皆作友字箋曰包注云同門曰朋正義云鄭玄注大司徒云同師曰朋同志曰友然則同門者同在師門以授學者也朋即羣黨之謂故子夏曰吾離羣而索居鄭玄云羣謂同

門朋友也此言有朋自遠方來者即學記云三年視敬業樂羣也同志謂同其心意所趣鄉也朋疏而友親朋來既樂友即可

知故略不言也按邢申包義是也包此僅釋朋未釋友足證經文作有朋言朋則友自寓其中所謂朋疏而友親者也言雖略

而義則深矣故陸直云或作友非盧氏從之阮氏謂康成此注朋友皆釋益以同類連言之耳　亦樂音洛譙周云悅

深而樂淺一云自內曰悅自外曰樂　不慍紆問反怒也鄭云怨也　孝弟大計反本或作悌下同○攷證

云皇本作悌下並同箋曰孝經三才章釋文孝弟大計反本亦作悌與此同詳彼箋　而好呼報反下及注同　鮮

仙善反少也鄭云寡也下同　本與音餘　欲令力呈反　人說音悅　曾參所金反又七南反

反○攷證云案曾子字子輿當讀為七南反與驂同而今人咸不然孝經音義止有所林反一音非箋曰所今讀作參星之參

說文曑商星也參或省鍇音所今切今用為參兩參差字則曑之隷變故孝經開宗明義章釋文曾子下云曾子名參字子輿

或作參音同義別陸已明言之而曑下音所林反所林即所今為用字異是此首音為本讀七南即讀參兩之參盧所謂與驂

同是也蓋為別讀故云又音又音即或音言或有作驂馬之音也　三息暫反又如字○箋曰經云吾日三省吾身正

義云吾每日三自省察己身則此三字為動詞即讀去聲易晉釋文三接徐息暫反為其比如字蓋讀平聲為數之名屬名詞說文鉉音穌甘切是也故此云又省悉井反視也鄭云思察己之所行也為人于偽反又如字傳不直專反注同鄭玄云魯讀傳為專今從古案鄭校周之本以齊古讀正凡五十事鄭本或無此注者然皇覽引魯讀六事則無者非也後皆放此○校勘記云段玉裁校或下增有字箋曰檢全書鄭讀從古者有公冶長篇之治其賦鄭云軍賦梁武云魯論作傅又崔子魯讀崔為高述而篇之無誨魯讀為悔字又學易魯讀易為亦又正唯魯讀正為誠又蕩蕩魯讀坦蕩為坦湯子罕篇之冕鄭本作弁云魯讀弁為絻鄉黨篇之下如魯讀下為趨又瓜祭魯讀瓜為必又人儺魯讀為獻又賜生魯讀生為牲又車中不內顧魯讀車中內顧先進篇之仍舊魯讀仍為仁又而歸鄭本作饋魯讀饋為歸顏淵篇之以折魯讀折為制衞靈公篇之行小慧魯讀慧為惠季氏篇之躁魯讀躁為傲陽貨篇之歸孔子鄭本作饋魯讀為歸又廉魯讀廉為貶又天何言哉魯讀天為夫又而窒魯讀窒為室微子篇之殆而魯讀期斯已矣今之從政者殆堯曰篇之孔子曰不知命無以為君子也魯論無此句今皆從古凡二十四事與此所言者相差二十六疑五字為三字傳寫刋刻之譌蓋舉其成數而言也道

音導本或作導包云治也注及下同○攷證云皇本作導校勘記云皇本高麗本道作導案釋文出道字云音導本或作導箋曰注馬曰道謂為之政教包曰道治也集解云融依周禮包依王制孟子此陸以包義為釋按說文㚒部道所行道也鉉音徒皓切段注云道者人所行引伸為引道引道之字本作導寸部導引也廣韻徒到切經傳多假道為之故陸以此本用道他本用導爾雅釋詁釋文道徒報反本或作導徒報即讀作導正與此同

千乘繩證反注同千乘大國之賦也

司馬法齊景公時有司馬田穰苴善用兵周禮司馬掌征伐六國時齊威王使大夫追論古者兵法附穰苴於其中凡一百五十篇號曰司馬法

有畸居宜反田之殘也

之封甫用反又如字○箋曰注馬曰唯公侯之封乃能容之按說文十三封爵諸侯之土也鉉音府容切府容即此如字之音甫用則讀去聲此蓋方音之轉故雖聲調異讀而於義則無殊矣

雖大賦絕句一本或云雖大國之賦○攷證云皇邢二本並作雖大國之賦校勘記云釋文出雖大賦云一本或云雖大國之賦箋曰注馬曰雖大國之賦亦不是過焉皇疏云雖魯方七百里而其地賦稅亦不得過出千乘也故明堂位云賜魯革車千乘也依皇說則賦稅雖大以千乘為限正此雖大賦之義故陸用此本

包依王制孟子

王制及孟子皆以百里爲大國

奢侈尺紙反又尺氏反○校語錄云尺氏當作尸氏箋曰尺氏尺紙字異音同莊子天下釋文不侈尺紙反又尺氏反正是其比則尺氏非尸氏之誤明甚駢拇侈昌是反郭云多貌司馬云溢也昌是與尺紙尺氏俱爲用字之異故此二音皆爲其本讀也尸氏蓋讀如弛與侈聲義俱異矣

則弟音悌本亦作悌

汎愛孚劒反

行有下孟反下云觀其行並注同

學文馬曰文古之遺文也鄭云文道藝也

子夏戶雅反

好色呼報反下章好學同○攷證云章舊誤至今改正校語錄云至盧改章箋曰盧校是也此下七章有君子食無求飽居無求安可謂好學也已好學讀與此同彼釋文不出者則於此及之是至爲章之誤

盡津忍反下注同○攷證云舊忍譌刃今據書內音改校勘記云舊忍作刃盧本據書內音校改校語錄云刃盧據書內音改忍箋曰盧校是也禮記曲禮虛坐盡後釋文盡津忍反按廣韵上聲十六軫即忍切盡注引之去聲二十一震即刃切無盡亦可證刃爲忍抄落心字之譌

毋友音無本亦作無下同○攷證云皇邢本並作無校勘記云釋文出毋友云本亦作無下同案古書無毋多通用後子罕篇各本又並作毋友唯皇本仍作無釋文出毋友云音無箋曰說文十二毋止之詞也鉉音武扶切段注云古通用無詩書皆用無士昏禮夙夜毋違命注曰古文

毋為無是古文禮作無今文禮作毋也漢人多用毋故小戴禮記今文尚書皆用毋史記則竟用毋為有無字按夙夜毋違命毋為禁辭古文作無毋之借也史記用毋為有無字則又借毋為無矣皇本作無用本字陸書作毋用借字邪本此篇用本字子罕篇用借字

憚徒旦反 **難**乃旦反

子貢本亦作贛音同○孜證云案說文貢獻功也從貝工聲贛賜也從貝贛省聲是贛誤贛乃贛之譌今從臧氏琳校正校勘記云舊贛作贛盧本據說文校改箋曰爾雅釋詁貢賜也釋文貢字或作贛同郝疏云貢者贛之假音也淮南要畧篇云一朝用三十鍾贛高誘注贛賜也按古人名字多依雅訓孔子弟子名賜字子贛亦其證也通作貢今經典贛字多借作貢矣按郝說是也此注鄭曰子貢弟子姓端木名賜段注贛下云據釋文本作贛端木賜字子贛凡作子貢者亦皆後人所改愚謂貢為贛之借字非後人改贛則贛之俗寫亦非誤字陸以此本用借字他本用俗體故爾雅用字同盧段所說俱未審

之與音餘下之與同 **抑與**上於力反

陳亢音剛又苦浪反○箋曰注鄭曰子禽弟子陳亢也正義引家語七十二弟子篇云陳亢陳人字子禽少孔子四十歲按音剛蓋讀如剛苦浪則讀如抗

必與音預 **為治**直吏反 **信近**附近之近下及注同又如字

覆芳服反下同　遠恥于萬反　無諂勑檢反　而樂音洛注同　好呼報反下注同

如切治骨曰切　磋七多反治象曰磋　琢治玉曰琢　摩一本作磨末多反治石曰磨○攷證云皇邢本皆作磨校勘記云釋文出摩字云一本作磨案磨摩正俗字箋曰說文石部䃺石磑也磨即䃺之隸變故阮以磨為正字按易繫辭釋文摩本又作磨末何反京云相磑切也詩淇奧釋文如磨本又作摩莫何反治石名禮記大學如摩本亦作磨末何反爾雅云石曰磨末何莫何與末多俱為用字之異但與摩磨歌戈混陸以此本用摩與禮記同他本用磨與詩經同互詳彼箋

謂與音餘

患不知也本或作患己不知人也俗本妄加字今本患不知人也○攷證云凡今本云云皆與時下本同此出後來校者之詞非陸氏本文今皆作黑圈間隔之校勘記云皇本作患己不知人也釋文出患不知也云本或作患己不知人也俗本妄加字案經義雜記云據釋文知古本作患不知也蓋與里仁不患莫己知求為可知也先進居則曰不吾知也如或知爾則何以哉語意同今邢疏及集注本皆作患不知人也人字亦淺人所加校語錄云今本七字疑校語盧本亦作黑圈間隔之箋曰江校云玉裁案今本患不知人也七字恐非元朗語乃後人所增耳按顧段謂今本

七字爲校者語是也故法江俱從之此經文皇本作患己不知人也古逸本同毛本無己字義疏引王肅注云但患己之不能知也依肅解則舊經文無人字而人義已寓其中矣攷上云不患人之不己知言不患人不知己則此云患不知也者言但患己不知人耳互文相較己人二字雖省無害於詞而文義亦甚瞭然陸所見本如是故以皇本爲俗並云妄加字所以曉人識正俗也

爲政第二

先學而後從政故爲政次學而也

凡二十四章

衆星共 求用反鄭作拱俱勇反拱手也○校勘記云按拱正字共假借字箋曰注云譬猶北辰之不移而衆星共之也按説文三共同也鉉音渠用切渠用即求用爲用字異言北辰鎮居一地而不移動故衆星共尊仰之以爲主也陸以此音爲本讀故列之于首俱勇即讀從鄭本之音公羊僖三十三年釋文拱九勇反以手對抱九勇俱勇字異音同言如衆星之擁抱北辰不移其處也阮從鄭讀故以拱爲正字然陸列音次第恐不以共爲假借字

猶北辰之不移 本或

作譬猶北辰之不移○攷證云案皇疏有譬字校勘記云皇本猶上有譬字釋文出猶北辰之不移云本或作譬猶北辰之不移與皇本合箋曰古逸本與皇本同毛本與釋文同陸依當文故以無譬字為此本有譬字為他本

蔽必世反包云當也鄭云塞也

猶當丁浪反又如字○箋曰注苞氏曰蔽猶當也皇疏云詩雖三百篇之多六義之廣而唯用思無邪之一言以當三百篇之理也按皇申苞義是也丁浪則讀主當之當謂詩雖多唯用思無邪一句可以為三百篇說義之主旨如字即讀廣韻都郎切之當當應也言詩多至三百篇而思無邪一句已應盡其理矣

無邪似嗟反

道之音導下同○攷證云皇本作導校勘記云皇本高麗本道作導下節同漢石經作道釋文出道之云音導下同按後漢書朱景王杜馬劉傅堅馬傳論又杜林傳並引作導之以政漢石經作道用假借字箋曰學而篇釋文道音導本或作導與此同詳彼箋

以德包云道德也鄭云六德謂智仁聖義中和

格加百反正也鄭云來也

孫彘直例反

不妄亡尚反

能養羊尚反下及注養人同

以別彼列反注同

食音嗣

先生饌士眷反馬云飲食也鄭作餕音俊食餘曰餕○攷證云案初學記引鄭注云食餘曰餕又案儀禮特牲饋食禮祝命

嘗食籑者又籑有以也注云古文籑皆作餕又有司徹乃籑如儐注云古文籑作餕籑即饌字然則饌餕特古今文異耳舊士眷謁上眷今改正校勘記云舊士誤上盧本校改技語錄云上盧改士箋曰說文五籑具食也饌籑或從巽鉉音士戀切段注引論語馬鄭注云云按馬注者古論鄭注者校周之本以齊古讀正凡五十事其讀正者皆云魯讀為某今從古此不云今從古則是從魯論作餕者何晏作饌從孔安國馬融之古論也據禮經特牲少牢注皆云古文籑作餕許書則無餕有籑饌字是則許於禮經從今文不從古文也但禮經之籑訓食餘而許籑饌同字訓為具食則食餘之義無著且禮經言饌者多矣注皆訓陳不言古文作餕食餘之字皆作籑未有作饌者然則禮饌籑當是各字饌當獨出訓具食也籑餕當同出訓食餘也乃與禮經合若論語魯餕古饌此則古文假饌為餕此謂養親必有酒肉既食恒餕而未有原常情以是為孝也按段說是也此云先生饌者言若有酒食弟子不敢飲食必以具酒食於父母故馬融解饌為飲食許君訓饌為具食也士眷士戀用字異盧阮俱謂舊上字為士謁甚是今依正之又按禮記曲禮注云食人之餘曰餕釋文子閏反食餘曰餕子閏音俊為直音反語用字之異則鄭言先生餕者謂父母之食餘弟子然後可飲食也說文籑從食算聲盧氏攷證俱作籑則籑為籑形似之譌疑傳抄

者所致耳**曾**音增馬云則皇侃云嘗也**女**音汝**人焉**於虔反下同**廋**所留反匿也**匿也**女力反**温故**烏門反尋也**繹**音亦**不比**毗志反下同**則罔**本又作冈○箋曰古逸本注包氏曰學不尋思其義理冈然無所得之也毛刻本作罔然則陸此本作罔與毛本同他本作冈與古逸本同按禮記少儀注罔猶罔罔無知貌釋文罔本亦作冈亡两反正與此同**則殆**音待依義當作怠○箋曰注云不學而思終卒不得徒使人精神疲殆邪疏云言但自尋思而不往從師學終卒不得其義則徒使人精神疲勞倦殆按邢申注說是也說文歺部殆危也心部怠慢也徐鉉俱音徒亥切此言專思而不廣學徒使精神怠慢則此殆為怠之音借字故陸云依義當作怠也

誨女音汝後可以意求之○攷證云今書作汝校勘記云皇本高麗本毛本本女作汝後並放此案釋文出誨女云音汝後可以意求之箋曰書舜典汝陟帝位史記五帝紀作女登帝位益稷汝無面從夏本紀作女無面諛然則古作汝漢作女故舜典汝作秩宗鄭司農周禮春官序官注引作女作秩宗是漢時已借女為汝彼釋文云女秩音汝音汝即讀為汝此陸隨俗用字耳云後可以意求之者謂凡有爾汝義之女字則皆讀為汝字也**知也**如字又音智○箋曰說文五知

詞也鉉音陟離切陟離即此如字之音投注云白部曰智識詈也按此詈也之上亦當有識字知智義同故智作知此音智則讀知為智蓋方音平去之轉而於義無殊也

姓顓 音專

寡尤 于求反○校語錄云下乃于之譌箋曰下在匣紐于尤俱在為紐是下為于字之譌蜀本正作于法校是也今依正之

行 下孟反注同

錯 七路反注同置也鄭本作措投也○校勘記云釋文出錯字云鄭本作措投也按措正字古經傳多假錯字為之箋曰注苞氏曰錯置也舉用正直之人廢置邪枉之人則民服其上矣按苞解經義是也說文手部措置也鉉音倉故切段注云置者赦也立之為置捨之亦為置措之義亦如是經傳多假錯為之倉故七路用字異然則苞讀錯為措陸從包義故釋為置也錯之義為金涂鄭本作措乃其本字故阮謂為正字云措投也者言舉用正直之人投棄邪佞之人則民服君德矣陸引之以明鄭破經字而音義則俱與苞讀同也

枉 紆往反○攷證云舊往譌枉今改正校語錄云枉盧改往箋曰往枉俱在養韵當形似之譌蜀本正作紆往盧校是也故法從之今依正

邪枉 似嗟反

孝于 如字一本作孝乎○攷證云案王氏鳴盛云蔡邕石經論語本作孝于惟孝載洪适隸釋太平御覽載華嶠後漢書劉平江革等傳序班固白虎通五經篇曰本山井鼎

所引足利本論語竝同晋夏侯湛昆弟誥潘岳閑居賦梁元帝劉孝綽墓誌銘唐李善注卭希範與陳伯之書獨孤及衢州司士參軍李府君墓誌銘王利貞幽州石浮圖頌皆用孝乎惟孝之句後開成石經遂定作乎至宋儒且以書云孝乎爲句矣此因僞書而並亂論語之文也臧生鏞堂云案皇本經注皆作孝于惟孝疏又云于於也父母既云孝于惟孝則兄弟亦宜云友于惟友所以互見之也初學記十七人事上引論語曰孝乎惟孝愚於王氏所引外又得此兩證校勘記云皇本乎作于釋文出孝于云一本作孝乎案惠棟九經古義云蔡邕石經亦作于故包咸注云孝于惟孝美大孝之辭後世儒者據晋世所出君陳篇改孝于爲乎惟以孝屬下句以合之若非漢石經及包氏註亦安從而是正邪箋曰皇侃義疏云孝于惟孝者惟令極行於孝故云美孝之辭也然友于兄弟是善於兄弟則孝于惟孝是善於父母也依皇說則爲孝于古逸本于亦作乎毛本同于猶乎也字同於故有作于字有作乎字陸以此本用于他本用乎而不論辨誰是誰非者以其時已有兩本通行也

奚其爲爲政也一本無一爲字**車**音居**無輗**五兮反轅端橫木以縛軛字林五支反○箋曰注苞氏曰輗者轅端橫木以縛軛者也按說文十四輗大車轅耑持衡者也鉉音五雞切五雞即五兮爲用字之異軛即軶隸省輗轅前

也轅前謂衡桂馥補鈔曰按衡軏同體自其上平者言謂之衡自其下向者言謂之軏然則苞言縛軏正許言持衡也此陸用苞義五支在支五分在齊呂讀支齊混用矣

無軏 五忽反又音月轅端上曲勾衡○校勘記云按五經文字云軏軏音同轅端上說文下見論語及釋文相承隸省箋曰苞氏云軏者轅端上曲拘衡者也按說文十四軏車轅耑持衡者鉉音魚厥切魚厥音月為直音反語用字之異則此又音為本讀段注云持衡者曰軏則衡與轅耑相接之關鍵也苞謂上曲拘衡者蓋以衡横而扼制馬頸輗則上曲拘之輗縛著衡衡縛轅端亦交接相持之關鍵也五忽在没與音月有洪細之殊也

梔 音厄又作軛○攷證云皇本作梔邢本作軛校勘記云皇本軛作梔釋文出梔字云又作軛箋曰說文六軛槅大車梔段注梔當作軶隸省作軛軶車部曰軶轅前也按此注云輗轅端横木以縛軛者則軛為正字梔其借字矣蓋非誤故古逸本亦作梔與皇本俱同本書

十世可知也 一本作可知乎鄭本作可知○攷證云寀也字古亦與邪通校勘記云釋文出十世可知也云云箋曰經傳釋詞四云也猶邪也乎也繫辭傳曰夫易何為者也夫易開物成務冒天下之道如斯而已者也上也字是問詞與邪同義論語雍也篇斯人也而有斯疾也下也字與邪同義盧說正與王同按國策魏策云此於其親

戚兄弟若此而又況於仇讎之敵國也史記魏世家也作乎則乎與也詞義俱同故二字可以互用鄭本直作可知則省疑問助辭耳　於夏戶雅反餘以意求之　三綱謂父子夫婦君臣是也　五常謂仁義禮智信　三統謂天地人三正　諂也勑檢反

八佾第三　凡二十六章

佾音逸列也　僭子念反下同　雍於容反　撤直列反本或作徹○攷證云皇邢本皆作徹校勘記云釋文出撤字云本或作徹案五經文字云撤去也案字書無此字見論語箋曰注馬融曰天子祭於宗廟歌之以徹祭皇疏云徹者禮天子祭竟欲徹祭饌則使樂人先歌雍詩以樂神後乃徹祭器按尚書顧命釋文徹徐直列反儀禮士昏撤劉直列反則此音本於徐劉之所讀有司徹直列反字又作撤撤者去也論語用本字儀禮用後出分別文經典撤徹通用故二字大小互易矣　相維息亮反助也　辟公必亦反君也注同　其易以豉反包云和易注同鄭云簡　寧

戚千歷反　旅音呂馬云祭名按祭山曰旅○攷證云舊按譌接今從注疏本改校勘記云玉篇云祣祭名論語作

旅廣韵云旅祭山川名論語只作旅按說文有旅無旅鄭氏注大司徒云旅陳也陳其祭事以祈焉箋曰邢疏云云旅祭名者周禮大宗伯職云國有大故則旅上帝及四望鄭注云故謂凶烖旅陳也陳其祭事以祈焉禮不如祀之備也故知旅祭名也按邢申馬說是也孫詒讓大宗伯正義云旅陳也者爾雅釋詁文論語八佾篇季氏旅於泰山泰山即魯三望之一集解引馬融云旅祭名也書禹貢云荆岐既旅又云蔡蒙旅平又云九山刊旅並即旅羣望之禮僞孔傳云祭山曰旅望文為訓孫說益以馬義為長矣陸列之于首者則依何解也至於僞孔傳之說陸引以證此經之本義則較馬注為精析矣鄭氏注不見於大司徒阮校引篇名誤通志堂本曰誤口按誤接盧從注疏本校甚是蜀本正作按今依改之

救與音餘

嗚呼本或作烏乎音同○校勘記云釋文出嗚呼云云箋曰小爾雅廣訓烏乎吁嗟也又吁嗟嗚呼也有所歎美有所傷痛隨事有義也王煦疏云嗚呼即上文烏乎轉相訓也烏乎者說文引孔子曰烏盱呼也取其助氣故以為烏呼釋名釋言語云嗚舒也氣憤懣故發此聲以舒寫之也是烏乎與吁嗟義同然經傳無有作烏乎者惟揚子法言云育而不苗者吾家之童烏乎九齡而與我玄文揚子書多用古文故作烏乎字如此按王說是也本經孔子歎季氏失禮故曰嗚呼而今文尚書五子之歌

曾謂則登反則也　不享許文反　爭責衡反爭鬬之爭絕句注同　必也射乎鄭讀以必也絕句　揖讓而升下絕句鄭注詩賓之初筵引此則云下而飲○箋曰皇疏云揖讓而升下者射儀云禮初主人揖賓而進交讓而升堂及射竟勝負已決下堂猶揖讓不忘禮故云揖讓而升下也邢疏云揖讓而升下而飲者射禮於堂將射升堂及射畢而下勝飲不勝其耦皆以禮相揖讓也兩兩相較二讀不同其義各別然則皇本與釋文讀同毛本與鄭箋詩引此讀同陸引詩箋鄭讀以明各隨義絕句也　而飲王於鴆反注同又如字　多笇悉亂反籌也本今作筭○攷證云案笇乃俗字皇邢本作算說文筭計歷數者從竹弄算數也從竹具是當定從今本校勘記云毛本筭作算釋文出多笇云本今作筭案五經文字云筭相亂反作笇訛算先卯反從具見禮經說文筭計歷數者從竹弄算數也從竹具據此則字當作筭箋曰注馬融曰多算飲少算君子之所爭也皇疏云算猶籌也射者比結朋黨各有算數每中則以算表之若中多則算多故云多算也中少則算少故云少算也依皇說則算亦為筭之假借故盧阮俱謂筭為正字也子路篇何足算也釋文算悉亂反本或作筭即與之同按廣韵換韵蘇貫切笇竹器集韵同非此義故張參謂為訛盧氏以為俗字是蓋陸時

所見本有如此也

倩兮七練反

盼兮普莧反動目貌字林云美目也又匹簡反又匹莧反○攷證云舊盼譌盻今改正校勘記云通志堂本盼誤盻注疏校勘記云唐石經十行本閩本北監本盼作盻下並放此案說文盼詩曰美目盼兮从目分聲盻恨視也从目兮聲音義迴別毛本改從分作盼是校語錄云匹莧與普莧同殆誤箋曰古逸本蜀本北館本俱作盻皇本毛本俱作盼段注盼下云盼盻形近多互譌今依正之詩衛風碩人美目盼兮釋文盼字林云美目也匹閒反又匹莧反阮校記云盼字是也敷莧即普莧敷滂輕重交互也簡爲閒誤匹閒匹莧俱與普莧音同而用字異互詳彼箋法以匹莧爲誤者不識同音而有二三反語也按馬融注云盼動目貌皇疏云言人可憐則目美而貌盼盼然也然則馬以目之運動釋盼毛以目之秀色釋盼呂忱則統謂之曰美目陸於詩經本毛傳作釋於論語本馬注作釋皆各依注爲義也同引字林之說爲證者明盼所以形容美目也

絢兮呼縣反馬云文貌鄭云文成章曰絢

繪事胡對反本又作繢同畫文也○注疏校勘記云釋文出繪事云本又作繢同畫文也案繪繢古通用周禮攷工記凡畫繢之事後素功註及文選夏侯常侍誄注並引作繢箋曰說文十三繢一曰畫也鉉音胡對切段注云繢畫雙聲考工記曰設色之工畫繢鐘筐㡛又

曰畫繢之事雜五采咎繇謨日月星辰山龍華蟲作繪鄭注云繪讀曰繢讀曰猶讀為易其字也以為訓畫之字當作繢也繪訓五采繡故必易繪為繢鄭司農注周禮引論語繢事後素然則此音為繢本讀讀繪為繢也按本經鄭注云繪畫文也此以鄭義為釋作畫當是形誤依正陸以此本用繪與許君引同他本用繢與司農引同

喻美人如字又夷住反○校語錄云夷住反即如字也又字殆衍箋曰廣韻遇韻羊戍切論譬諭也說文段注諭下云諭或作喻鉉音同羊戍即此夷住則是如字之音法說是也又字當刪

解音蟹

禘大計反大祭也○攷證云舊論作又祭也今據詩禮音改正校語錄云又下盧補大字箋曰注孔云禘祫之禮為序昭穆邢疏云禘者二年大祭之名鄭玄曰以遠主初始入祧新死之主又當與先君相接故禮因是而為大祭以審序昭穆故謂之禘按邢說是也是此又祭為大祭字形之誤盧謂依詩禮改之甚是今依正法謂又下補大字盧本不如是蓋未審攷

既灌古亂反

祫戶夾反

為序于偽反下注同○攷證云舊脫下字今補校勘記云舊脫下字盧本校補校語錄云注同上盧補下字箋曰按孔注云禘祫之禮為序昭穆也則此為序非經文下章或問禘之說子曰不知也孔注云荅以不知者為魯君諱也為魯君與為序之讀同故當有下字

以明俱爲注文盧校補是也今從之

昭穆 常遙反說文作佋下同○箋曰說文八佋廟佋穆父爲佋南面子爲穆北面鉉音市招切按詩魏風汾沮洳釋文昭穆紹遙反說文作佋市招紹遙俱與常遙爲用字異則昭蓋佋之音假矣

大祖 音泰下同

鬱暢 勑亮反本今作鬯○弦證云舊正文亦作鬯誤案夏小正正月始用暢暢即鬯也又案禮記雜記上暢臼以椈釋文云暢本亦作鬯此文亦與之同可知今改正校勘記云舊暢誤鬯盧本校改箋曰注孔云灌者酌鬱鬯灌於太祖以降神也皇疏云擣鬱金取汁和莎泲於此暢則呼爲鬱鬯按爾雅釋木郭注引禮記曰鬯臼以椈釋文鬯勑亮反雜記上鬯作暢彼阮校記云各本同石經同釋文出鬯云本亦作暢按鬯暢古通用依阮說則盧此改鬯爲暢是彼所引釋文互易大小字則非殊不知禮記經文作暢陸以此本論語用字同之論語經文作鬯陸以此本禮記用字同之因以他本論語作鬯禮記作暢其不同於注疏本者乃順當文也故仍舊不改之耳

躋僖 子兮反

易了 以豉反

吾不與 音預

媚 美記反

於奧 烏報反孔云內也鄭云西南隅

求昵 女乙反亦作暱○注疏校勘記云釋文出求昵云亦作暱案昵暱古字通五經文字云暱昵二同尼一反近也箋曰皇疏云昵猶親近也按說文七暱日近也

昵或從尼作鈮音尼質切尼質女乙用字異則昵為暱之或體書高宗彤日釋文昵女乙反尸子云不避遠昵昵近也左襄二年傳暱本又作昵女乙反與此大小字互易矣　所禱丁老反一音都報反○箋曰丁老為禱之本音禮記曲禮釋文禱丁老反鄭云求福曰禱可證都報則讀去聲讀音雖有上去之別而義無殊故云一音一音同又音檀弓有禱丁老反一音丁報反丁報即都報互詳彼箋　監古暫反觀也視也　郁郁於六反　大音泰注及下同　鄹人側留反邑名　梁紇恨沒反又恨發反○箋曰禮記曲禮釋文紇紇恨發反檀弓梁紇恨發反又胡沒反周禮司盟紇恨發反劉胡沒反胡沒恨沒用字異則此首音本於劉讀矣恨發在月與恨沒同以月韵三等無匣不能成音故讀同有匣之沒韵也　復扶又反　能中丁仲反下及注同　同科苦和反　欲去起呂反注同　告朔古篤反　之餼許氣反牲生曰餼　朝享直遙反又張遙反○箋曰詩曹風蜉蝣箋云興者喻昭公之朝其羣臣皆小人也釋文朝直遙反下皆同一讀下朝夕字張遙反按本經鄭注曰禮人君每月朔於廟有祭謂之朝享也則直遙讀為朝庭之朝告朔之祭言魯君月朔朝於廟也張遙即讀朝夕之朝也　盡禮津忍反　為

諂勑檢反　**關雎**七餘反　**哀而**如字毛詩箋改哀為衷○箋曰皇疏云哀而不傷者關雎之詩自是哀思窈窕思賢才故耳而無傷善之心故李充曰哀窈窕思賢才而無傷善之心是哀而不傷也按皇說是也毛詩關雎序箋云哀蓋字之誤也當為衷衷謂中心恕之無傷善之心謂好逑也釋文哀前儒並如字論語云哀而不傷是也鄭氏改作衷竹隆反正義云經云鍾鼓樂之琴瑟友之哀樂不同不得有悲哀也故云蓋字之誤論語云哀而不傷即此序之義也此以哀為衷彼仍以哀為義者鄭荅劉炎云論語註人閒行久義或宜然故不復定以遺後說是鄭以為疑故兩解之也毛無破字之理故知從哀之義然則此云如字者言窈窕幽閒之女思得賢才共事君子而無傷害善道之心其說關雎之義蓋從前儒讀也陸引證詩箋為衷者言恕在窈窕幽閒之善女有賢才之行和協宮內不用傷害善人之心鄭解關雎之義如此則從易字讀也互文顯見二義迴然故陸於論語引證詩箋釋詩又引論語為證也

問社如字鄭本作主云主田主謂社○攷證云案春秋文二年丁丑作僖公主正義云論語哀公問主於宰我古論語及孔鄭皆以為社主張包周等並為廟主注疏校勘記云釋文出問社云云案左氏文二年經丁丑作僖公主正義云云故杜所依用箋曰注孔曰凡建邦立社各以其土所宜

之木邢疏云社五土之神也凡建邦立社各以其土所宜木者以社者五土之總神故凡建邦立國必立社也夏宜松殷宜柏周宜栗是各以其土所宜木也謂用其木以為社主張包周本以為哀公問主於宰我先儒或以為宗廟主者杜元凱何休用之以解春秋亦為宗廟主今所不取按邢說是也范甯穀梁文二年傳集解云為僖公廟作主也主蓋神之所馮依其狀正方穿中央達四方天子長尺二寸諸侯長一尺楊疏引衛次仲云宗廟主皆用栗右主八寸左主七寸廣厚三寸若祭訖則內於西壁埳中去地一尺六寸右主謂父也左主謂母也何休徐邈並與范注同然則主為木是宗廟中神所馮依非如社為木是五土之總神凡建邦立國所宜用哀公未知其禮問於宰我則意在邦政非在宗廟故邢昺謂今所不取也又按孔疏左文二年經云古論語及孔鄭皆以為社主社為木主者古論不行於世且社主周禮謂之田主無單稱主者盧阮俱以為說亦此所不取之故也陸引鄭本為說者明本書作社與春秋作主義異而詞同也

可復扶又反下同

不咎其久反

器量音亮

大儉音泰一音他貨反○箋曰音泰在泰為大之本讀他貨在箇蓋讀若拖音轉義同周禮攷工記鳧氏釋文大厚音泰劉他賀反磬氏大上同則此一音本於劉讀矣互詳彼箋

焉得於虔反

取

三 如字又七喻反本今作娶○古逸本皇本毛本俱作娶三注疏校勘記云釋文出取三云本今作娶按娶正字古多假取字為之箋曰說文十二娶取婦也鈺音七句切段注云取彼之女為我之婦也經典多假取為娶七句七喻用字異則此又音即讀取為娶以正字之音釋借字也

謂嫁為歸 一本無為字本今作曰歸○攷證云邢本作曰歸皇尚作為歸注疏校勘記云皇本曰作為釋文出謂嫁為歸云一本無為字本今作曰歸箋曰邢疏云婦人謂嫁曰歸者隱三年公羊傳文何休曰婦人生以父母為家嫁以夫為家故謂嫁曰歸明有三歸之道也按邢說是也說文女部嫁女適人也止部歸女嫁也段注云公羊傳葛覃毛傳皆云婦人謂嫁歸然則陸謂一本正與公羊傳毛傳同古逸本亦作為歸與陸此本合其時所見當文如此也毛本作曰歸殆陸所指今本歟

為兩 于偽反又如字○箋曰禮記曲禮釋文不為如字徐于偽反與此首末互易則此首音本於徐又音蓋為其本讀矣詳彼箋

之好 呼報反注同

反坫 丁念反

君別 彼列反

獻酢 才洛反一本作酬○注疏校勘記云釋文出獻酢云一本作酬箋曰說文十四酬為醻之或體醻獻醻主人進客也醋客酌主人也鈺音在各切段注云諸經多以酢為醋後人醋酢互易按段說是也酢本為酸之義讀倉

故之音經典以之爲酬酢字今俗讀亦同在各即才洛則陸亦讀酢爲醋謂賓客飲酢主人也按詩楚茨鄭箋云始主人酌賓爲獻賓既酌主人主人又自飲酌賓曰醻至旅而爵交錯以徧此獻酢連文則是主人主人獻客客酢主人可見彼此相報之禮也

更酌音庚　子語魚據反　大師音泰注同　翕如許及反何晏云盛也鄭云變動貌

從之何讀爲縱子用反放縱也鄭云八音皆作○攷證云案御覽五百六十四載鄭注云從讀曰縱縱之謂八音皆作則此字本依鄭讀也注疏校勘記云按史記孔子世家從作縱後漢書班固傳註亦引作縱當是古論箋曰註云從讀曰縱也言五音既發放縱盡其聲皇疏云從放縱也言正樂始奏翕習以後又舒縱其聲論語後案云據鄭君注從讀曰縱縱之八音皆作也子用即讀放縱左昭三十一年傳釋文從子用反本亦作縱禮記曲禮從足用反放縱也足用子用字異音同此音從爲縱則本於集解之讀故云孔子世家作縱之裴駰集解亦引何晏爲注鄭謂八音皆作者則讀從爲隨從下章從者見之釋文從才用反是也二讀不同故陸直言何讀爲縱引鄭義爲證者即明與何解音義俱異也盧謂此字本依鄭讀蓋未明辨耳

皦如古了反其音節奏分明也鄭云清別之貌　繹音亦鄭云志意條達之貌　請見賢遍反

從者才用反　於喪息浪反注同　語諸魚據反　木鐸直洛反木鐸金鈴木舌施政教之所振也○攷證云舊直略譌今攷正校勘記云通志堂本洛誤畧校語錄云畧蓋各之譌見夏官大司馬盧本改作直洛反箋曰洛與鐸俱在鐸畧則在藥說文十四鐸大鈴也鉉音徒洛反徒洛直洛定澄類隔臧校畧亦作洛蜀本北館本並同則盧改是也今依正之法以畧爲各譌者各亦在鐸也　韶常遙反舜樂名　盡津忍反

里仁第四里猶鄰也言君子擇鄰而居居於仁者之里

凡二十六章

不處昌呂反後不音者及注同　焉得於虔反　知音智注及下同　處樂音洛　驕佚音逸

能好呼報反注同　能惡烏路反注及下同　無惡如字注同又烏路反○箋曰說文十惡過也鉉音烏各切段注云人有過曰惡有過而人憎之亦曰惡烏各即此如字之音今俗所謂過惡是在己所作者烏路蓋讀憎惡之惡則謂施之於人者上文能惡惡烏路反是其比義因人己之不同故音有去入之轉變本經云苟志於仁矣無惡也謂人

能志在仁則秉公故其餘所行者皆無惡是過惡之義故陸以如字為首音也　否泰備鄙反　惡乎音烏注同　造次七報反馬云急遽也鄭云蒼卒也　顛沛音貝僵仆也　僵居良反本今作偃○攷證云案邢本作偃皇仍作僵注疏校勘記云皇本偃作僵下同案釋文出僵字云本今作偃箋曰注馬云顛沛僵仆也皇疏云僵仆猶倒踣也邢疏引説文云偃僵也仆頓也則偃是仰倒也按説文僵亦訓偃鉉音居良切段注云玄應引僵却偃也仆前覆也按僵謂仰倒如莊子推而僵之漢書觸寶琴僵皆是然則段解僵與邢疏偃義同俱謂仰倒故許書僵偃互訓馬訓偃仆不别皇本用僵邢本用偃依陸音自是僵古逸本用字同則作僵為其時通行本云本今作者殆指毛本所用字矣　仆音赴又蒲逼反　好仁呼報反注及下同　惡不仁烏路反下及注同　難復扶又反　之行下孟反　各當丁浪反　適丁歷反鄭本作敵　莫武博反范甯云適莫猶厚薄也鄭音慕無所貪慕也○注疏校勘記引釋文云云九經古義云古敵字皆作適禮記雜記云赴於適者鄭注云適讀為匹敵之敵史記范雎傳攻適伐國田單傳適人開户李斯傳羣臣百官皆畔不適徐廣皆音征敵之敵荀卿子君子篇云天子四海之内無客禮

告無適也注讀爲敵箋曰皇本注云言君子之於天下無適無莫無所貪慕古逸本同邢本無注疏云適厚也莫薄也言君子於天下之人無擇於富厚與窮薄者則皇注用鄭説邢疏本范義鄭本適作敵者惠棟所謂古敵字皆作適故易爲本字而後讀作敵也論語後案云鄭君與范説相反其主待人言則同也白虎通諫諍篇君之於臣無適無莫義之與比賞一善而衆臣勸罰一惡而衆臣懼後漢書劉梁傳和同論曰事有違而得道有順而失義有愛而爲害有惡而爲美是以君子之於事無適無莫必效之於義焉皆指待人言古經説如此按黄説是也陸引鄭義爲釋者亦明與范説相異而不指行事言之則一也

與比毗志反　放於利方往反依也下同　參乎所金反　貫之古亂反　曰唯維癸反注同　忠恕音庶　子曰三年無改於父之道可謂孝矣此章與學而篇同當是重出學而是孔注今此是鄭注本或二處皆有集解或有無者　知也此章注或云孔注或云包氏又作鄭玄語辭未知孰是　逮音代又大計反　爲身于僞反　鮮矣仙善反少也　得中丁仲反　欲訥奴忽反包云遲鈍也鄭言欲難　行下孟反下同

遲鈍徒頓反君數何云色角反下同謂速數也鄭世主反謂數己之功勞也梁武帝音色具反注同○

攷證云案梁音則讀數為屢校語錄云世當作色箋曰注數謂速數之數也邢疏云數則瀆而不敬故事君數斯致罪辱矣皇疏云一云言數計數也君臣計數必致危辱按論語後案云數注訓速數即迫促之意言事以和緩為貴撥亂而反之正相觀而摩以善皆非可以驟期曾子問不知其己之遲數注數讀為速曾子立事曰行無求數有名事無求數有成注數猶促速皆與此注同李氏筆解以數為頻數之數邢疏以瀆代數本之釋文引鄭君說數世主反謂數己之功勞也此又一說黄說是也色角即為速數之本讀邢疏所謂數則瀆而不敬也世主則讀計數之義世在審紐三等色在二等案審紐二三等不通用故法校作色是皇疏所謂君臣計數必致危辱也又案錢馥云案梁音讀數如字屢乃力住反攷詩巧言釋文屢力住反數也則義同而音别錢駁盧說是也陸謂何云者古逸本毛本並同皇本此注下作孔安國曰則以為孔住陸意不是故特著之

公冶長第五

凡二十九章

公冶音也長如字。姓公冶，名長。家語字子張，范甯云名芝，字子長，史記亦字子長 可妻七細反，下同

縲力追反。孔云黑索○經籍舊音辨證三云：盧校沿通志本作尤追反，承仕按：尤為力字形近之譌，今正之。錢馥云：尤字誤，當作力。校語錄云：尤葢力之誤。箋曰：注孔云「縲，黑索」，按説文十三纍，一曰大索也。鉉音力追切。段注云：論語作縲，字之誤。注云：「黑索也。」則通志堂本作尤，為力之誤，力縲俱在來紐，尤則在為紐，依正 紲息列反。孔云攣也。本今作紲○攷證云：案唐石經避諱，凡從世字皆改從曳，今本從之。釋文作於隋未亡前，當不為唐諱，皇本亦當作泄。注疏校勘記云：皇本、高麗本絏作紲，宋石經亦作紲。案字本作紲，唐人避太宗諱改作洩。釋文出紲字云：本今作絏。五經文字云：絏本文從世，緣廟諱偏旁，今經典並準式例變。箋曰：注孔云「紲，攣也」，按説文十三紲，犬系也，引春秋傳曰：「臣負羈紲。」鉉音私列切。左傳二十四年傳釋文：羈紲，息列反，馬繮也。説文云：纍也。私列即息列，是紲為本文。古逸本與皇本同，張參説是也。陸以此本用紲，與説文同；他本用絏，與左傳同 攣力專反 以拘音俱 刑戮音六 宮縚本又作縚，同吐刀反。南宮閱，一名縚，孟僖子之子○攷證云：皇、邢本皆作縚，官本同。家語作韜，史記索隱引之亦作縚。箋曰：註王云「南容，弟子南宮縚，魯人也，字子容」，邢

疏云史記弟子傳云南宮适字子容鄭注檀弓云南宮縚孟僖子之子南宮閱以昭七年左氏傳云孟僖子將卒名其大夫云屬說與何忌於夫子以事仲尼以南宮爲氏故世本云中孫貜生南宮縚是也然則名縚名适又名閱字子容氏南容本孟氏之後也按邢申王說是也與陸氏皆以爲一人今家語弟子行篇亦作宮縚與皇邢本同殆陸氏所指他本盧謂家語作韜與陸此本同別有所據歟

斯焉於虔反　此行下孟反　瑚音胡　璉力展反○注疏校勘記云瑚連也案說文槤胡槤也大徐云今俗作連非九經古義云瑚璉二字從玉旁俗所作也當爲胡連春秋傳曰胡簋之事明堂位曰夏后氏之四連皆不從玉旁據此則槤爲本字連爲假借從玉者俗字耳箋曰阮說是也按包注瑚璉黍稷之器夏曰瑚殷曰璉

簠音甫　簋音軌　焉用於虔反下同　禦人魚呂反　屢數色角反下同

漆音七　彫丁條反本或作凋同○攷證云皇本及唐石經作彫邢本作雕疑誤注疏校勘記云閩本北監本毛本彫作雕注疏同案釋文出彫字云本或作凋同四書攷異云舊經漆雕與後章朽木不可雕雕俱爲彫松柏後彫之彫爲凋體義自合不知何時皆傳寫差此本此處作彫不誤後朽木不可彫經文已作雕唯注疏當作彫歲寒章亦作彫與閩本北監本毛

本同按依說文當作琱凡琱琢之成文則曰彫今彫行而琱廢雕凋皆假借字箋曰阮說是也說文一琱治玉也鉉音都僚切

段注云釋器玉謂之雕經傳以雕彫為琱按史記仲尼弟子列傳有漆雕開漢書古今人表作漆彫啟是以雕彫為琱也

子說音悅　桴芳符反　由與音餘　編竹必緜反又蒲典反○箋曰注馬曰桴編竹木也按說文糸部編次簡也編本為以絲次第竹簡而排列之引申之為編次長短排列之稱必緜即為其本義之音蒲典則讀為辮即說文辮交也此以編次竹木故用其讀　栰音伐　好勇呼報反下同　過我絕句一讀過字絕句

材才哉二音　不解音蟹　不復扶又反下同　千乘繩證反下注同　賦孔云兵賦也鄭云軍賦梁武云魯論作傅○攷證云案賦傅音同舊譌作傳今改正注疏校勘記云釋文出賦字云云箋曰注孔云賦兵賦邢疏云案隱四年左傳云敝邑以賦與陳蔡從服虔云賦兵也以田賦出兵故謂之兵賦正謂以兵從也按邢申孔說是也說文貝部賦斂也人部傅相也鉉音俱方遇切則傅為賦之音假齊論用本字魯論用借字鄭以齊古讀正故用賦陸從鄭讀亦用此本傅傅形近而譌盧改是也江校亦作傅北館本同今依正

於朝直遙反　閒一如字本或作問字非

○箋曰本經云回也聞一以知十賜也聞一以知二皇疏引王弼云假數以明優劣之分言己與顔淵十裁及二明相去懸遠也張封溪云一者數之始十者數之終顔生體有識厚故聞始則知終子貢識劣故聞始裁至二也按説文耳部聞知聲也與此言聞始知終意合明所識悟也口部問訊也則爲不知與聞義正相反故陸以作問之本爲非也

吾與爾爾本或作女音汝○攷證云皇邢本皆作女注疏校勘記引釋文云云案三國志夏侯淵傳曰仲尼有言吾與爾不如也正作爾字蓋與陸氏所據本合按阮説是也音汝蓋讀女爲汝周禮春官序官鄭司農注引舜典女作秩宗尚書女作汝汝爾之字無本字則女汝皆爲其借字古借汝漢借女説文爾詞之必然也字通作爾禮記檀弓鄭注爾語助也然則爾女俱爲汝之假借字女汝同位爾汝雙聲

宰予羊汝反或音餘○箋曰注孔云宰予弟子宰我禮記檀弓釋文自予羊許反一云我也又音餘則此或音與彼又音同按説文四予推予也余呂切予我之字爲借字遂讀平聲如餘余呂即羊汝此雖音分平上而義蓋無殊矣

晝竹救反

寢七荏反

朽香久反

雕丁條反○攷證云皇本作彫注疏校勘記云閩本北監本毛本彫經注疏俱作雕此本唯經文作雕餘仍作彫案唐石經宋石經俱作彫是作雕者用假借字釋文作雕箋曰古逸

本經注並作彫按說文九彫琢文也鋀音都僚切此注包云彫彫琢刻畫則是彫為本字釋文用借字阮說是也

腐房甫反

琢陟角反

畫乎卦反

糞弗問反本或作糞同○箋曰糞土糞除之土也禮記曲禮凡為長者糞之禮即與此同彼釋文作撲云本又作糞徐音奮掃席前曰撲按說文土部埽埽除也華部糞棄除也鋀音俱方問切方問弗問音奮俱為用字異段注云古謂除穢曰糞今人直謂穢曰糞然則撲為除穢之後出分別文攷集韻問韻糞方問切或作糞糞此邢疏云糞土之牆易為圬壞是糞土言糞棄之土則糞為糞之或字糞葢糞之俗體

圬音烏本或作杇鏝也○攷證云皇本作圬邢本作杇注疏校勘記云皇本杇作圬釋文出圬字云本或作杇鏝也案史記弟子列傳漢書董仲舒傳俱作圬葢論語古本作圬說文杇所以塗也杇當是正字圬乃杇之假借耳箋曰爾雅釋宮鏝謂之杇釋文杇音烏則圬為杇之後出字陸此本用俗字與史漢同他本用正字與爾雅同

槾或作鏝末旦反又末丹反塗土之器○攷證云邢作鏝皇作墁注疏校勘記云皇本作圬墁也案釋文出槾字云或作鏝五經文字云槾莫干反見論語經文槾字當即此注箋曰釋宮郭注泥鏝釋文鏝本或作槾又作墁同亡旦武安二反亡旦即末旦武安即末丹俱為用字之異說文六槾杇也鋀

音毋官切毋官即末丹杇秦謂之杇關東謂之槾從木段注云此器今江浙以鐵爲之或以木戰國策豫讓入宮塗廁欲刺襄子刃其杇杇謂塗廁之杇刃其杇謂皆用木而獨刃之故杇槾古字也釪鏝今字也按段說是也陸此作槾用古字與說文同或作鏝用今字與爾雅同審此注王云杇鏝也邢疏引李巡云塗一名杇塗土之作具也陸此所釋蓋本李巡此塗土之土原誤工依蜀本正

於予予宰我之名

與音餘語辭也下同

其行下孟反

申棖直庚反包云魯人也鄭云蓋孔子弟子申續史記云申棠字周家語云申續字周也○攷證云案說文以賡爲古續字是續即賡與棖聲相近今史記作申堂索隱引家語作申繚今家語作申續疑續之誤注疏校勘記引浦鏜云周上脫子字案史記弟子列傳本無子字浦鏜疑有脫字者據家語也然釋文引家語亦無子字則今本家語有子字者恐不足據箋曰注包云申棖魯人邢疏云鄭云蓋孔子弟子申續史記云申棠字周家語云申續字周此蓋本釋文按困學紀聞七云今史記仲尼弟子列傳以棠爲黨家語弟子解以續爲續傳寫之訛也後漢王政碑云有羔羊之絜無申棠之欲亦以棖爲棠則申棠申棖一人爾唐開元封申黨名陵伯又封申棖魯伯本朝祥符封棖文登侯又封黨淄川侯俱列從祀黨即棠也按王說是也直庚釋棖之音棠徒郎切孔子時

直徒同聲庚郎同韵故棠與棖通用賡古文續在燭與周聲同則二字亦通用陸引鄭説以明申棖為孔子弟子引史記家語

則又明他書用字不同實為一人蓋由於聲近矣　慾音欲或羊住反○箋曰注孔云慾多情慾按詩周南螽斯釋文

情慾音欲諸詮之音諭禮記學記釋文情慾音欲一音諭音諭羊住為直音反語用字之異則此或音即又音本於諸詮之之

諸矣詳彼箋　焉於虔反　著知慮反　見賢遍反　循音巡　天道何云元亨日新之道鄭曰

七政變通之占　元亨許庚反　孔圉魚呂反　而好呼報反　僑其驕反　臧

子郎反　之守手又反　僭子念反　藻音早水草有文者也　棁本又作棳章悅反梁上短柱也

○孜證云舊棳譌撥章譌草今皆改正校語錄云撥盧改棳草改章箋曰注包云棁者梁上楹按爾雅釋宮其上楹謂之棁郭

注云侏儒柱也釋文作棳之劣反本或作棁與此大小字互易説文六棁木杖也錣又之説切掇注云經典用為梁上短柱之

棳之劣之説俱與章悅為用字異則棁為棳之借字釋名釋宮室棳儒梁上短柱也棳儒猶侏儒短故以名之也此陸所言他

本即與釋名用字同然則棁為借字棳為後出分別文掇以之為本字殊未審　栭音而　楹音盈　侈昌氏

反又式氏反○箋曰昌氏為侈之本讀莊子駢拇侈昌是反郭云多貌司馬云溢也式氏則讀作弛故云又音又音即或音言或有作弛音也

其知音智注同○攷證云皇本知作智舊音智作音知謁又注同作下同案下文未知別有音則下字亦謁今從官本改正校語錄云音知盧改音智下同改注同箋曰本經云何如其知也注孔云非時人謂之為知邪疏云言僭奢若此是不知也所以非時人謂之為知按此以時人皆謂文仲為有智之人孔子言其僭其侈之事是斥文仲之不知禮為不智而非時人所謂者則知為智義音智即讀作智孔注之為知音義同攷證之說是也今依正之

名穀奴斗反本又作穀○攷證云皇本作穀乃穀之謁邪本作穀注疏校勘記云案說文穀從子殸聲釋文穀字即穀字之謁又作穀用假借字箋曰盧以穀為是阮以穀為是蜀本作穀江校及北館本並作穀臧校穀作穀黃侃云從釆莫衷一是按注孔云令尹子文楚大夫姓鬭名穀字於菟皇疏云楚人謂乳為穀謂虎為於菟此兒為虎所乳故名之曰穀於菟也左莊三十年傳釋文鬭穀奴走反楚人謂乳曰穀漢書作穀音同按漢書敘傳仍作穀師古曰如字又音乃茍反乃茍奴走奴斗俱為用字之異依說文子部穀乳也乳哺之義則穀為本字皇本用之穀為借字邪本用之穀為或體古逸本蜀本用之皆非誤集韵厚韵乃后

切穀乳子也或作穀穀虎乳也通作穀采蕐禾之誤殆依本書 於音烏 菟音塗 慍紆問反 未知

如字鄭音智注及下同○攷證云案漢書古今人表中論智行篇論衡問孔篇皆讀為智故鄭氏本之箋曰本經云未知焉得

仁注孔曰但聞其忠事未知其仁也皇疏引李充曰違亂求治不汚其身清矣而所之無可驟稱其亂不如甯子之能愚蘧生

之可卷未可謂智也潔身而不濟世未可謂仁也李謂為未智亦不勝為未知也按孔注正讀如字之音謂孔子荅子張問如

其所説但聞令尹子文之忠事未知他行安得許仁邪李説即讀鄭義之音所謂不如甯武子之能愚蘧伯玉之可卷也陸意

從孔故列如字為首音皇侃所言李謂為未智亦不勝為未知也 焉於虔反下同 崔子鄭注云魯讀崔為高

今從古○攷證云惠氏棟云王充論衡曰仕宦為吏亦得高官將相長吏猶吾大夫高子也安能別之蓋用魯論語之言箋曰

盧説是也鄭所言魯論即王充所用者陸引鄭説以明此本從古則為齊論 弑施志反本又作殺同 十乘繩證

反 杼直呂反 惡烏路反 捐其悦全反 辟音避本亦作避 三思息暫反又

如字 行父音甫 賢行下孟反 甯武子乃定反 俞羊朱反 則知音智

下同　歸與歸與竝音餘　吾黨之小子狂簡絶句鄭讀至小子絶句　斐然芳匪反

穿音川　鑿在洛反此章孔注與孟子同與鄭解異　伯夷姓墨名允字公信孤竹君之子伯長也夷謚一本名元　叔齊名智字公達伯夷之弟齊亦謚也夷齊名見春秋少陽篇　乞醯呼西反亦作醯○箋曰皇疏云醯酢酒也按禮記内則釋文用醯呼兮反本又作醯酢也周禮天官醯人本又作醯呼西反呼兮呼西用字異互詳彼箋

色足將樹反又如字注同一本此章有子曰字恐非○攷證云皇邢本皆有子曰字箋曰古逸本亦有子曰字按本經云巧言令色足恭注孔曰足恭便僻貌邢疏云孔以為巧好言語令善顔色便僻其足以為恭謂前却俯仰以足為恭也一曰足將樹切足成也謂巧言令色以成其恭取媚於人也邢申經注之義是也皇疏引繆協曰恭者從物凡人近情莫不欲人之從己足恭者以恭足於人意而不合於禮度斯皆适人之适而曲媚於物也繆説更明足成之義即此將樹之讀如字謂讀手足之足正為孔氏之義所謂便習盤辟其足以為恭也陸以經義如此故列將樹為首音此段亦正申述上文微生高乞醯於鄰以應或人之求用意委曲之指本是一章故陸以一本有子曰字為非也　便辟婢亦反　大史音泰

匿女力反　盍戶臘反　憾戶闇反恨也　少者詩照反　訟自用反責也　焉

如字衛瓘於虔反爲下句首○孜證云案皇疏引衛瓘曰所以忠信不如某者由不能好學如某耳苟能好學則其忠信可使如某也箋曰本經云十室之邑必有忠信如丘者焉不如丘之好學也邢疏云其邑雖小必有忠信如我者焉但不如我之好學不厭也衛瓘讀焉於虔切爲下句首焉猶安也言邑雖小必有忠信如我者也安不如我之好學也言亦不如我之好學也義並得通故具存焉按邢説經義是也如字讀同廣韵有乾切語助之焉所謂十室之邑必有忠信如丘者焉是也於虔讀同於乾切訓何之焉所謂焉不如丘之好學也是也陸讀焉字屬上文故以如字爲首音並舉衛瓘焉字屬下句之音者亦邢疏謂義並得通具存之意也

雍也第六

凡三十章

言任音壬又而鴆反○箋曰注包曰可使南面者言任諸侯治邢疏云言冉雍有德行堪任爲諸侯治理一國者也按邢

說是也音壬為任之本讀而鴆益讀如姙音則平去相承其義實無殊異也

諸侯治 直吏反一本無治字一本作言任諸侯治國也○攷證云案邢本與釋文本同語簡而意明皇本作言任諸侯可使治國政也疑俗人妄加箋曰古逸本作言任諸侯可使治國也與皇本同

桑 子郎反鄭云秦大夫○校語錄云子殆誤箋曰邢疏云子桑伯子當是一人鄭以左傳秦有公孫枝字子桑則以此為秦大夫與陸意同按桑在心紐子在精紐疑或司字之訛法說是也

無見 賢遍反

而行 下孟反又如字下同

大簡 音泰注同○攷證云舊本誤作下同今依官本改校勘記云舊注誤下盧本校改校語錄云下同盧改注同箋曰本經云居簡而行簡毋乃大簡乎注包曰伯子之簡大簡也據此故官本作注同盧以下同為誤改之實是阮法從之今亦依正

好學 呼報反

今也則亡 本或無亡字即連下句讀○箋曰本經云今也則亡未聞好學者也皇疏云亡無也言顏淵既已死則無復好學者也好學庶幾曠世唯一此士難重得故曰未聞也按皇說以有亡字作解是也若無亡字則與下文作一句解蓋言今未聞更有好學者也

過分 符問反

怒當 丁浪反

嘗復 扶又反

使於 所吏反

為其 于僞反

釜 音父

六斗四升也 庾 俞甫反十六斗 秉 音丙十六斛也 衣輕 於既反 大多 上音泰或吐賀

反○箋曰音泰為大之本讀吐賀則讀如馱音雖異而義同詩行露釋文大音泰舊吐賀反周禮典同吐作菟餘同則此或音

即彼舊音互詳彼箋 曰毋 音無 犁牛 利之反雜文曰犁又力之反色如狸也又力兮反耕犁之牛○校語

錄云力之與利之同殆有一誤或利之當作利脂然陸氏不分脂之所未詳也箋曰注犁雜文也皇疏云犁文也雜文曰犁或

音貍貍雜文也或音梨犁謂耕犁也按犁在脂音梨為其本音尚書泰誓釋文犁力私反又力兮反力私即音梨是其比利之

力之與音貍同為直音反語用字之異陸以之釋犁者蓋其時脂之不分也陸云雜文曰犁則以何義為釋云色如狸與皇音

貍俱申明何氏雜文之說其云耕犁之牛與皇謂耕犁同是明犁之正義故音力兮 騂 息營反 其舍 音捨

注同棄也一音赦置也○箋曰本經云雖欲勿用山川其舍諸皇疏云舍猶棄也音捨為舍之本讀書湯誓釋文舍音捨廢也

禮記檀弓注舍猶廢也釋文音捨此言祭祀雖欲以犁所生子而不用但祀山川百神豈肯廢棄乎音赦則讀處置之音詩鄭

風羔裘釋文舍音赦處也左定四年傳舍音赦置也又音捨棄也則此一音為彼首音蓋言犁牛之犢而有騂且角之材縱不

用諸大祀上帝亦必置祭於山川之祀也　中丁仲反　犧許宜反　也與音餘下同　決斷丁亂反　騫起虔反　費音祕邑名　善為于偽反注同　語魚據反○攷證云案皇本亦作語使者邢作託乃淺人妄改當據校正注疏校勘記云託使者皇本作語使者曰案釋文出語字云魚據反是陸氏所據本亦作語箋曰盧阮說俱是也古逸本亦作語使者審邢疏云子騫不欲為季氏宰故語使者曰善為我作辭說令不復召我也則疏亦作語不作託　使者所吏反　令不力呈反　復召扶又反　重來直用反　則吾必在一本無吾字鄭本無則吾二字　汶上音問水名　自牖由久反　喪息浪反又如字下同　矣夫音符　一簞音丹　食音嗣注同　一瓢婢遥反瓠也　笥息嗣反　陋巷户降反注同　其樂音洛注同　不說音悅　中道如字一音丁仲反　今女音汝　畫音獲止也　女得音汝　澹臺徒甘反　由徑古定反　而殿都練反注同　祝鮀徒多反　宋朝張遥反　及如一本及字作反義亦通○攷證云案皇本作及然疏云言人若不有祝鮀佞反

宜有宋朝美若二者並無則難免今世之患難也反疑字誤當與注同作及下云一本云反如宋朝之美也通者曰佞與淫異

故曰反也此為就反字通之邢本作反注疏校勘記云皇本反作及案釋文出及如云云箋曰盧申皇說是也按論語後案云

而猶及也孔注而及如而字衍依黃說皇本經云不有祝鮀之佞而有宋朝之美注云言當如祝鮀之佞及如宋朝之美若有

而字則及字當作反古逸本邢本俱作而反也

文質彬彬彼貧反文質相半也說文作份文質備○攷證

云案說文份下引論語文質份份又云彬古文份从彡林林者從焚省聲注疏校勘記云彬份古今字箋曰注包云彬彬文質

相半之貌說文八彬古文份份文質備也銍音府巾切府巾即彼貧輕重交互陸此以包說為釋也云說文作份者許所據論

語如是份字從分與包相半義合又於彬下云古文份則今本作彬彬為古文論語或即齊論也**好之**呼報反下

注同**樂之**音洛**以上**時掌反注可上同**語上**魚據反下同**上知**音智**問**

知音智下章及注同**化道**音導**而遠**于萬反**瀆**徒木反本今作黷○攷證云作黷者邢本

皇本尚作瀆毛本阮刻本作黷校勘記云皇本黷作瀆釋文出瀆字云云按瀆黷古今字箋曰皇疏云瀆猶數近也邢疏云恭

敬鬼神而踈遠之不褻黷按二説詞異義近説文黑部黷握持垢也引易曰再三黷鉉音徒谷切段注云許所據易作黷今易作瀆崔憬曰瀆古黷字也按鄭注云瀆褻也瀆褻許女部作嬻媟若依鄭義則黷為假借字嬻為正字也謹按段説是也媟嬻之嬻音同黷國語周語中陳侯淫於夏氏不亦嬻姓矣乎即用本字水部之瀆義為溝音與嬻同則瀆亦為假借字

樂音岳又五孝反注及下同○校語錄云案上樂字音岳下樂字音五孝反似俱未安又下同二字似亦無着侯再攷箋曰本經云知者樂水仁者樂山注包云知者樂運其才知以治世如水流而不知已仁者樂如山之安固自然不動而萬物生焉按包説經義是也依經注則陸謂注及下同俱有所指法謂下同二字無着失審説文六樂五聲八音總名鉉音玉角切玉角音岳為直音反語用字異則此首音為本讀五孝讀為好樂之樂所謂智者愛好運用才知以化物仁者愛好四方安静如山之固故樂水樂山也禮記禮運釋文所樂音岳又五孝反好也同此

知者樂音洛注同○攷證云舊作五孝反下同是知者樂水之樂音已見上明誤無疑今改正箋曰注鄭云知者自役得其志故樂皇疏云樂懽也智者得運其識故得從心而暢故懽樂也依注疏義則樂俱讀喜樂之義與上文好樂有別故另為樂作音法謂五孝反未安盧改作音洛俱是也此句已

是章末當無下文則下為注字之誤顯然蜀本正作注同今依正之 有大公周公音泰下同 觚不觚音孤酒爵也容二升 於患難乃旦反 隋徒果反○攷證云邢本作墮箋曰古逸本皇本並同說文四隋裂肉也鉉音徒果切段注云今儀禮注隋皆作墮按墮者㙚之隸變本為敗城阜之偁俗用作崩落之義本經孔注云有仁人墮井正為落義則此作隋者假借為墮也與儀禮注同陸順當文故與他本字異耳 令力呈反 君子博學於文一本無君子字兩得○攷證云臧氏琳云集解弗畔不違道君子乃成德之稱不嫌其違畔於道顏淵篇此章再見正文無君子字知此處亦無有者為得也注疏校勘記云案無君子者是經義雜記云集解載鄭注云弗畔不違道既言君子不嫌其違畔於道後顏淵篇此章再見正本皆無君子字據釋文知此處古本亦無有者衍文顏淵篇釋文云博學於文一本作君子博學於文正義曰或本亦有作君子博學於文蓋皆後人所加後篇朱子皆無箋曰臧盧皆以無君子字為是阮則以君子字為後人所加並與陸說兩得之意相違按皇疏邢疏俱言君子古逸本亦有君子字則陸時已有二本觀此章及注俱以顏淵篇同當是弟子各記所聞故既載此而復載彼陸於彼正文無君子注文不言兩得者與此相較互文

自見其意實同耳有無君子字不以文害辭既無是非故云兩得陸順當文爲釋也則君子非行文矣

矣夫 音符

不說 音悅注同

矢之 孔鄭繆播皆云矢誓也蔡謨云矢陳也○攷證云案皇疏載蔡謨説有云尚書敘曰皐陶矢厥謨春秋經曰公矢魚于棠皆是也箋曰注孔云矢誓也邢疏云子路不説故夫子誓之者先儒舊有此解也皇疏云夫子爲子路矢陳天命非誓也則此申蔡謨之義陸兩存之以博異聞也

所否 鄭繆方有反不也王弼李充備鄙反○攷證云案皇疏載繆播曰否不也言體聖而不爲聖者之事又王弼曰否泰有命李充曰夫道消運否則聖人亦否故曰予所否者注疏校勘記云史記孔子世家否作不釋文引鄭康成繆播訓爲不與史記合按不者事之不然者也否者説事之不然者也此當作否箋曰尚書堯典釋文否方久反不也方久即方有則此音爲不義之讀所謂體聖而不爲聖事也爲鄭繆注音易經否卦否備鄙反閉也塞也言聖人與天運同其否塞也爲王李注音又同人則否方有反又備鄙反則王李之音即又音也

天厭 於琰反塞也又於豔反

等以爲男子者 集解本皆爾或不達其義妄去等字非也今注云舊以南子者○攷證云臧氏琳云孔以南子是女人今稱爲子是同等於男子之稱矣所以同等爲男子者以其爲靈公夫

人本有小君之稱故曰子也有不達此注妄去等字作以為男子者故陸氏辯之今注云云此後人校者之辭疏云先儒舊有此解也則宋時已誤案皇本云等以為南子者惟男子作南南男古亦通餘並同釋文注疏校勘記云皇本舊作等以下有為字案釋文出等以為男子者云云箋曰古逸本與皇本同按史記孔子世家靈公夫人有南子者使人謂孔子曰四方之君子不辱欲與寡君為兄弟者必見寡小君寡小君願見孔子辭謝不得已而見之此子見南子之事也然則盧以南男古通臧謂南子同等於男子俱以申陸說之義是也

以說始銳反　**治道**直吏反　**故孔子**一本作夫子○攷證云皇邢本皆作夫子箋曰古逸本與皇邢本同則陸時已有二本所據本為孔子故以作夫子者為他本　**之**

祝州又反本今作咒○攷證云本今作咒此亦後人校語皇邢本並作咒宋本作呪字小變皆俗體注疏校勘記云釋文出之祝云本今作咒按祝呪正俗字箋曰說文一祝祭主贊詞者鉉音之六切俗用為呪詛字因别製呪字讀之又反禮記雜記釋文祝之六反徐之又反之又即州又則此讀祝為呪依徐音也本經孔注云與之呪誓故盧阮皆以祝呪為正俗字按詩蕩釋文祝周救反本或作呪非足證此本今作呪為陸所語非後人校語也盧說失審

民鮮仙善反注同　**博**

旋始政反　夫仁音符　更為于偽反　之行下孟反

述而第七

三十九章○今三十八章

而好呼報反注同　老彭包云殷賢大夫也案大戴禮云商老彭是也鄭云老老聃彭彭祖　默而俗作嘿亡北反○注疏校勘記云釋文出默而云俗作嘿五經文字云默與嘿同經典通為語默字箋曰說文默下段注云假借為人靜穆之偁亦作嘿鉉音莫北切莫北即亡北輕重交互也以其本無語之默字故借犬暫逐人之字為之則嘿為後出分別文故陸云俗也

不厭於豔反　不倦其卷反　是行下孟反　能徙思爾反

燕居於見反鄭本作宴○注疏校勘記云釋文出燕居云鄭本作宴案後漢書仇覽傳注引作宴與鄭本合案宴正字燕假借字箋曰阮說是也說文七宴安也鉉音於甸切段注云經典多假燕為之於甸於見用字異按皇疏云燕居者退朝而居也則此言退朝無事安閑而居坐也禮記仲尼燕居子張子貢言游侍子曰居即其義也

夭夭於驕反和舒貌

不復 扶又反下同本或無復字非○攷證云案陸所見經文或有無復字者舊人讀法俱以甚矣吾衰也久矣為句則下自當有復字若依今人讀甚矣吾衰也五字為句則下句但作久矣不夢見周公並吾字亦可省故陸說謂無復字非此語自無可議注疏校勘記云釋文出不復云本或無復字非案經義雜記云據陸氏所見本知經無復字乃後人援注所增以經云久矣吾不夢見先時曾夢見故注云不復夢見復字正釋久矣字陸氏反以無復字為非不審之至箋曰盧說以陸意有復字為是阮說以盧意有復字為非按注孔云孔子衰老不復夢見周公也明盛時夢見周公欲行其道也論語後案云春秋哀公十四年公羊傳顏淵死子曰天喪予子路死子曰天祝予西狩獲麟子曰吾道窮矣子於此時驗天運人事之日非而身已值衰年此行道之心亦不著於夢焉以一身之衰天下之衰由之周公其衰矣子所以歎也黄申孔義是也則此云不復夢見者乃孔子傷己年衰時久不同年少之日願放乎周公恒存慕發夢故寄慨於夢之不復來正所以申明上文發歎衰也久矣之義故陸亦人以本或無復字為非攷證之說是也

據杖 直亮反

依倚 於綺反

以上 時掌反注同

無誨 魯讀為悔字今從古

不憤 房粉反

不悱 芳匪反

為說 于偽

反以語魚據反復重直用反無惻初力反子于是日哭則不

歌舊以為別章今宜合前章○攷證云案邢亦別章此所謂今又朱子本也若依朱子本則前當云今三十七章比舊少二章矣皇本亦合者後人傳寫失之下亡而為有亦同注疏校勘記云皇本高麗本連上為一章此與閩本北監本毛本俱別為一章案釋文出子於是日哭則不歌云云箋曰古逸本與皇本同皇疏引范甯曰是日即弔赴之日也弔赴哭則不歌與上章言助葬之時食而不飽皆明孔子慎重禮容蓋一意耳則陸謂今宜合前章者固以古逸本皇本為是也可知陸一時已有分合二本特為言之何謂皇本為後人傳寫之失

舍之音赦止也一音捨放也○箋曰注孔云可止則止則此釋止也陸用孔義音赦即為止義之本讀音捨則讀放棄之義雍也篇釋文其舍音捨注同棄也是其比左定四年傳舍音赦置也又音捨棄也則此一音同於又音也

與爾與及也或云與許也○攷證云案孔注與字當作及字解謀也一訓不可通考皇疏云與許也唯我許汝如此也謀必許字之譌校語錄云與謀也未詳盧校云必許字之譌箋曰盧說是也注孔云唯我與顏淵同耳則此與為及字之義國語晉語子與之注云與許也公冶長篇吾與汝弗如也皇疏引秦道賓曰爾雅云與許

也此皆與為許之義也按皇疏引江熙曰聖人作則賢人佐天地閉則聖人隱用則行捨則藏也唯我許爾有是分者非聖人無以盡賢也則此與為許義明甚謀當許形近傳寫之誤故法從之今依正

是夫音符

誰與如字皇音餘○箋曰本經云子行三軍則誰與注孔曰夫子為三軍將亦當誰與己同故發此問皇疏云子路聞孔子論行藏而獨美顏淵然若行三軍必當與己己有勇故也故問則誰與之則皇讀與為問語之辭按說文欠部歟安氣也鉉音以諸切段注云今用為語末之辭亦取安舒之意通作與以諸音餘為直音反語用字之異故陸謂皇音餘蓋從孔注也如字即讀同與予之音與者賜與也予者推予也與黨與也鉉音俱余呂切與與本借字予與古今字子路言夫子行三軍之事當許誰同之也陸意子路以己有勇夫子必許之經義如此故列如字為首音也

軍將子匠反

馮河字亦作憑皮冰反○孜證云皇本作憑注疏校勘記云皇本高麗本馮作憑注同釋文出馮河云字亦作憑案說文作淜馮假借字憑俗字箋曰注孔云馮河徒涉皇疏云徒空也爾雅郭注無舟檝也按皇申孔說是也說文水部淜無舟渡河也鉉音皮冰切段注云小雅傳曰徒涉曰馮河爾雅釋訓論語孔注同淜正字馮假借字阮說與之同陸此本用借字而云字亦作憑者殆指皇本所用之俗

體矣古逸本與皇本同

徒搏音博　好謀呼報反　執鞭必緜反或作硬音吾孟反非也○注疏校勘記云釋文出執鞭云或作硬音吾孟反非也校語錄云硬當作鞭箋曰江校與法同說文三鞭驅也鉉音卑連切卑連必緜用字異執鞭者皇疏周禮有條狼氏職掌執鞭以趨辟王出入則八人夾道公則六人侯伯四人子男二人鄭言趨而避行人若今卒避車之為也故鄭注謂為賤職也左昭十二年釋文鞭或革旁作更者五孟反五孟即吾孟故江法俱校硬作鞭此館本正如此按希麟音義九皮革事鞭誤鞭五孟反切韻堅牢也或從石作更亦通用則此硬當為硬誤今依正鞭與鞭形相近而音義俱遠陸故直言其非也

吾亦為之一本作吾為之矣○箋曰邢本注鄭云雖執鞭之賤職我亦為之皇本鄭云雖執鞭賤職我亦為之矣古逸本同是則二本之注俱依經文此云一本有矣字與古逸本皇本同攷證校勘記俱末及

所好呼報反注同

齊側皆反本或作齋同○注疏校勘記云毛本齊作齊釋文云齊本或作齋同案古多假齊為齋箋曰皇疏云齊者先祭之名也將欲祭祀則先散齊七日致齊三日也齊之言齊也人心有欲散漫故將接神先自寧靜變食遷坐以自齊潔也依此祭祀尚潔淨則齊從示為本字側皆為其本音也陸順當文作齊蓋經典假借字

阮說是矣禮記曲禮立如齊注云齊謂祭祀時釋文齊側皆反本亦作齋音同**戰疾**之彥反**聞韶**上昭反注同○校語錄云士當作上箋曰廣韻宵韻韶舜樂也市昭切市上俱在禪紐為用字異若士則在牀紐士上形似易譌法校是也今依正之**為樂**並如字王云為作也本或作嬀音居危反非○箋曰注王肅云為作也如字即為之本讀爾雅釋言作造為也互相訓按漢書元后傳蕭該音義曰嬀汭字書曰嬀舜姓也該案舜居嬀水因以為姓說文銍音居為切是則音義俱與為異矣當時有他本作嬀樂陸以典籍中無稱韶為嬀樂者故云非所以示人知別是非也**為衛**于偽反注及下同**大**音泰**蒯**苦怪反**聵**五怪反**鞅**於丈反**于戚**千歷反**曼姑**音萬**吾將問之**一本無將字**惡行**下孟反**曰飯**符晚反**疏**本或作蔬所居反○攷證云皇本作蔬注疏校勘記云皇本疏作蔬釋文出疏字云本或作蔬案說文無蔬字新附始有之蔬乃疏之俗字箋曰阮說是也說文新附蔬菜也銍音所菹切所菹即所居鄭珍云按周禮臣妾聚斂疏材注云疏百艸根可食者疏不孰為饉禮記稻曰嘉疏注云稻菰疏之屬知古止作疏今爾雅疏不孰為饉乃改作蔬是則蔬為疏之後出字陸此本用本字邢本同

他本用後出字皇本古逸本同**食**如字謂菜食也一音嗣飯也○攷證云案孔云疏食菜食當如字讀今皆音嗣非箋曰論語後案云疏食孔注以為菜食皇本疏作蔬古鬻食以菜和之也按黄說是也如字即為食之本讀謂以菜鬻供口腹也音嗣則讀為飤廣韻飤食也易坎釋文食音嗣飯也飯亦食也謂人食之也義有名動之別故音有去入之分也則此一音同於又音矣儀禮喪服經傳食如字又音寺是其比盧以音嗣為非殆未審歟**曲肱**國弘反臂也**而枕**之鴆反

樂亦音洛注同**數**色主反**學易**如字魯讀易為亦今從古○注疏校勘記云釋文出學易云云案魯論讀亦連下句讀惠棟云外黄令高彪碑云恬虚守約五十以數此從魯論亦字連下讀也數音效約音要箋曰注云易窮理盡性以至於命年五十而知天命以知命之年讀至命之書邢疏云漢書儒林傳云孔子蓋晚而好易讀之韋編三絕而為之傳是孔子讀易之事也按邢說即陸如字之讀皇疏引王朗又為一通云鄙意以為易蓋先聖之精義後聖無閒然者也是以孔子即而因之少而誦習恒以為務稱五十而學者明重易之至欲令學者專精於此書雖老不可以廢惓也然則王說為魯論作解魯讀易為亦連下句者則是孔子老不廢惓晚年自勵之辭與齊論所讀益相異耳**盡性**津忍反

葉公舒涉反注同葉地名楚縣尹僭稱公　憤符粉反　樂以音洛　好呼報反　奡五報反　盪舟吐浪反　弑音試下同　我三人行一本無我字　必得我師焉本或作必有○攷證云皇本亦作我三人行邢本無我字考唐石經亦有晁氏公武云蜀石經三人行必有我師焉上又有我字案注云言我三人行本無賢愚經文我字恐是因注誤衍又云皇本及唐石經皆作必得邢本作必有注疏校勘記云唐石經皇本三上有我字有作得案釋文出我三人行云一本無我字下出必得我師焉云本或作必有與唐石經皇本合觀何晏自注及邢昺疏並云言我三人行即朱子集注亦云三人同行其一我也當以皇本為是箋曰古逸本與皇本同依阮説則以皇本為是盧説則以皇本三人上之我字為衍文按皇疏云就注意亦是敵者也既俱非圓德則遞有優劣也又云我師彼之長而改彼之短彼亦師我之長而改我之短則是三人行上有無我字詞義皆足必得必有義實相同故陸並及之而不别言其是非也此本有我他本無我此本作得他本作有者皆順當文也　桓魋徒雷反　知廣音智　隱匿女力反後章注同　文行下孟反　忠李云臣事君也　信李云與朋友交　亡而為有亡如字一

音無此舊為別章今宜與前章合○攷證云此舊為別章今宜與前章合此非陸氏本文箋曰說文十二亡逃也鋐音武方切段注云引伸之則謂失為亡亦假為有無之無雙聲相借也武方即如字之音此用引申之義音無即讀作無則用假借之義按本經云亡而為有難乎有恒矣皇疏云此目不恒之人也亡無也當時澆亂人皆誇張指無為有皆與恒反故云難乎有恒矣故江熙曰言世人負情反實此有恒難也則此一音與皇義同攷本經上文云善人吾不得而見之矣得見有恒者斯可矣皇疏云有恒謂雖不能作善而守常不為惡者也則是此上言得見有常德之君亦可此下言時無常德者前章表期望此章明嘅嘆連文則詞義呼應自不當別為一章也則陸云今宜與前章合者因以皇本古逸本邢本俱是蓋以其時有分合二本傳世特為言之耳盧謂此說非陸氏本文何不審前子於是日哭則不歌陸亦如此言之以示人耶

子釣音吊

不綱音剛鄭本同　**弋**羊職反　**不射**食亦反　**宿**息六反謂宿鳥也　**一竿**音干　**繳**章略反下同一本作綸○箋曰注孔云以繳繫釣羅屬著綱也皇疏繳繩也以小繩係釣而羅列屬著大綱也按皇說是也說文十三繳生絲縷也鋐音之若切之若即章略為用字之異綸糾青絲綬也糾者三合繩此言糾青絲成綬是為綸則繳謂生絲為

縷綸謂糾絲為繩名異而物義同故詩名南何彼穠矣其釣維何維絲伊緍毛傳緍綸也許書則云緍釣魚繁也則是綸繳同物之證陸此本作繳他本作綸亦猶是矣

羅屬音燭 **著**直略反 **互鄉**户故反鄉名 **難與言**絕句○孜證云皇疏云琳公曰此八字通為一句言此鄉有一童子難與言耳非一鄉皆專惡也案此說與注意不合當從陸氏於此絕句箋曰注鄭云其鄉人言語自專不達時宜皇疏云此一鄉之人皆專愚不可與之共言語也按皇申鄭義俱於此絕句與陸說同盧謂當從陸讀是也

童子見賢徧反注同 **惡惡**上烏路反下如字 **之行**下孟反

陳司敗如字孔云司敗官名陳大夫也鄭以司敗為人名齊大夫 **揖**伊入反說文云攘也一云手著胷曰揖

巫馬音無 **君娶**七住反本今作取 **為同**于偽反 **後和**户臥反注同

重歌直用反 **抑為**於力反 **不厭**於豔反 **正唯**魯讀正為誠今從古

子疾一本云子疾病皇本同鄭本無病字案集解於子罕篇始釋病則此有病字非○孜證云案皇疏云疾甚曰病是本有病字箋曰子罕篇子疾病注包云疾甚曰病皇疏云孔子疾甚也子路以孔子聖人今疾病恐忽終亡故使弟子行臣禮也兩兩相較

彼疏恐忽終亡正申明疾甚之意是知注疏皆有經文病字之義此雖疏云疾甚並無申述疾甚義之語故陸以有病字為非是也

有之誄曰力軌反說文作讄或云作讄禱累功德以求福也以誄為謚也○攷證云案說文云讄禱也累功德以求福論語云讄曰禱爾于上下神祇從言纍省聲讄或不省此或云作讄之云字衍禱纍功德以求福也也字當移於禱之下其末五字陸釋說文之辭讄舊譌讄今改正注疏校勘記云釋文出誄曰云說文作讄云或作讄案說文誄謚也讄禱也累功德以求福論語云讄曰禱爾于上下神祇讄或從纍是古論作讄也然鄭君注周禮小宗伯引作讄大祝仍引作誄蓋二字相混已久校語錄云讄讄盧改讄箋曰皇疏云誄者謂如今行狀也誄之言累也人生有德行死而累列其行之跡為謚也按皇說是也說文鉉音誄讄俱力軌切段注讄下云按讄施於生者以求福誄施於死者以作謚論語之讄曰字當從畾毛傳曰喪紀能誄字當從耒周禮六辭鄭司農注二字已不分矣依段說則此讄為本字誄為假借字陸謂說文作讄者正明此用借字末五字則申其本義也或云阮作云或葉本北館本江校並同則云字非衍文盧改讄作讄謂福也之也字當移於禱之下乃據說文也當依正之謚原作謚從言兮皿今作從言益聲依葉本蜀本改

神祇祈之反

素行下孟

反 **不孫**音遜 **則僭**子念反 **坦**吐但反 **蕩蕩**徒黨反魯讀坦蕩為坦湯今從古

戚戚千立反 **子溫而厲**一本作子曰厲作例皇本作君子案此章説孔子德行依此文為是也○攷證云案今皇本脱君字疏云亦有云子曰者注疏校勘記云釋文出子溫而厲云云案今皇本仍與今本同不作君子疑有脱誤觀後子張篇君子有三變章義疏云所以前卷云君子溫而厲是也則皇本此處當脱一君字箋曰阮説是也邢疏云言孔子體貌溫和而能嚴正儼然人望而畏之則厲為嚴義也按説文八例比也段注云例之言迾也迾者遮迾以為禁經皆作列作厲不作迾周禮司隸注厲遮例也然則例厲音義通借矣故此本作厲他本作例陸云依此文為是者俗皆以嚴厲字作厲陸意從俗也此章言孔子德行為門弟子所述故以字上無君字下無曰字為是也

泰伯第八

凡二十一章

民無得本亦作德○攷證云臧氏云王肅注泰伯以天下三讓於王季其讓隱故無得而稱言之者所以為至德也是集

解本作無得後漢丁鴻傳論引作無德李賢引鄭注云三讓之美皆蔽隱不著故人無得而稱焉是鄭注本作無德案古德得亦通用鄭義亦從得注疏校勘記云釋文出民無得云云案後漢書丁鴻傳論引孔子曰泰伯三以天下讓民無德而稱焉李注云論語載孔子之言也又引鄭玄注云云據此釋文所云作德者乃鄭君所據之本也然字雖作德而義仍為得蓋德得古字通箋曰盧阮所說俱是也無德而稱猶言無得以稱德得也而以也皇疏引繆協曰其讓之跡詭當時莫能知故無以稱焉正釋此意

大王音泰下同 **少弟**詩照反 **則葸**絲里反何云畏懼貌鄭云殼質貌○孜證改殼作愨云案愨舊作殼乃㱿之譌後漢書班固傳注引作質愨今從之校語錄云殼盧改愨箋曰注云葸畏懼之貌也皇疏葸畏懼過甚也陸從何說按說文十愨謹也段注云據韵會大司寇注愿殼愼也用假借字殼者㱿之俗字也依段說則㱿為借字殼為俗字本書俗字多矣故殼不誤鄭意謂若愼而無禮則謹愼之甚於事不行也蜀本作㱿用借字班固傳注引作愨用本字

則絞古卯反馬云刺也七肆反鄭云急也○校語錄云馬與鄭義無異刺盧達切乖刺也急則無不乖刺者也皇陸乃讀為譏刺之刺七賜反謬甚矣箋曰本經云直而無禮則絞注馬融曰絞絞刺也皇疏云絞刺也直若有禮則自行不

邪曲若不得禮對面識刺他人之非必致怨恨也古卯為絞之本讀絞刺也者刺直傷也言人而為直不以禮節出言直傷於人所謂譏刺他人也七肆在至至寘混用是陸音與皇義同絞急也者急謂急切凡人直而不以禮對人急切於言則無節文鄭意如此與馬義殊別陸書之正以著其異也按說文束部刺戾也從束從刀鋑音盧達切段注云戾者違背之意凡言乖刺刺謬字如此乖刺急切義亦不同法說非是且七肆陸為馬義作音皇云若不得禮對面識刺他人之非則又可為陸音之證馬皇陸意皆如此法云刺為乖刺而以皇說陸音為謬甚非是

不偷他侯反　**行之**下孟反注下同

開衾苦今反　**兢兢**居陵反　**免夫**音符　**患難**乃旦反　**孫捷**在接反本又作踕同

斯遠于萬反注同　**斯近**附近之近　**鄙倍**蒲悔反　**濟濟**子禮反　**蹌蹌**七良反本或作鏘同○箋曰本經云動容貌斯遠暴慢矣注鄭云動容貌能濟濟蹌蹌則人不敢暴慢之也皇疏引顏延之云動容則人敬其儀故暴慢息也按爾雅釋訓蹌蹌動也郭注云恐動趨步釋文蹌蹌七羊反廣雅釋訓蹡蹡走也疏證云說文二燹行貌燹與蹡同重言之則曰蹡蹡曲禮大夫濟濟士蹌蹌鄭注云皆行容止之貌也釋文蹌蹌本或作鏘七良反並字異

而義同然則許蹌訓動蹡為行貌此言動容則蹌為正字禮言行容則蹩為正字而彼此俱他本作鏘者則以鏘為同音假借字也

惡戾力計反

幼少詩照反

人與音餘

君子也一本作君子人也○攷證云皇邢皆有人字箋曰本經云君子人與君子人也皇疏云言為臣能受託幼寄命又臨大節不回此是君子人與也再言君子美之深也邢疏云言能此已上之事可以謂之君子人與與者疑而未定之辭審而察之能此上事者可謂君子無復疑也故又云君子人也按依皇說再言君子美之深其詞氣則為君子人也依邢說能此上事可謂君子無復疑其詞氣則為君子也可見有人無人字言雖畧別詞義俱足是當時已有此二本陸故著之而不言有是非也

弘毅魚氣反

能斷丁亂反

好勇呼報反注同

大甚音太下大師大公並同

驕且吝力訒反又力慎反本亦作悋○校語錄云吝音又見易屯又力慎反四字疑衍力慎與力訒非異讀箋曰古逸本作悋皇邢本俱作吝皇疏引王弼云人之美如周公設使驕悋其餘無可觀者言才美以驕悋棄也則疏作悋按說文二吝恨惜也鉉音良刃切良刃即力訒力慎字異音同五經文字口部吝力刃反凡從吝放此作厺非廣韵震韵良刃切悋鄙悋本亦作吝則悋為吝之後出分別

文古逸本是也悋則為其俗字皇疏所用是也易屯釋文吝力刃反又力慎反馬云恨也正同此法云力慎反疑衍者不以同音而有二三反語也

於穀 公豆反孔云善也鄭及孫綽祿也○箋曰本經云三年學不至於穀注孔云穀善也言人三歲不至於善不可得言必無及也皇疏引孫綽云穀祿也云三年學足以通業可以得祿雖時不祿得祿之道也則孫說與鄭同與孔異公豆益讀同穀爾雅釋詁穀善也釋文穀古豆反依陸音則孔鄭義異而音同矣

不易 孫音亦鄭音以豉反○箋曰本經云不易得也已皇疏引孫綽云不易得已者猶云不易已得也教勸中人已下也按音亦讀變易之易繫辭釋文易知韓音亦謂變易此孫言不變易而已得祿也以豉則讀難易之易詩大雅文王不易毛以豉反不易言甚難也此鄭言得祿之道甚難也義有不同故音分去入也

則見 賢遍反又音現

行當 下孟反

𢘑 植鄰反古臣字本今作臣○攷證云案先進亦云𢘑古文臣字今前後無有作𢘑者皆是後人改之注疏校勘記云釋文出𢘑字云云後先進篇季子然問仲由冉求章可謂大臣與釋文亦出𢘑字云古文臣字本今作臣案唐書所載唐天后撰字中有𢘑字是天后所撰字非盡出杜撰箋曰植鄰為臣之本音集韻十七真丞真切臣𢘑注唐武后作𢘑與阮引唐書所載同按說文臣下

段注云陸時武后字未出也武后埊悪見戰國策六朝俗字也段說是蓋以陸時臣字通行悪僅見於戰國策故陸謂為古文可見與先進篇之悪皆為陸所錄舊文盧以為後人改之實未審耳 栻 音試下同 師摯 音至 關雎 七餘反 洋洋 音羊 狂而 求匡反 侗而 音通又勑動反玉篇音同○箋曰本經云侗而不愿注孔云侗未成器之人按說文八侗大貌鍇音他紅切段注引本經及孔注云云按此大義之引伸猶言渾沌未鑿也音通他紅為直音反語用字之異則此首音為本讀言人年幼而不謹愿也莊子庚桑楚釋文侗又作倜向敕動反直而無畀之謂三蒼云殼直貌此言人性直而不謹愿也兩義不同故音有平上之別耳 不愿 音願孔云謹也鄭云善也 悾悾 音空

慤 苦角反 巍巍 魚威反 不與 音預注同 之稱 尺證反下注同 煥乎 音喚明也 天下治 直吏反 契 息列反 皋陶 音遙 予有亂十人 本或作亂臣十人非○攷證云案今皇本亦衍臣字然攷其疏云亂理也武王曰我有共理天下者有十人也則本無臣字邪疏有臣字注疏校勘記云唐石經臣字旁注釋文出予有亂十人云云案困學紀聞云論語釋文予有亂十人左傳叔孫穆子亦曰武王有亂十人

劉原父謂子無臣母之理，然本無臣字，舊説不必改。攷皇疏云云，似亦無臣字，蓋唐石經此處及左傳襄二十八年臣字皆後人據僞泰誓妄增。箋曰：盧、阮説俱是也。

名七照反 奭音釋 閎音宏 夭於表反，又於遥反。○箋曰：於表為夭之本音，於遥則讀平聲如妖音，為平上相承，殆方俗語之聲轉也。

散息但反 宫适古活反

參分七南反，一音三，本今作三。○攷證云：皇本作參，疏云參，三也。邢本竟作三。注疏校勘記云：皇本三作參，釋文出參分云一音三，本今作三。案後漢書伏湛傳、文選典引注並引作參，古本皆作參字。箋曰：本經云參分天下有其二，注包云三分有二而猶以服事殷，皇疏云參，三也，天下有九州，文王為雍州西伯，六州化屬文王。按皇申包説是也。七南為參之本音，讀為參均之參音三，即讀三數之三。説文一三數名，銓音穌甘切。周禮考工記韗人上三正注云：玄謂三讀當為參，直正也。釋文三音參，七南反。孫詒讓正義云：以經例凡分率參等字並作參，與紀數字作三別，故正其讀也。然則此古本作參者，言天下共九州，文王與殷參均分之也。今本作三者，則紀當文王時天下分三，周有其二也。通志堂本今誤，又依臧校正，葉本、北館本並同。

殷紂直久反 無閒閒廁之閒，注同。 能復扶又反 菲飲音匪，薄也。 黻冕

上音弗下音免　而盡津忍反　溝洫呼域反　廣光曠反下同　深尸鴆反下同

子罕第九

凡三十一章　皇三十章

子罕呼旱反希也　行之下孟反　也純順倫反絲也鄭作側基反黑繒也○攷證云案禮記祭統正義云鄭氏之意凡言純者其義有二一絲旁才是古之緇字二絲旁屯是純字但書文相亂雖是緇字並皆作純鄭氏所注於絲理可知於色不明者即讀為緇即論語云今也純儉及此純服皆讀為黑色若衣色見絲文不明者讀純以為絲也箋曰注孔云純絲也按說文十三純絲也引論語此文與孔注同鉉音常倫切常倫順倫用字異此純之本義也則此首音為本讀側基菑讀作緇說文緇帛黑色也鉉音側持切側持即側基周禮媒氏純帛無過五兩注云純緇字也古緇以才為聲禮記玉藻大夫佩水蒼玉而純組綬注云純當為緇古文緇字或從糸旁才然則此今也純鄭讀作緇以為黑繒之紂古緇紂二字並行緇布之緇本字不誤紂字多誤為純鄭意如此按此章以純與麻對絲義可知故陸從孔說列順倫之音為首而次鄭音義

於下者所以明鄭以純為今紂之謠而讀作繇與孔説形義俱異矣

易以豉反

毋意上音無下同意如字或於力反非○履芬本書眉墨筆引序録云先儒多為億必之説然則本作毋億朱筆從江校序録上增爾雅毋億下增甚明音義謂億讀同意而非於力反也北館本反上節同朱筆公羊昭十二年注云夫子欲為後人法不欲後人妄億措子絶四毋億毋必毋固毋我釋文妄億於力反當有下同二字筠案汲古注疏本余仁仲注本皆作意此未詳何據並記王校朱筆箋曰注以道為度故不任意邪疏云毋不也常人師心徇惑自任己意孔子以道為度故不任意依此則意為如字之讀王校是也於力即讀作億陸氏申何以億度訓意也説文十意志也鉉音於記切段注云志即識心所識也意之訓為測度者如論語毋意毋必不逆詐不億不信億則屢中其字俗作億於記讀去聲即如字之音為名詞言不任意也於力讀入聲為動詞言毋測度也履芬本墨筆所批是也陸云非者不以意為擬度之辭也

羣萃在醉反聚也

嘗暴如字本或作曾

才能反

顏刻諸書或作顏亥

為夫子于偽反又如字

見在賢遍反

將喪息浪反下及注同

得與音預

當傳直專反

大宰上音太鄭云是吳太宰嚭

者與音餘

天縱子用反 吾少詩照反下同 牢力刀反鄭云是弟子子牢也家語有琴牢字子開一字子張史記無文 多伎其綺反 空空如字鄭或作悾悾同音空○箋曰皇疏云空空無識也言有鄙夫來問我而心抱空虛如也按此自言虛心承人之問不以己見先為主也泰伯篇云悾悾而不信包注云悾悾慤也宜可信釋文悾音空然則此鄭作悾悾言慤謹荅人之問與孔注空空虛心有異也 我叩音口發動也 兩端如字孔云終始也鄭云末也 以語魚據反 不為于偽反 不出如字舊尺遂反注同○箋曰易離釋文出如字徐尺遂反則此舊音即彼徐音也詳彼 矣夫音符 此瑞時恚反 齊音咨衰七雷反 冕音免鄭本作弁云魯讀弁為絻今從古鄉黨篇亦然 瞽音古盲也 喟然上苦位反又苦怪反 鑽之子官反 惚怳況往反本今作怳惚○攷證云皇作忽怳邢作怳惚注疏校勘記云皇本怳惚作忽怳釋文出惚怳云本今作怳惚箋曰注言忽怳不可為形象也按說文十急忘也鉉音呼骨切怳狂之貌鉉音許往切許往即況往此為雙聲連語言心疑似而見游移不可為象也惚為忽之後出怳為怳之俗體 循音巡 欲罷

皮買反又皮巴反又音皮○校語錄云皮巴未詳他未見此音或當作把箋曰本經云欲罷不能皇疏云文博禮束我雖欲罷止而不能止也引孫綽云罷猶罷息也按皇說是也皮買為罷之本讀漢書魏相傳罷軍卒師古曰一曰新從軍而休罷者也音薄蟹反薄蟹即此皮買音皮即讀作疲左成十六年傳釋文罷音皮本亦作疲宣十二年傳民不罷勞釋文音皮是其比皮巴蓋讀如爬集韵麻韵蒲巴切罷止也論語欲罷不能陸德明讀正依本書法氏失考

卓爾陟角反鄭云絕望之辭

病閒如字 **行詐**側嫁反 **少差**初賣反○攷證云舊誤倒在行詐前今移正箋曰按本經文云病間曰久矣哉由之行詐也注孔云少差曰閒言子路久有是心非今日也然則行詐當在少差之前盧校甚是今依移正

韞紆粉反馬云藏也鄭云裹也○攷證云裹也舊譌裏也今改正箋曰注馬云韞藏也謂藏諸匱中皇疏云韞裹之也論語後案云馬注韞訓藏鄭君注韞裹也謂包裹裹納匱也詩小宛孔疏引舒瑗曰包裹曰蘊蘊與韞同既韞且匱猶弓之有韣劍之有衣皆在匱之內也依黄說則鄭義勝馬故皇侃義疏本之盧說是也蜀本裏即作裹今依正之

匵本又作櫝徒木反馬云匵也鄭同○注疏本匱作匱校勘記云毛本匱作匵是也釋文出匱匱字云本又作櫝二字音義皆同今訂作匵箋曰說

文木部櫝匵也匸部匵匱也鉉音竝徒谷切徒谷即徒木段注云是則匵與櫝音義皆同實一物也論語曰韞匵而藏諸又曰龜玉毁櫝中其實一字也段說是也此馬注云匵匱也與許義同

善賈音嫁一音古**而沽**音枯賣也下同

○攷證云案注疏本有下同二字而無下沽之音姑爲可從注疏校勘記云按作沽用假借字玉篇夂部夃下引論語曰求善賈而夃諸未知所據何本也箋曰盧說是也本書音例如此公冶長篇與音餘語辭也下同是其比今於此賣也下增下同二字刪下沽之音姑四字按說文六賈賈市也鉉音公户切段注云漢石經論語曰求善賈而賈諸今論語作沽者假借字也又五夃秦人市買多得爲夃鉉音古乎切段注云夃者姑之假借字玉篇曰夃今作沽引論語求善價而夃諸未審其所本之論語俱與阮說同陸以夃之借字釋賈之借字也

匱求位反

沽之音姑

不衒古縣字一音玄遍反

○校語錄云古縣字三字疑誤又見禮内則音上一字疑衍箋曰說文二衒衒或從玄衒行且賣也鉉音黄絢切段注云周禮飾行儥慝大鄭云儥賣也慝惡也謂行且賣姦僞惡物者後鄭云謂使人行賣惡物於市巧飾之令欺誑買者黄徇即此玄遍則此讀爲一音一音同於又音也案衒古縣字諸書未見集韵霰韵扃縣切衒衒行且賣也或作衒古縣扃縣用字異足見此

字字當為反字之誤應依正　九夷馬云東方之夷有九種　九種章勇反　不為酒困

馬云困亂也　斯夫音符下章有矣夫並同　不舍音捨　好德呼報反下同　一簣求位

反土籠也　土籠魯東反　而中丁仲反又如字　雖覆芳服反注同　語之魚據反

不惰徒臥反　也與音餘注同　顏淵解音蟹下同　焉知於虔反　少年

詩照反本今作年少　法語之魚據反　巽音遜　無說音悅注及下同　繹之音亦馬云

尋繹也鄭云陳也　毋友音無　勿憚徒旦反　奪帥色類反　其將子匠反

衣弊於既反下同本今作敝○攷證云皇作弊邢作敝箋曰說文七敝一曰敗衣段注引伸為凡敗之偁又十獘頓仆也段注俗又引伸為利弊字遂改其字作弊訓困也惡也鉉音俱毗祭切然則二字引伸義近此皇疏云弊敗也則為俗借字陸此本用俗字他本用正字

縕紆粉反鄭云枲也○攷證改枲作絮云舊本作枲也案集解載孔曰枲著鄭如與孔同陸又何必引鄭藝文類聚三十五引鄭作絮也又鄭注玉藻亦以縕為舊絮今據以改正箋曰皇疏云枲麻也以碎麻著裘也碎麻曰

緼故絮亦曰緼玉藻曰緼爲袍是也按説文十三絮敝緜也敝緜孰緜也是之謂絮段注緼下引玉藻注云緼今之纊及故絮也纊及故絮者謂以新緜合故絮裝衣鄭説與許異許絲絮不分新舊槩謂之纊以亂麻謂之緼孔安國釋論語曰緼枲著也許所本也依此許本孔注鄭與許異則此孔云枲鄭當云絮盧校是也

袍蒲刀反

狐貉户洛反依字當作貈○攷證云案説文貈似狐善睡獸從豸舟聲論語曰狐貈之厚以居又史記仲尼弟子列傳引作狐貉注疏校勘記云汗簡引古論語貉作貈釋文出狐貉云依字當作貉案史記弟子列傳作貉按貈正字貉假借字貉俗字箋曰阮説是也按説文貈下段注云凡狐貉連文者皆當作此貈字今字乃皆假貉爲貈造貊爲貉矣鉏音下各切此切乃貉之本音非此字本音也下各户洛爲用字異則此音爲貉本讀矣

也與音餘

枲絲里反

著竹呂反

不忮之豉反馬云害也字書云很也韋昭漢書音義音泊○校語錄云雄雉釋文作字書云此脱字字箋曰法説是也北館本書眉有朱書當作字書或作説文説文云很也十三字下書上加朱乀按莊子達生天下並有字字今依補很原誤狠依蜀本及江校正

不臧作郎反

尚復扶又反

後彫丁條反依字當作凋○攷證云皇本作凋注疏校勘記云皇本彫作

凋注同釋文出後彫云依字當作凋按釋文是也彫是假借字箋曰說文十一凋半傷也又九彫琢文也鉉音俱都僚切丁條都僚字異音同則此凋為本字彫為借字故陸云依字作凋皇本是也

後別彼列反

處治直吏反

知者音智

唐棣大計反字林大內反○箋曰本經云唐棣之華偏其反而注云唐棣移也華反而後合皇疏云唐棣棣樹也夫樹木之花皆先合而後開唐棣之花則先開而後合按皇說是也大計為棣之本讀說文鉉音如此大內在隊與大計霽對混用爾雅釋木常棣棣注今山中有棣樹子如櫻桃可食釋文棣大計反字林大內反正與此同

偏音篇

未之音味或作末者非○箋曰本經云未之思也夫何遠之有注夫思者當思其反反是不思所以為遠能思其反何遠之有然則未為不之義儀禮鄉射禮衆賓未拾取矢注云未猶不也是矣末者說文末下殺注引六書故曰末與莫無聲義皆通記曰末之卜也語曰吾末如之何末由也已莫無俱非此義則末為未形近之譌故陸云非

夫音符注同一讀以夫字屬上句○箋曰經傳釋詞十夫字條云夫發聲也周官司烜氏曰掌以夫遂取用火於日鄭司農曰夫發聲也則在句首者此讀夫何遠之有又云夫猶手也歎辭也禮記檀弓曰爾責於人終無已夫三年之喪亦已久矣夫是也則在句末

者此讀未之思也夫

鄉黨第十

凡一章

恂恂音荀又音旬溫恭之貌○箋曰注王肅曰恂恂溫恭貌也論語後案云後漢書張湛傳引經注引鄭君注恂恂恭順貌也王扶傳引經注恂恂恭順之貌是與王注同也史記世家引此經索隱云有本作逡逡隸釋祝睦後碑鄉黨逡逡朝廷便便是恂古本有作逡者逡逡有謙退義與似不能言相貫逡為正字恂同聲假借字按黃說是也音荀為恂之本讀音旬蓋讀作巡逡巡同位連語則巡巡猶逡逡也　**朝**直遥反篇內不出者同　**廷**徒寧反又徒佞反○箋曰說文二廷朝中也錠音特丁切特丁即徒寧為用字異徒佞蓋讀去聲如定干祿字書正是此音並云今人音庭非也然則二音平去相承其義無別矣　**便便**婢緜反辯也　**侃侃**苦旦反　**和樂**音洛　**誾誾**魚巾反　**踧踖**上子六反下子亦反踧踖恭和貌　**與與**音餘　**中**丁仲反　**使擯**必刃反本又作擯亦作賓

皆同○注疏校勘記云釋文出使擯云云按擯相之擯當從才從人者乃儐禮字釋文亦作賓者如史記設九賓於庭是也箋曰注鄭云君名使擯者有賓客使迎之也皇疏云擯者為君接賓也謂有賓來君名己迎接之也按皇說是也說文八擯儐或從手儐導也鉉音必刃切段注云導者導引也周禮司儀注曰出接賓曰擯聘禮卿為上擯大夫為承擯士為紹擯注曰擯謂主國之君所使出接賓者也按儐經典多作擯史記作賓廉藺列傳設九賓於廷是也又六賓所敬也段注云大宗伯以賓禮親邦國賓客渾言之也又賓謂所敬之人因之敬其人亦曰賓合而觀之則擯為擯相儐謂儐禮賓謂賓客此擯為君接賓者擯相之正字也儐為或體賓為其借字矣

勃如 步忽反

躩如 驅碧反盤辟貌

盤 步干反字又作磐○注疏校勘記云釋文出盤字云字又作磐按當作般假借作盤俗作磐箋曰注包云盤辟貌也皇疏云躩盤辟貌也既被名不敢自容故速行而足盤辟也盤辟即足轉速也按皇說是也說文八般辟也段注云人部僻下曰辟也此辟字義同投壺曰賓再拜受主人般旋曰辟主人阼階上拜送賓般旋曰辟般步干反論語苞氏注足躩如盤辟貌也盤當作般般辟漢人語謂退縮旋轉之貌也則是般為本字盤磐俱為聲借字矣按辟廣韵盤薄官切桓韵此云步干反屑音切音釋文不分開合

婢亦反 **襜** 赤占反 **一俛** 音免 **鞠躬** 九六反 **閾** 于逼反一音況逼反門限也○箋曰本經云行不履閾注孔云閾門限也按説文十二閾門榍也鉉音于逼切則此首音爲本讀況逼蓋讀如洫儀禮士冠注云閾閫也釋文閾音域劉況逼反門限也禮記曲禮不踐閾注云閾門限也釋文于逼反一音況域反音域即于逼況域即況逼俱爲用字之異則此一音與彼又音同謂或作此音也 **攝齊** 音資裳下也篇末皆同 **摳衣** 苦侯反

逞顏色 勑井反 **怡怡** 以之反 **沒階趨** 一本作沒階趨進誤也○攷證云臧氏云史記仲尼世家作沒階趨進儀禮聘禮注引論語同曲禮帷薄之外不趨正義儀禮聘禮士相見禮疏引論語並有進字趨進者趨前之謂也進字不作入字解舊有此字非誤也趍音馳俗以代趨字非注疏校勘記云沒階趨進釋文云云案經義雜記云集注引陸氏曰趨下本無進字俗本有之誤案史記孔子世家作沒階趨進儀禮聘禮注引論語同曲禮帷薄之外不趨正義儀禮士相見禮疏引並有進字然則自兩漢以至唐初皆作沒階趨進云云孫志祖云説文引此文亦有進字見走部趩字注箋曰皇疏云沒猶盡也盡階謂下諸級盡至平地時也既去君遠故又徐趨而翼如也論語後案云堂上不趨至沒階則徐趨凡發足向前

為進趨進者出路門也皇疏以為去君遠也趨進之進陸氏釋文所據本無進字以有進字為誤臧玉林云云乃陸本無之俗刻論語竟删去非是按黄謂無進字非是與陸說相反攷邢疏云下盡階則疾趨而出張拱端好如烏之舒翼也是則邢說亦謂有進字陸以有進字為誤者意至平地時去君遠則徐趨非趨前之謂也與皇說同按史記伯夷傳趨舍有時正義趨音趍趨向也則小字作趍亦用俗體矣

不勝 音升　**為君** 于僞反　**使** 所吏反　**上** 時掌反又如字注同　**下如** 魯讀下為趨今從古　**踖踖** 色六反　**授玉** 一本作受玉　**曳踵** 章勇反　**享** 許文反注同　**私覿** 直歷反見也注同　**愉愉** 羊朱反　**見也** 賢遍反下同　**紺** 古暗反　**緅** 莊由反考工記云五入曰緅字林云帛青色子勾反〇箋曰注孔云一入曰緅緅者三年練以緅飾衣皇疏云緅者孔意言緅是淺絳色也案禮家三年練以縓為深衣領緣不云用緅且檢考工記三入為纁五入為緅七入為緇則緅非復淺絳明矣故解者相承皆云孔此注誤也按皇說是也錢大昕荅問云爾雅一染謂之縓即孔所云一入也檀弓云練練衣黄裏縓緣注云小祥練冠練中衣以黄為内縓為飾即孔所云三年練以飾衣者也然則孔本經注皆當作縓不作緅矣陸此

不用孔注為釋者則亦以為非緅之義與皇說正同周禮考工記鍾氏三入為纁五入為緅注云染纁者三入而成又再染以黑則為緅鄭司農以本經君子不以紺緅飾證五入為緅之文則先鄭所受之本作緅與孔本異彼釋文云緅側留反劉祖侯反側留與莊由俱在莊紐尤韵祖侯與子勾俱在精紐侯韵並為用字之異可見呂忱讀與劉同陸引考工記字林為釋者意以此為纁再染之色為五入也即呂忱所謂帛青色與孔之淺絳色為緅大別矣

領褻 詳又反字亦作袖○攷證云皇邢皆作袖箋曰說文八袖俗褎從由褎袂也鉉音似又切似又即詳又此用字之異則褎為正字褎為隸變袖為俗體詩羔裘釋文褎徐救反本又作褎同儀禮聘禮褎本又作褎詳又反禮記檀弓褎本又作袖音徐秀反徐救徐秀詳又字異音同經典三字互用矣

緣也 悦絹反

齊服 上側皆反下同本又作齋

似衣 於既反下不衣同

褻服 息列反

紾 之忍反本又作袗單也○攷證云邢本作袗皇本作縝廣韵十六軫紾單衣或作縝章忍切注疏校勘記云皇本袗作縝唐石經作紾釋文出紾字云本又作袗單也五經文字云袗論語作紾禮記作振廣韵十六軫云紾單衣或作縝又文選聖主得賢臣頌注亦引作紾說文訓袗為玄服並無單衣之訓按段玉裁云曲禮引論語作袗孔安國曰

暑則單服玉藻振絺綌不入公門鄭云振讀爲袗袗禪也是袗爲正字振袗爲假借字縝俗字說文袗玄服據曲禮玉藻注當云袗禪也箋曰阮說是也按說文八袗禪衣也段謂依曲禮玉藻二注定其解與陸本又作袗單也之訓同鉉音之忍切亦與陸此音同陸以此本用借字他本用本字者順當文也　絺勑之反細葛　綌去逆反麤葛　緇衣側基反

麑米傒反鹿子也○校勘記云葉本傒誤伭臧校同葉本蜀本從互作伭北館本有朱書宋刻伭低之俗六字王校朱筆云傒葉本作仮朱本作伭曰麑玉篇作五兮切米伭切未詳筍案伭或低謁而伭又伭謁也箋曰說文十麑狻麑獸也鉉音五雞切麛鹿子也鉉音莫兮切莫兮即米傒此麑蓋讀作麛段注云釋獸曰鹿子麛字亦作麑論語麑裘即麛裘國語注曰鹿子曰麑然則陸以此麑爲麛矣按儀禮聘禮裼降立注禮記玉藻麛裘青豻褎注鄭君俱引素衣麛裘是則鄭所見本作麛與許書合此本作麑與皇邢本古逸本並同蓋以經典二字通用也又按傒低同在齊韵低俗作伭謁作伭蜀本是葉本非

袂面世反　相稱尺證反　便作婢面反　長一直亮反　狐貉户各反

去喪起呂反注同　不佩字或從玉旁非○注疏校勘記云釋文出不佩云字或作玉旁是俗字箋曰說文八

佩大帶佩也毀注大帶佩者謂佩必系於大帶也禮記曲禮釋文埀佩本或作珮非與此說同珮者佩之俗互詳彼箋

非帷位悲反　必殺色界反注同　齊必本或作齋同側皆反注同　遷坐如字范甯才臥反　常處昌慮反　食不音嗣飯也　厭精於豔反注及下同　膾古外反又作鱠○箋曰說文四膾細切肉也鉉音古外切按皇疏謂細切魚及肉皆曰膾也然則許僅以肉細切為釋皇則言肉及魚是鱠為魚膾之後出分別文也

饐於冀反字林云飯傷熱溼也央莅央冀二反○箋曰注孔云饐臭餲依毀校乙味變也皇疏云饐謂飲食經久而腐臭也餲謂經久而味惡也按皇申孔說是也說文五饐飯傷溼也鉉音乙冀切乙冀於冀用字異毀注云凡淹漬皆曰饐也字林云饐飯傷熱溼也混饐於饐葛洪云饐飯餲臭也本論語孔注央莅央冀俱與於冀字異音同此一音而有二三反語也爾雅釋器釋文饐於器反字林云飯傷熱溼也央例央冀二反央例蓋讀如餲下文而餲乙例反可證吳承仕校云論語釋文作莅者疑聲近之譌按央莅在至央例在祭釋文至祭混用則莅字不譌　而餲烏邁反一音遏字林乙例反○箋曰爾雅釋器釋文餲於介反字林乙例反一音於葛反食敗也烏邁在央於介在怪此為央怪混用於葛音遏為直音反語

用字之異一音同於又音矣按說文五餲飯餲也鉉音乙例烏介二切段注云飯餲者謂飯久而味變餲之言鬱也今江蘇俗云餲生當作此字

魚餒 奴罪反說文云魚敗曰餒本又作鯘字書同 ○注疏校勘記云釋文出魚餒云云按說文作餧從食委聲餒餧古今字鯘俗字校語錄云今說文作餧誤釋器音義引說文與此同箋曰北館本於書眉黏一紙墨書鯘作餧餘同又有按此作妥不誤爾雅釋文亦同陸氏所據說文如此也其曰本又作鯘乃餧之誤按注孔云魚敗曰餒也爾雅釋器肉謂之敗魚謂之餒郭注云敗臭壞餒肉爛釋文餒奴罪反說文云魚敗曰餒字書作餧同說文五餧一曰魚敗曰餧段校從妥注引釋文云云別字書於說文則陸所據說文從妥明矣按妥聲乃與奴罪切音相近若五經文字曰餧飢也經典相承別作餒為飢餒以餧為餧餇蓋張時說文已改從委聲與陸所據說文不同故其字各異依段說則餒為古字餧為今字與阮說同又按廣雅釋器鯘臭也曹憲音乃每乃每奴罪為用字異疏證引本經及皇侃疏云餒謂魚臭壞也則鯘為後出分別文亦與阮說同陸以此本用正字他本用俗字引說文為釋者明孔注為餒之本義也北館本改鯘作餧謂鯘乃餧之誤未審

失飪 而甚反

朝夕 如字

食氣 如字說文作既云小食也○注疏校勘記云說文引氣作既案

禮中庸既廩稱事鄭君注既讀為餼說文無餼字氣即餼字是既與氣通也程瑶田通藝錄曰論語不使勝食氣說文氣作既釋之曰小食也引論語以證之蓋古文氣息字作气加米則為氣稟字與既字相通然後世於氣字無不讀作氣息者不有說文則論語食氣二字難通其義矣箋曰本經云肉雖多不使勝食氣邢疏云氣小食也言有肉雖多食之不可使過食氣也按邢申經義是也說文五既小食也論語曰不使勝食既鉉音居未切段注云此引經說假借也今論語作氣气氣古今字作氣蓋魯論也許偁蓋古文論語也論語後案云氣既同音借字段說是邢疏以氣為小食誤以假借字為本義失之韓詩外傳三曰飲食適乎藏滋味適乎氣夫是之謂能自養者也故聖人養有適過則不樂故不為也外傳之言與此經義符正合聖人衛生之道按黄說是也惟氣許既切與既同位非同音邢釋氣為小食蓋以為既字非誤與陸此引說文為證明氣為既之假借意同也

無量音亮

沽酒音姑買也

撤去起呂反下同

焄香云反本或作葷同本今作薰○攷證云邢作葷皇作薰考之說文葷為正字焄乃俗字薰為薰猶字義别疑校者本從邢本而寫者誤作薰耳注疏校勘記云北監本毛本薰作葷疏同釋文出焄字云本或作葷同本今作薰按葷古多作薰或作焄箋曰注孔云齊禁葷物按說

文一葷臭菜也鉉音許云切段注云謂有气之菜也玉藻膳於君有葷桃茢注葷薑及辛菜也葷或作焄按葷古作薰或作焄者然則此以葷為本字薰為古文焄為或體皆同音假借者阮説是也

疏食 音嗣又如字

瓜祭 古華反魯讀瓜為必今從古

人儺 乃多反魯讀為獻今從古○攷證云案郊特牲鄉人裼注云裼或為獻或為儺蓋獻儺聲相近故往往異文注疏校勘記云釋文出人儺云云案郊特牲汁獻涚於醆酒注獻讀當為莎齊人語聲之誤也此讀儺為獻亦聲近之誤箋曰本經云鄉人儺注孔云儺驅逐疫鬼邢疏云儺索室驅逐疫鬼也鬼神依人庶其依己而安也論語後案云儺又作獻者據釋文云儺魯讀為獻是作獻者魯論也古鬳聲難聲之字同在桓部詩三百篇可證獻之古轉音如娑與歌部之儺音同獻儺同音借字按皇説是惟魯讀為獻與儺同韵相借故盧阮俱謂聲近若言同音則非儺廣韵諾何切泥紐蜀本作乃多反是也北館本同若户多匣紐則讀如和通志堂本誤今依正之

於阼 才故反本或作於阼階○注疏校勘記云釋文出於阼云云案釋文是古本無階字經義雜記云此階字蓋因注誤衍禮記郊特牲鄉人裼孔子朝服立於阼注裼或為儺知禮記文與論語同亦無階字箋曰古逸本皇邢本俱作阼階皇疏云阼階東階主人之階也與陸所云或本同

郊特牲文則與陸所用正本同是其時已有二本傳世故陸不別是非也阮引臧說謂階字因注誤衍恐未必然　逐疫音役　送使所吏反　饋藥其愧反　拜而受之一本或無而之二字○箋曰本經云康子饋藥拜而受之皇疏云饋餉也魯季康子餉孔子藥也孔子得彼餉而拜受是禮也按皇說是也　遺孔唯季反本今無此字○攷證云案皇本載孔注云遺孔子藥也與陸本正合邢本則作饋孔子藥校者不知饋即遺字因云今本無注疏校勘記云皇本作遺孔子藥也釋文出遺孔云唯季反本今無此字按廣雅釋詁云饋遺也饋遺俱從貴聲義本相通箋曰唯季為遺贈之本讀老子道經釋文遺唯季反可證皇本作遺孔子藥盧謂與陸本正合是也禮記檀弓君有饋焉釋文饋其位反遺也則饋遺同韵阮謂聲義相通是也陸謂本今無此字者殆與邢氏所用之本同矣　廄久又反夫子家廄也王弼曰公廄也○攷證云案集解載鄭注云退朝自君之朝來歸陸說本之鹽鐵論刑德云魯廄焚孔子罷朝問人不問馬王說本之箋曰盧說是也皇疏云廄養馬之處也焚燒也孔子家養馬處被燒也則皇說與陸同俱從鄭義也又引王弼曰孔子時為魯司寇自公朝退而之火所則非家廄也陸引王說相比者明與鄭說有公私之別也　焚扶云反　曰傷人

乎絶句一讀至不字絶句○箋曰本經云廄焚子退朝曰傷人乎不問馬注鄭云重人賤畜也皇疏云從朝還退見廄遭火廄是養馬處而孔子不問傷馬唯問傷人乎是重人賤馬則皇說與陸讀絶句同論語後案云不問馬近解謂問人時不及馬據陸氏釋文以不字絶句申之者謂乎字略讀不字句子問人之傷與抑不與而後問馬義固通今所用否字古用不字也然則黄說不為否王說不或作否其意相同皆讀語詞也 **賤畜**許又反 **賜腥**音星說文字林並作胜云不孰也○注疏校勘記云釋文出賜腥云云案五經文字云胜腥上先丁反下先定反今經典通用腥為胜並先定反箋曰說文四胜一曰不孰也鉉音桑經切桑經音星為直音反語用字之異殺注云論語君賜腥必孰而薦之字當作胜今經典膏胜胜肉字通用腥為之然則此作腥亦為胜之通借字皇疏云謂君賜孔子腥肉也是皇意經文腥為腥孰字與他經傳皆合許則謂腥孰字正作胜腥專謂豕不可食者呂說本之與經典所用字異陸引說文字林為證者正所以示其異於經傳也 賜

生魯讀生為牲今從古 **先飯**扶晚反注同 **若為嘗食然**一本作若為君嘗食然為于偽反○攷證云邢有君字皇作若為先嘗食然也先疑君字誤箋曰注鄭云於君祭則先飯矣若為君嘗食然邢疏云此言君祭先飯

則是非容之禮也故不祭而先飯若為君嘗食然也依邢說則此所記為不以容禮有君無君字皆是與釋文同作先嘗君誤盧說是也

東首（手又反注同）

扡（本或作拖徒我反又勑佐反○攷證云皇邢皆作拖注疏校勘記云唐石經拖作扡釋文出扡字云本或作拖按說文引朝服袉紳即雜記云申加大帶於上是也扡拖即手部拕字許所據作袉是假借袉為拕也此在引經說假借之例校語錄云扡疑當作拕箋曰皇疏云拖猶牽也說文十二拖曳也又八袉裾也論語曰朝服袉紳錠音唐左切段注云今論語作扡作拖即手部拕字雜記云申加大帶於上是也許所據作袉假借袉為拕也與阮說同扡即拕之隸變拖又為扡之俗譌唐左即徒我袉拕同音假借也漢書楊雄傳師古曰拕曳也吐賀反吐賀勑佐舌音類隔與徒我透定音近其義無殊禮記少儀扡諸辟釋文扡徒可反引也又他佐反即與此同）

紳（音申）

南牖（由久反）

不衣（於既反）

大廟（音太）

我殯（必刃反）

昵（女力反○校語錄云力疑乙之譌箋曰力在職昵乙俱在質本書質職混用此即其一似不可謂之為譌）

居不容（苦百反本或作容羊凶反○攷證云邢本作容釋文校勘記云通志堂本容誤容注疏校勘記云唐石經容作容釋文出居不容云云按唐石經作容字不誤經義雜記

云居不客，言居家不以客禮自處。集解載孔注云為室家之敬難久，謂因一家之人難久以客禮敬己也。邢疏云不為容儀，夫君子物各有儀，豈因私居廢乎？是當從陸氏作客。段玉裁曰居不客者，嫌其主之類於賓也。校語錄云容當作客。箋曰江校容作客，蜀本同，北館本作容，下有宋刻釋文客五字，皆朱筆。按説文客，寄也，鉉音苦格切，段注云引申之曰賓客，賓所敬也。論語居不客，謂主不可似客也。苦格、苦百用字異，則作客為容形近之誤。阮校、釋文及法説俱是也。羊凶則為容之本讀。皇疏云居不容者，謂家中常居也，家主和怡燕居，先溫溫，故不為容自處者也。陸此本作客，與蜀本、北館本同，他本作容，與古逸本、皇、邢本同。

為室 于偽反

齊 音咨 **衰** 七雷反

雖狎 户甲反

見冕 鄭本作弁

謂數 色角反

迅雷 音信，又音峻。○箋曰皇疏云迅，疾也。按説文迅，疾也，鉉音息進切，息進、音信為直音反語用字之異，則此首音為本讀。音峻蓋讀如峻，義與讀信相同，故陸云又。左傳十六年傳釋文迅音信，又音峻，疾也，與此正同。

車中不內顧 音故。魯讀車中內顧，今從古也。○攷證云案漢書成紀贊升車正立，不內顧，師古曰今論語云車中內顧，今論語即魯論語，言今以別古論也。文選張平子東京賦夫君人者黈纊塞耳，車中內顧，薛綜注內顧謂不外視，臣下之私也李善注魯論語曰車中內顧漢書文選近人皆據今本論語改之注疏校勘記云釋文出車中不內顧云云案魯論古論雖所傳不同然究以無不字為是盧文弨鍾山札記云云箋曰本經云車中不內顧皇疏云內猶後也顧迴頭也升在車上不迴頭後顧也所以然者後人從己者不能常正若轉顧見之則掩人私不備非大德之所為故不為也故衛瓘云不掩人之不備也按論語後案云包注從魯論內顧上無不字漢書成帝紀贊引不內顧顏注不內顧者謂儼然端嚴不回顧也今論語云車中內顧說者以為前視不過衡軏旁視不過輢轂與此不同據此則顏氏所見本正文及包注皆無不字又文選東京賦薛注內顧謂不外視其義尤明鄭君從古論作不內顧然則皇說有不字者本之於鄭黃說無不字本之於包鄭君從古論包氏從魯論有無不字義皆可通故陸不言非而云今從古者蓋亦本之於鄭也

輿中 音餘一本作車中○攷證云皇作輿中邢作車中注疏校勘記云皇本車作輿閩本北監本毛本作居釋文出輿中云一本作車中箋曰說文十四輿車輿也鉉音以諸切段注云車輿謂車之輿也攷工記輿人為車注曰車輿也按不言為輿而言為車者輿為人所居可獨得車名也以諸音餘用字異然則車牀名輿故輿中可稱車中矣陸此本作輿中與皇本所用字同他本作車中與古逸本邢本所

用字同閩本北監本毛本作居中者殆以車為人所居同音假借歟

梔於革反本今作軛○攷證云皇作梔邢作軛箋曰皇疏云衡梔轅端也按說文十四作軛轅耑也鉉音於革切段注云曰轅前者謂衡也自其扼制馬言之謂之軛隸省作軛木部曰槅大車梔也梔當作軛然則軛為正字軛為隸變梔為借字矣

輢於綺反又居綺反○校語錄云於倚反倚蓋綺之譌箋曰法說是也倚與輢同音不能為反語攷工記釋文輢於綺反車傍也可證今依正之居綺蓋讀若掎廣韻集韻紙韵掎紐俱無蓋方俗語之轉則此又音猶言或音謂或有作此音也

轂古木反

山梁音良鄭云孔子山行見雉食梁粟也

時哉一本作時哉時哉○攷證云案今皇邢本皆作時哉時哉然皇疏云曰山梁雌雉時哉者此記者記孔子因所見而有歎也時哉時哉者言雉逍遙得時所也邢疏云歎曰此山梁雌雉得其時哉而人不得其時也子路失指以為夫子云時哉者言是時物也則皇邢本亦單作時哉重者近人所加注疏校勘記云釋文出時哉云云案皇邢兩疏文義俱不當重時哉又攷後漢書班固傳注太平御覽九百十七並引此文時哉二字亦不重箋曰阮以時哉二字諸書引用不重盧謂時哉重者近人所加按注云言山梁雌雉得其時而人不得時故歎之皇疏云子路不達孔子時哉時哉之歎時者是也以

此可證時哉重者皇本已然實非近人所加正以知孔子見雉得時所而歎人不如物矣故陸以此本作時哉他本重時哉而不言俗作非也

共之本又作供九用反又音恭注同○攷證云皇本作供注疏校勘記云皇本作供注同釋文出共之云本又作供案共供古字通箋曰注云子路以其時物故供具之皇疏引虞氏說云供猶設也言子路見雉在山梁因設食物以張之雉性明儆知其非常三嗅而作去不食其供也邢疏作共之云共具也子路以為夫子言是時物故取而共具之孔子以非己本意義不苟食又不可逆子路之情故但三嗅其氣而起也按皇邢所說俱是九用則讀共為供皇疏所謂子路見雉供設食物也音恭即讀共作恭邢疏所謂子路取雉恭食於夫子也釋文以音求義故具二說焉

三息暫反又如字

嗅許又反注同

先進第十一

凡二十三章

先進包云謂仕也鄭云謂學也**輩也**必內反**之中**丁仲反**猶近**附近之近**從**

我才用反注同 **德行**下孟反鄭氏以合前章皇別為一章○攷證云案鄭云疑當作鄭氏朱子亦合前章注疏校勘記云釋文云案攷文載古本德行上有子曰二字毛奇齡論語稽求篇曰舊有子曰字故史記冉伯牛傳云孔子稱之為德行四書攷異云案攷文每云古本皆以證其與皇本同也今檢皇侃義疏本惟別分此為章子曰字未嘗有其疏則云此章初無子曰者是記者所書並從孔子印可而錄在論中也二字之無尤確鑿物觀以彼國別藏寫本謬稱古本未可援之實史記矣箋曰邢疏云此章因前章言弟子失所不及仕進遂舉弟子之中才德尤高可仕進之人鄭氏以合前章依邢申鄭義則以此合前文從我於陳蔡者皆不及門也為一章言德行言語政事文學四科十人乃從夫子於陳蔡者耳皇氏分為兩章則以此為孔子之言弟子因記此十人而並目其所長分列四科以見夫子教人各因其材也二說皆通故陸並及之此鄭云盧疑當作鄭氏是也依正

不說音悅

即解音蟹

人不閒於其父母昆弟之言閒廁之閒注同

三復息暫反又如字

之玷丁簟反又丁念反○箋曰孔注引詩云白圭之玷尚可磨也邢疏云白玉為圭圭有損缺猶尚可更磨鑢而平按邢說是也詩大雅抑篇毛傳云玷缺也鄭箋云玉之缺尚可磨鑢而平

釋文玷丁簟反沈丁念反缺也則此又音本於沈矣本音又音上去相承故義無殊　可磨音摩　妻之七細

反　康子問弟子孰為好學呼報反一本作季康子鄭本同　顏路回父也名由字季路

之車音居　無椁古廓反○攷證云案之郭見上文當音且當有下同二字今音無椁誤注疏校勘記云皇本椁作槨下同高麗本無此四字案釋文出無椁云古廓反不為之椁作音是陸氏所據本亦無此四字校語錄云據今本當出之椁二字詳校勘記箋曰依岳珂九經三傳沿革例音釋有當音當切遺於前而見於後者此之椁下無音無椁下始有音即其例諸說失攷　曰噫於其反痛傷之聲　天喪如字亡也舊息浪反下及注同　慟徒送反馬云哀過鄭云變動容貌　從者才用反　夫人音符下章夫人同　之為于僞反　焉能於虔反○攷證云舊本無下同二字於例當有今補之然缺者尚多也校語錄云上字衍箋曰按本章經文焉能事鬼下謂重出焉字則不當有下同二字於虔為焉本讀能字無音審上文妻之七細反下文億則於力反皆未有上字則法說是盧校非今依刪以符其例　語之魚據反　誾誾魚巾反　行行胡浪反剛貌或戶郎反○箋曰注鄭

云行行剛强之貌也胡浪為行行之本音集韵宕韵行一曰行行剛强貌下浪切正依此讀户郎即廣韵十一唐胡郎切謂行又有此音也　**侃侃**苦旦反　**子樂**音洛注同　**以壽**音授　**仍舊**魯讀仍為仁今從古○改證云惠氏棟云楊雄將作大匠箴曰或作長府而閔子不仁用魯論也注疏校勘記云釋文出仍舊云云及九經古義之語箋曰惠說是也故盧阮俱引以為說可證陸說之本　**貫**古亂反事也　**藏名**才浪反藏名○改證大字作藏名云舊藏名二字作細書在才浪反下正文上有藏字今訂正校語錄云盧校以藏名二字作正文箋曰按注引鄭云長府藏名也藏財貨曰府邢疏云藏貨財曰府長其藏名也言魯藏財貨之府為長府也然則藏名之藏為名詞藏財貨之藏為動詞周禮天官有大府為王治藏之長釋文治藏才浪反則才浪為藏藏名之音藏財貨即讀如字故陸不作音以此正文用藏字而細書藏名二字為釋者明與下文藏財貨之詞義異也盧改藏名二字作正文殆拘泥於注文而昧陸氏取字之意矣今故仍舊　**有中**丁仲反注同　**不解**音蟹　**故復**扶又反　**得中**丁仲反　**師愈**以主反　**與**音餘　**為之**于偽反又如字注同　**賦税**如鋭反　**柴**仕佳巢諧二反○校語錄云仕

佳巢諸此佳皆分部箋曰仕佳爲柴之本讀説文鉉音仕作士音同可證巢諸在皆與仕佳佳皆混用法謂分部者蓋以廣韻律之不審釋文自有音例也

子羔音高左傳作子羔家語作子高禮記作子臯三字不同

鈍也徒頓反

也辟匹亦反

在邪似嗟反

也喭五旦反

之行下孟反

⿰口反普半反本今作畔○攷證云案⿰口反舊作叛是因偏傍相近而誤或淺人所改皇本注云失於⿰口反喭廣韻二十九換⿰口反⿰口反喭失容博慢切正本此邪作畔非注疏校勘記云皇本畔作⿰口反喭下有也字釋文出⿰口反字云本今作畔廣韻云云據此則字不當作畔校語錄云普疑薄之譌箋曰注鄭云子路之行失於畔喭邪疏云舊注作⿰口反喭字書⿰口反喭失容也言子路性行剛彊常⿰口反喭失於禮容也今本⿰口反作畔王弼云剛猛也按邪說與陸同俱以畔為今本此俗書同音假借也北館本朱改半旁作口又注⿰口反於旁古逸本亦作⿰口反則叛為誤今依正之又按普在滂博在邦同發雙脣清聲即同位也陸故不分法疑為薄之譌者則從叛字音也

子曰回也其庶乎或分為別章今所不用○注疏校勘記云朱子集注本以下別為一章各本並連上為一章案釋文云云箋曰皇疏云記者上列四子病重於先自此以下引孔子更舉顏子精能於後依此則亦連上為一章與

陸所用本同**屢空**力住反○校語錄云從疑住之譌錢馥云案力從當作力住毛詩音義小雅正月篇婁顧釋文力住
反數也又作屢巧言篇屢盟釋文又作婁力住反數也角弓篇婁驕釋文王力住反數也周頌桓篇婁豐釋文力住反亟也陸
氏於公冶長篇不釋永嘉蔡氏論語集說亦於先進篇始音良遇切力住良遇一也雲峯胡氏論語通作力縱反葢誤以為空字之音
殊不知空即讀去聲亦當音苦貢反非力縱也縱字從來而來則此字之誤已五百斯年矣箋曰北館本書眉朱筆云從宋作
縱今案力住為屢作音空如字不作音屨芬本書眉藍筆云盧校抄本云從當作住按住云雖數空匱一曰屢猶每也空猶虛
中也皇疏云屢每也空窮匱也顏子庶慕於幾故遺忽財利所以家貧而簞瓢陋巷也依注疏義則屢音力住空音苦紅法
疑力從為力住之譌錢謂力從當作力住俱是葢陸此為屢音不為空音也今依正之**殖焉**市力反**億則**於力
反度也**屢中**丁仲反**雖數**音朔**空匱**其位反**而樂**音洛**億度**待洛反又徒洛反**數**
子色主反下同**踐迹**本亦作跡子亦反○注疏校勘記云釋文出踐迹云云案跡乃迹之俗字五經文字云迹
經典或作跡箋曰說文足部無跡辵部迹步處也鉉音資昔切資昔子亦用字異故阮謂跡為俗字**是與**音餘○攷

證云案邢疏云謂口無擇言所論說皆重厚是善人與又云孔子謙不正言故云與乎以疑之也則邢亦音餘朱子如字讀箋曰本經云論篤是與君子者乎注云論篤者謂口無擇言君子者謂身無鄙行依何說君子論篤對文則是與者乎俱為疑辭邢疏故云與乎以疑之也按說文欠部歟安氣也鉉音以諸切段注云今用為語末之辭通作與以諸音餘為直音反語用字之異則陸此以與為通借讀與為歟也　鄙行下孟反　遠于萬反　悪古文臣字本今作臣　與音餘下同　弑父音試　費宰悲位反　夫人音符　惡夫上烏路反下音符　給

應應對之應　曾皙星歷反史記云曾蒧字皙○攷證云舊譌作曾蒧字皙據宋本改校勘記云通堂本蒧誤蒧校語錄云蒧盧改蒧箋曰蜀本蒧作箴北館本書眉有朱書宋作箴三字按史記仲尼弟子列傳云曾蒧字皙集解駰案蒧音点孔安國曰皙曾參父索隱音點又音其炎反則蒧為形近誤盧阮法說俱是也今依正蜀本北館本從竹頭葢隸書从艹混用　侍坐才臥反又如字　長乎丁丈反　毋音無　吾以鄭本作已　難對乃旦反

治直吏反　先三人悉薦反　千乘繩證反　饑音機鄭本作飢同○注疏校勘記云釋文

出饑字云云按飢乃飢餓字當作饑箋曰說文五饑穀不孰爲饑鉒音居衣切居衣即音機爲用字異本經云饑饉則饑爲正字飢者餓也與饑義別鄭本通用則爲其借字古逸本即作飢**饉**其靳反**比及**必利反下同**知方**何云方義方也鄭云方禮法也**哂之**詩忍反**非曰**音越**小相**息亮反注及下同**時**

見賢遍反**殷覜**吐弔反本或作見○攷證云皇作殷見邢作殷頫毛本誤作眾頫注疏校勘記云閩本北監本毛本殷作眾毛本覜誤頫皇本覜作見邢疏作殷釋文出殷覜云云據此則字當作殷箋曰注鄭云殷覜曰同邢疏云周禮春官大宗伯職文但彼作殷見此作殷覜覜則見也殷猶眾也按邢申鄭義是也吐弔爲覜之本讀爾雅釋詁覜視也釋文他弔反可證陸此本作覜與皇疏同他本作見與周禮同**衣玄**於既反**冠章**古亂反**視朝**直遙反**鏗爾**苦耕反投琴聲本今作瑟聲○攷證云投瑟聲舊譌作投琴聲今改正又皇邢本皆作投瑟之聲而疏中俱云投瑟聲無之字此疑當作本今作投瑟之聲校勘記云盧本校改作瑟聲寀玉篇廣韵並云捔琴聲又玉篇引論語捔爾捨琴而作云與鏗同說文摼下𨏮下並引論語鏗爾今金部無此字宜有脫也上云投瑟聲故下云本今作瑟聲則瑟字似不

當改箋曰攷本經云鏗爾舍瑟而作孔注謂鏗者投瑟之聲言曾皙投置其瑟而聲鏗然也經注皆言瑟故盧謂琴爲瑟誤阮謂瑟字不當改琴俱是當從之

舍瑟音捨

之撰士免反具也鄭作僎讀曰詮詮之言善也○十三經音畧七云案釋文撰士免翻翻雖同免牀毋字今通讀從毋則隔標可相通也此字與潠毋湛字有別大夫僎僎字音同箋曰注孔云撰具也爲政之具按說文手部無撰字人部僎言部詮皆訓具銓音僎士勉切士勉即士免則鄭音與許同撰蓋僎之後出字憲問篇釋文大夫僎本又作撰同士免反周氏所謂音同也又案說文譔下段注引鄭本經云云廣韵曰譔善言也本鄭而此字與詮銓音俱爲此緣切蓋譔訓善言乃引申義詮之訓善則爲譔之同音通借也牀毋從毋位同雙聲故可相通也又案廣韵侵韵湛直深切浮湛豏韵湛徒減切没也是與撰字音義俱別周氏未明言其所別者且湛字開口撰字合口毫不相干此徒以字母牽就之說誤也

亦各言其志一本作亦各言其志也

莫春音暮本亦作暮

冠者古亂反注同

浴乎音欲

沂魚依反水名也

舞雩音于

而歸如字鄭本作饋饋酒食也魯讀饋爲歸今從古○攷證云案論衡明雩云詠而饋詠歌饋祭也歌詠而祭也蓋古論語故鄭本之注疏校勘記云釋文出而歸

云云案論衡明雩篇作詠而饋與古論合箋曰注包云歌詠先王之道而歸孔子之門此歸如字之音則讀同包義鄭本作饋與王充說同陸云饋酒食也者即王解饋祭之義也故盧阮俱引以為證

衣單於既反下音丹**袷**古洽反

喟起愧反又苦怪反**夫三**音符**也與**音餘**焉**於虔反本今無此字**宗廟會同**本或作宗廟之事如會同非○注疏校勘記云皇本高麗本作宗廟之事如會同釋文出宗廟會同云云箋曰古逸本與皇本同邢本與釋文同按經文上云宗廟之事如會同端章甫願為小相焉是自述語其詞緩此云宗廟會同非諸侯而何是稱述前語其詞急自不當有之事如三字也

非諸侯而何一本作非諸侯如之何○攷證云案皇本正如此古而如字通用之字蓋衍文注疏校勘記云皇本高麗本作非諸侯如之何釋文出非諸侯而何云云校語錄引盧說箋曰古逸本同皇本邢本同釋文按經傳釋詞七云而猶如也詩都人士曰垂帶而厲箋曰而厲如鞶厲也而與如同義故二字可以互用故內則注引而作如又云昭十二年公羊傳注曰如猶奈也凡經言如何如之何者皆是依此則盧謂而如字通用則是謂之字為衍文則非蓋言急則云如何言緩則云如之何之字非衍

顔淵第十二

凡二十四章

也訒音刃孔云難也鄭云不忍言也字或作仞○注疏校勘記云釋文出也訒云云按說文引作其言也訒箋曰按說文言部訒頓也鉉音而振切而振音刃為直音反語用字之異頓之言鈍與不忍及難義並合仞為人伸兩手以度物之名與訒義別字或作之者蓋以音同假借也　馬犂力兮反史記作犂並云字牛　桓魋徒回反　不疚久又反　夫何音符　浸潤子鴆反　之譖側鴆反　膚受方于反　之愬蘇路反　而去起呂反下同　於斯三者一讀而去於斯為絕句　棘子紀力反　駟音四　鞟苦郭反孔曰皮去毛曰鞟鄭云革也　去起呂反　別者彼列反　饑居其反鄭本作飢○注疏校勘記云皇本饑作飢釋文出饑字云云箋曰其在之饑在微此之微混用按邢疏云年穀不熟則饑為本字鄭本作飢飢在脂則為音借字以其時脂微亦混用也古逸本同鄭本　盍胡臘反　徹乎直列反　而稅舒銳反　辨

惑本亦作或　辯別彼列反　惡烏路反注同　亦祇音支　此行下孟反　吾

焉得而食諸本亦作焉得而食諸焉於虔反本今作吾得而食諸○攷證云正文舊作吾焉得而食諸則與注中同矣皇本作豈今據改正邢本作吾得而食諸疑脫一字史記仲尼世家亦作吾豈得而食諸又太平御覽六百二十二引論語惡吾得而食諸惡吾字蓋倒釋文校勘記云盧本校改焉字為豈下删而食諸三字案盧氏嫌與注文重因改為豈今攷一有吾字一無吾字故陸氏云本亦作據此則焉字似不當改下删三字亦非注疏校勘記云皇本高麗本吾下有豈字釋文出吾焉得而食諸云云案史記仲尼世家及漢書武五子傳並作豈與皇本合太平御覽二十二引吾惡得而食諸豈焉惡三字義皆相近疑今本吾下有脫字箋曰阮校本經文云雖有粟吾得而食諸注孔云言將危也邢疏諸之也雖有其粟吾得而食之乎言將見危亡必不得食之也此無焉字與陸云本今作同按經傳釋詞二引廣雅曰焉安也論語子路篇皇侃疏曰焉猶何也又三云惡猶安也何也又五云豈詞之安也焉也故阮云三字義皆相近於虔反即焉訓何訓安之讀里仁篇之焉得知公冶長篇之焉用佞釋文音俱同是其比盧氏改焉為豈實非失阮氏非之是也

片言如字鄭云半也　以折

之舌反魯讀折為制今從古○攷證云案呂刑制以刑墨子尚同中篇引作折則刑是制折古以聲近互通注疏校勘記云釋文出以折云云案古多假折為制墨子尚同中引書呂刑制以刑作折則刑箋曰說文四制裁也鋐音征例切段注云古多假折為制魯論片言可以制獄古作折獄羽獵賦不制中以泉臺制或為折又呂刑折民惟刑四八目引作制民按段說是也之舌征例同在照紐則折制雙聲盧阮所說俱是矣**也與**音餘**子路無宿諾**或分此為別章

無倦其卷反亦作劵○注疏校勘記云釋文出無倦云云案九經古義云棟案卷當作劵漢涼州刺史魏君碑云施舍不劵鄭氏攷工記注云劵今倦字也校語錄云卷當作眷作卷之卷疑當作劵箋曰說文十三劵勞也鋐音渠眷切段注云輈人終日馳騁左不揵書揵或作劵鄭云劵今倦字也據此則漢時已倦行劵廢矣今皆作倦蓋由與契劵從刀相似而避之也按惠段說同則此作卷之卷為劵形誤甚明今依正之渠眷其卷為用字異則卷非誤廣韻線韵即作渠卷可證法謂卷當作眷失審

懈倦古賣反

博學於文一本作君子博學於文○注疏校勘記云皇本博上有君子釋文出博學於文云云箋曰雍也篇釋文君子博學於文一本無君子字兩得與此互文說詳彼箋**矣乎**音符**之**

帥所類反又所律反字從巾同訓並與率同○攷證云案陸不音經文子帥而音注中之帥疑誤箋曰本經云子帥以正孰敢不正注鄭云季康子魯上卿諸臣之帥也説文二達先道也段注達經典假率字為之周禮帥射夫以弓矢舞故書帥為率鄭司農云率當為帥大鄭以漢人帥領字通用帥與周時用率不同故也然則此釋文之帥與皇疏之率俱為其假借字矣又按此音注文之帥不音經文子帥亦岳珂所言當音當切遺於前而見於後之例與先進篇無椁始有音不為上文之椁作音例正同

情慾音欲又羊住反本今作欲○攷證云皇本亦作欲注疏校勘記云皇本慾作欲下有也字案釋文出情慾云云箋曰禮記學記釋文情慾如字一音喻如字即此音欲則此首音為本讀音喻羊住為直音反語用字之異今四川富順縣即有此音是其遺也按説文八欲貪欲也鉉音余蜀切段注云古有欲字無慾字後人分别之製慾字然則陸以此本用俗字古逸本同他本用正字皇疏本同

所好呼報反　焉用於虔反　仆也蒲北反　草尚尚加也本或作上　夫達音符下同　而好呼報反　以下遐嫁反注同　而行下孟反　從遊才用反　壇徒丹反　墠音善　脩慝吐得反　德與音餘　問

知音智下同 錯諸或作措同七故反下同○箋曰本經云舉直錯諸枉注包曰廢置邪枉之人皇疏云錯廢也按說文手部措置也鉉音倉故切段注云置者赦也立之為置捨之亦為置措之義亦如是經傳多假錯為之倉故七故用字異則陸此用借字作錯或用正字作措禮記禮器釋文錯則七路反本又作措同此 枉紆往反 邪似嗟反

鄉也許亮反又作鄉同○攷證云皇作嚮注疏校勘記云皇本高麗本鄉作嚮釋文出鄉也云云按嚮俗字鄉正字鄉假借字箋曰說文七鄉不久也段注云按禮注鄉字或作鄉今人語曰向羊向時向者即鄉字也按段說是也儀禮士相見禮云鄉者吾子辱使某見請還摯於將命者注云鄉曩也釋文鄉許亮反則鄉為本字鄉為假借字莊子胠篋篇云然則鄉之所謂知者釋文鄉之本亦作鄉同許亮反陸此用鄉與莊子同又作鄉與儀禮同禮記檀弓釋文嚮也本亦作鄉同許亮反則嚮亦聲借字也皇本用之 吾見賢遍反 選於息戀反又息轉反下同○箋曰注孔云言舜湯有天下選擇於眾舉皋陶伊尹按說文二選一曰擇也鉉音思沇切思沇即息轉則此又音為本讀息戀則讀上為去公羊隱元年傳何注廢選舉之務釋文選息變反息變息戀用字異可證羣經音辨一云選擇也息兗切選任也息戀切則此首音又音義各有別也 皋

陶 音遥 遠矣 如字又于萬反下同○箋曰注孔云則不仁者遠矣仁者至矣皇疏云而不仁者不敢為非故云遠矣引蔡謨云何謂不仁者遠遠去也若孔子言能使枉者去則是智也今云能使枉者直是化之也不仁之人感化遷善去邪枉正直是與故謂遠也案蔡氏之通與孔氏無異但孔氏云不仁者遠少為紆耳若味而言之則遠是遠惡行更改為善行也按皇疏孔蔡二家之義甚是于萬即讀離去之遠正為孔注作音易繫辭下釋文可遠馬王肅韓袁萬反師讀如字袁万即于萬如字則讀遼遠之遠說文二遠遼也鉉音雲阮切即此如字之音蓋謂相去本遠也陸以之為首音者蓋謂舜舉皋陶湯舉伊尹則仁者親近而不仁者自疏遠也

忠告 古毒反 善道 導也○校語錄云導也疑音導之譌若訓為導不容無音箋曰邢本經文云忠告而善道之皇本善道作以善導按注包云忠告以是非告之也以善導之皇疏云朋友主切磋又以善事更相誘導也依皇說則道義為導字又作導矣說文二道所行道也古文從首寸作衜段注云道之引伸為引道則此以導也釋道與皇本合甚是下子路篇之先道道導也本今作導亦無音是其比法謂導也為音導之譌實未明審

毋自 音無 有相切磋 七何反本今作友○攷證云邢作友皇友有二字皆具釋文校勘記云盧本校

刪下四字非也注疏校勘記云皇本友下有有字釋文出有相切磋云云箋曰本經云以友輔仁注孔云友相切磋之道所以輔成己之仁邢疏云朋友有相切磋琢磨之道所以輔成己之仁德也然則邢本雖無有字而疏亦言有相切磋故友有二字俱是也

之道如字

子路第十三

凡三十章

勞之孔如字鄭力報反○箋曰注孔云使民信之然後勞之皇疏云勞之謂使勞役也論語後案云釋文勞鄭讀力報反勞為慰勞之勞民未知德以身導之民知化德必慰勞之也鄭君義如此按黄說是也陸並列之者所以示鄭讀與孔相異也

先道道導也本今作導○攷證云皇邢皆作導注疏校勘記云釋文出先道云道導也本今作導是正字校語錄云道導也三字亦誤與上同若訓為導不必複舉道字箋曰本經云先之勞之注孔云先導之以德論語後案云先訓導孔注是則陸此義本於孔作道者順當文恐人誤為行道字故以導釋之詳上篇善道導也條

説以音悦

曰毋倦

上音無下其卷反本今作無焉知於虔反其舍如字置也之迂音于包云遠也鄭本作于往也○攷證作枉也云舊譌狂也今改正注疏校勘記云釋文出之迂云鄭本作于案迂于古字通禮記文王世子云況于其身以善其君乎鄭君注于讀為迂箋曰本經云子之迂也注包云迂猶遠也言孔子之言遠於事論語後案云迂鄭君作于于往也奚其正七字為一句言往仕而不能正也禮檀弓易則易于則于正義云于音近迂迂是廣大之義故論語云子之迂也與此同按黄申鄭義是也狂當為往之誤彳旁與扌旁形相近也蜀本正作往與陽貨篇佛肸章子之往也義同今依正之不中丁仲反下同濫罰力暫反所錯七故反本又作措學稼音嫁為圃布古反又音布○箋曰注馬云樹菜蔬曰圃按説文六圃種菜曰圃鉉音博古切博古即布古則此首音為本讀音布即讀上為去廣韵暮韵布紐圃注引説文葢方音之變耳上好呼報反下同實應應對之應夫如是音符繈居丈反又作襁同博物志云織縷為之廣八寸長丈二以約小兒於背○攷證云皇邢皆作襁注疏校勘記云釋文出繈字云又作襁同五經文字云襁作繈者非按五經文字非也古繈繦字從糸不從衣説文襁字乃淺人不

得其解而妄增之段玉裁說箋曰注包云負者以器曰襁也皇疏云襁者以竹爲之或云以布爲之今蠻夷猶以布帊裹兒負之背也按皇說是也段注說文糸部繈下云絲節粗長謂之繈又引申爲繈緥呂覽明理篇道多繈緥高注緥小兒被也繈褸格上繩也又直諫篇繈緥注繈褸格繩緥小兒褸也褸即縷格即絡織縷爲絡以負之於背其繩謂之繈高說最分明博物志云織縷爲之廣八寸長二尺乃謂其絡未及其繩也凡繩觕者謂之繈又注衣部襁下云假令許有此字當與襁篆爲類矣當删依段二說則繈爲正字襁爲後出分別文阮以張參謂繈字非爲誤是也繈襁鏹音俱爲居兩切居兩即居文　使於所吏反　遽其居反　瑗于眷反　史鰌音秋　苟完音桓　期月音基注同　勝　殘音升注同　王者于況反又如字注同　退朝直遙反周生烈云君之朝鄭云季氏朝　何晏於諫反　其與音預　不易以豉反　而喪息浪反　無樂音洛注同　葉公舒涉反注同本今作葉〇攷證作𦯀公云舊正文亦作葉公則校者不必云本今作葉矣蓋唐人避諱改葉爲𦯀宋時乃復其舊耳校語錄云據本今作葉語疑正文本作𦯀唐人避諱也箋曰按廣韵集韵玉篇類篇俱無𦯀字九經字樣十部迣廿音勢

今廟諱作廿此正文作葉公古逸本同當為葉傳寫誤為葉注云本今作葉皇邢本同字形隸變畧有殊矣左僖四年傳注云方城山在南陽葉縣釋文葉始涉反始涉舒涉用字異 **者說** 音悅 **莒** 居呂反 **父** 音甫注同 **毋欲** 音無 **公語** 魚據反 **直躬** 孔云躬身也鄭本作弓云直人名弓○攷證云案呂氏春秋當務篇引孔子云異哉直躬之為信也淮南氾論訓直躬其父攘羊而子證之注直躬楚葉縣人也躬蓋名其人必素以直稱者故稱直躬雖同孔本作躬而皆以躬為人名注疏校勘記云釋文出直躬云云案呂氏春秋當務篇云云淮南氾論訓及注云云蓋字雖作躬亦俱不解為直身箋曰注孔云直躬直身而行也皇疏云躬猶身也言無所邪曲也論語後案云莊子直躳證父尾生溺死淮南子直躳父攘羊而證之尾生與婦人期而死之二書以直躬對尾生似皆以躳為名高氏淮南注與鄭君注合也躳從身從呂作躬漢後字漢音躬弓同此經本作直弓也按皇申孔說黃申鄭義俱是也廣韻二十四職云直正也又姓楚人直弓之後是亦以直弓為姓名蓋本於鄭說也惠棟校云呂覽云直躬之信不若無信鄭說為長陸依經注故列孔說為首 **攘羊** 如羊反有因而盜曰攘 **父為** 于偽反下同○攷證云舊譌作注同今改正校語錄云注盧改下箋曰按

本經云父為子隱子為父隱並無注則注為下字誤盧改是也故法從之今依正　使於所吏反　稱弟亦作悌同大計反　行必下孟反注同　硜硜苦耕反　噫於其反　斗筲所交反竹器容斗二升　算悉亂反本或作筭○注疏校勘記云釋文出算字云云案鄭君注算數也不當作筭字漢書公孫賀傳贊及鹽鐵論大論並引作選乃算之假借字箋曰本經云何足算也注鄭云算數也按筭者算之器鉉音穌貫切讀去聲算者筭之用鉉音穌管切讀上聲穌貫即悉亂則此算義與許書同而筭音又與鉉讀同或本蓋讀筭為算是乃假筭為算以其義別而音同也禮記服問終喪之月筭孔疏謂著此殤喪服之麻終竟此殤之月筭數釋文月筭徐音蒜悉亂反徐邈即讀筭之音如算是其比阮謂為誤殆未深攷又按詩小雅車攻敘因田獵而選車徒焉釋文選宣兖反數也羣經音辨蘇管反則選算音義並同故阮謂選乃算之假借字是也　數色主反　狷音絹　醫於其反　善夫音符

所嗜常志反　好呼報反　惡烏路反注及下同　易事以豉反下同　難說音悅下同

度才徒洛反　剛毅魚既反　木訥奴忽反　質樸普剝反　遲鈍徒頓反

偲偲音緦本又作偲○注疏校勘記云釋文出偲偲云箋曰本經云朋友切切偲偲注馬云切切偲偲相切責之貌按廣韵七之息茲切偲字注引本經文云云集韵新茲切偲字注引馬說云云或作偲俱依本書然則陸此本作偲偲用本字皇邢本同他本作偲偲用或體古逸本同　怡怡以之反

憲問第十四

凡四十四章

在朝直遙反本今作在其朝○孜證云皇邢皆有其字箋曰注孔云君無道而在其朝食其祿是恥辱皇邢本皆依注增其字耳　好勝呼報反　行之下孟反一如字　危行下孟反注及下同　言孫音遜

以遠于萬反　宮适古活反本又作括　羿音詣　奡盪上五報反下土浪反　篡初患反　后相息亮反　寒浞仕捉反　少康詩照反　盡力津忍反　溝洫況域反　世皆王于況反　矣夫音符　勿勞力報反注同　來之力代反

裨諶上婢之反下時針反　草創初向反制也依說文此是創痍字創制之字當作刱○注疏校勘記云釋文出草創云云草創乃艸刱二字之假借箋曰說文五井部刱造注刱業也從井刅聲讀如創許君所云讀如每為當時之通假字此經作創正如許君之讀如也　乘以繩證反本今作乘車以○注疏校勘記云釋文出乘以云云箋曰注孔云鄭國將有諸侯之事則使乘車以適野而謀作盟會之辭也古逸本皇邢本並同蓋俱依孔注增車字耳　復治扶又反　掌使所吏反　孫揮許歸反　更此古衡反　故鮮仙善反　駢邑薄田反又薄亭反地名○箋曰注孔云駢邑地名也薄田為駢之本音薄亭蓋讀如瓶集韵青韵旁經切有駢注云地名論語駢邑三百正依本書　飯扶晚反　蔬所居反本今作疏　食如字又音嗣注疏食同　當理丁浪反

怨難乃旦反　驕易以豉反　公綽昌畧反本又作卓○攷證云舊繛譌綽案汗簡下之一綽作繛云見古論語今據改正釋文校勘記云舊繛作綽盧本據汗簡校改注疏校勘記云案說文繛或省作綽又汗簡云繛見古論語是魯論作綽古論作繛也按據汗簡改非也當云本又作卓校語錄云本又作綽非異文或正文作卓手箋曰惠校云綽當

作卓左傳作卓見徐邈本又唐扶頌云朝有公卓知古文卓讀為綽也按汗簡箋正五引釋文公綽云云郭氏猶見其本說文繛正篆綽或省右止當作卓乃從隸體增小誤夏無然則鄭珍與惠棟意合俱以為本又作卓阮校亦同今依正之

滕薛上徒登反下息列反 之知音智 孫紇恨發反 卞莊子皮彥反鄭云秦大夫○攷證云丁生履恒云韓詩外傳十魯興師卞莊子請從原誤作行則莊子是魯人宋本新序八云齊與魯戰卞莊子請行後漢書班固崔駰等傳亦皆以莊子為魯人顧生明云引鄭氏秦人之說殊誤荀子大畧篇齊人欲伐魯忌卞莊子不敢過卞箋曰註周生烈云卞邑大夫也皇邢疏俱未言卞邑為何地按春秋釋例五地名泰地下無卞魯地僖十七年卞云魯國卞縣彼經杜注同釋文卞皮彥反是魯卞邑大夫之證也

少時詩照反 公孫拔皮八反○攷證云皇本正作拔邢譌作枝顧生云鄭氏注禮記檀弓公叔文子名拔亦可證注疏校勘記云皇本枝作拔釋文出公孫拔云云禮記檀弓下公叔文子卒鄭君注文子衛獻公之孫名拔或作發疏引世本亦作拔困學紀聞六云衛公叔發注謂公叔文子論語孔注作公孫拔是王伯厚所見本尚作拔字養新錄云公叔文子朱注作公孫枝王伯厚以為傳寫之誤予嘗見俛士毅四書輯釋載朱文公論語

注公叔文子衞大夫公孫拔也又引吳氏程曰拔皮八反俗本作枝誤即公叔發乃知今世所行集注本非考亭之舊王厚齋所見亦是誤本據此則集解集注諸本枝字皆形近傳寫之譌案此疏中作技猶誤箋曰盧阮所說俱是也

不厭於饜反下同　**樂然**音洛　**以防**音房　**不要**一遙反　**所譖**莊鴆反　**知不**音智　**不辟**音避　**譎而**古穴反詐也　**朝之**直遙反　**狩**本亦作守手又反　**公子糾**居黝反注皆同　**名**音命　**民慢**武諫反　**從弟**才用反　**殺襄**申志反本今作弑○

本攷證云皇邢皆作弑注疏校勘記云釋文出殺襄云云考文所載足利本作弑與釋文合按述其實則曰殺正其名則曰弑注述其實也則當作殺箋曰注孔云襄公從弟公孫無知殺襄公邢疏云春秋左氏莊八年冬十有一月癸未齊無知弑其君諸兒是也彼經文作弑皇邢本依之與此陸言今本用字同按申志為試之本音此即讀殺為弑依注作音也周禮秋官大司寇釋文殺音試本亦作弑音試申志為直音反語用字之異詳彼箋

九合諸侯不以兵車史記云兵車之會三乘車之會六穀梁傳云衣裳之會十一范甯注云十三年會北杏又會柯十四年會鄄十五年又會鄄十六年會幽

二十七年又會幽僖元年會檉二年會貫三年會陽穀五年會首戴七年會甯毋凡十一會鄭不取北杏及陽穀為九也○攷證云案今穀梁注十三年下無又會柯有僖九年會葵邱皇邢疏所引皆同然鄭康成注論語亦有柯無葵邱則陸氏所引范注當有所本無誤也穀梁莊二十七年疏引鄭釋廢疾云去貫與陽穀或云與猶數也言數陽穀故得為九也僖九年盟於葵邱疏云論語一匡天下鄭不據之而指陽穀者鄭據公羊之文故指陽穀然則鄭注不數貫而數陽穀穀梁疏所言與公羊傳一一印合陸言鄭有貫無陽穀互誤矣箋曰總觀釋文所引范注及鄭君說略同惟會北杏下有又會柯字會甯毋下無九年會葵邱字為異耳按穀梁莊二十七年衣裳之會十有一廖平春秋經傳古義疏云據管仲未死以前為衣裳會也十一者北杏一二鄄三二幽五扈六貫七陽穀八首戴九甯毋十葵邱大會衣裳也孔子言九合者合二鄄二幽為二會據地而言傳據實數也依廖說則有扈無檉為異有葵邱無柯與穀梁范注同蜀本甯毋下正有九年葵邱四字又按莊十三年會于北杏揚疏云鄭范二說不同者鄭以孔子云九合諸侯北杏之會經無諸侯之文故不數之范以傳文直云衣裳之會不論諸侯多少北杏傳云齊侯宋公也故並以北杏數之僖三年會于陽穀范注云所謂衣裳之會疏云以傳有其文故注因顯之不謂直此會

是衣裳也二疏相比可知陸言鄭不取北杏及陽穀實有所本矣

者與　音餘

又相　息亮反下同

被髮　皮寄反下同

左衽　而審反一音而鴆反下同○注疏校勘記云閩本北監本毛本衽作袵按說文作衽袵乃衽之俗字箋曰邢疏云袵謂衣衿衣衿向左謂之左袵按說文八衽衣裣也鉉音如甚切如甚而審用字異則此首音爲本讀詩周南芣苢釋文衽入錦反又而鴆反衣際也入錦即此而審則此一音同於又音矣

大夫僎　本又作撰同士免反○攷證云舊撰作僎與正文小變其形實同一字誤也當作本又作撰古撰僎同字先進之僎士免反鄭作撰注疏校勘記云釋文出大夫僎云本又作撰案漢書古今人表又作大夫選古選撰僎三字並通先進篇子路曾皙章異乎三子者之撰釋文云鄭作僎又漢書食貨志白撰史記平準書本作白選校語錄云又作僎僎盧改撰箋曰撰蓋僎之後出字選爲僎之通借字盧校阮說俱是臧校及蜀本北館本皆又作撰今依正之

公朝　直遥反

行如　下孟反

子

曰衛靈公之無道　一本作子言鄭本同○攷證云皇作子曰邢作子言作子言是今皇本無道下又加久字考之疏本無注疏校勘記云皇本高麗本作子曰衛靈公之無道久也釋文出子曰衛靈公之無道云云箋曰按皇疏謂孔子

歎衛君無道也邢疏謂夫子因言衛靈公之無道則作子曰久蓋衍文盧校是也　夫如是音符下同　不
喪息浪反下同又如字　仲叔圉魚呂反　祝鮀徒何反　各當丁浪反　其言
之不怍才洛反慙也　弑簡本亦作殺同音試下同○攷證云皇本作殺疏中同注疏校勘記云皇本高麗
本弑作殺下同釋文出弑簡云云箋曰詳上殺裹申志反本今作弑箋　而朝直遥反　先齊齊必
沐浴側皆反亦作齊字　告夫音符下同　故復扶又反下同　之三子告本或作二
三子告非也○攷證云案陸氏但以此之字本或作二今皇本并上文公曰告夫三子君曰告夫三子者亦皆作二三子蓋後
人展轉增加注疏校勘記云皇本高麗本三上亦有二字釋文出之三子告云云案釋文惟此句云本或作二三子告且云非
也皇本高麗本於上兩句並有二字據皇疏云本不應告三子今君使我告三子又云三子告孔子曰又云三子既告孔子云
俱無二字今有二字甚誤箋曰本經云公曰告夫三子注孔云謂三卿也邢疏云哀公使孔子告夫季孫孟孫叔孫三卿也之
往也往三子所告之三子不肯討齊也則二為之字誤故陸云非盧校阮說俱是也　語之魚據反　諫爭

下作去聲　爲己于僞反注同　蘧伯玉其居反　使者所吏反下及注同　其行下孟反或如字　知者音智　不惑音或　方人如字孔云比方人也鄭本作謗謂言人之過惡○攷證云案以子貢言人過惡故子曰賜也賢乎哉言汝己身果皆賢乎而謗人也夫我則不暇謗人而自治古論謗字作方蓋以聲相近而通借注疏校勘記云釋文出方人云云案方與旁通謗字從旁古或與方通借故鄭本作謗讀書脞錄云讀左傳襄十四年庶人謗正義云謗謂言其過失使在上聞之而自改亦是諫之類也昭四年傳鄭人謗子產國語厲王虐國人謗王皆是言其實事謂之爲謗但傳聞之事有實有虛或有妄謗人者今世遂以謗爲誣類是俗易而意異也始悟子貢謗人之義如此箋曰注孔云比方人也邢疏云子貢多言嘗舉其人倫以相比方不論語後案云鄭君本作謗人史記弟子傳子貢喜揚人之美不能匿人之過意正同孫頤谷讀書脞錄云云案妄誣爲謗直陳人惡爲謗事分虛實而古人文字不嫌兩用也按黄說與阮同說文三謗毀也段注云謗之言旁也旁溥也大言之過其實論語子貢方人假方爲謗則段與盧說同謂方爲謗之借陸讀方如字者蓋從孔義也引鄭本作謗者則明二家異義也　夫我音符　暇行訝反　不億於力反

反怨紆萬反又於表反本或作寃○攷證云古怨與寃通箋曰注孔云或時反怨人也皇疏云言先覺或濫則反受怨責也論語後案云孔注怨當作寃見釋文以詐逆料人人未必詐以不信億度人人未必不信是以逆億者或反寃枉人而自失於詐不信也按黄說寃義是紆萬為怨之本音於表則轉平聲如鴛藴亦寃之讀易渙釋文所怨紆万反又紆元反畧例下同書湯誥寃紆元反皆為其證矣

丘何或作丘何為鄭作丘何是本今作丘何為是○攷證云案或作丘誤某下同何下必脫一為字今皇邢皆作丘何為是然皇疏云言丘何是為此本漏洒洒者乎則皇亦本作丘何是箋曰本經云丘何為是栖栖者與邢疏云栖栖皇皇也丘呼孔子名也何為如是東西南北而栖栖皇皇者與則何為如是蓋發問語詞故作何作何為作何是作何為是義皆同惟語氣畧有緩疾之殊耳

驥音冀古之善馬也

夫音符

不怨於袁反又於願反注同

不尤鄭云尤非也

伯寮力彫反

愬悉路反

譖也側鴆反

[illegible]子一睡反

市朝直遙反

也與音餘

辟世音避下同

適治直吏反

長沮七餘反

荷蕢上胡我反本又作何音同下其位反蕢草器也下皆同○注疏校勘記云案漢書古今人表正作何

蕢按何荷正俗字校語錄云河當作何箋曰蜀本河即作何與古今人表同今依正按注云蕢草器也皇疏云荷擔揭也蕢織草為器可貯物也當孔子擊磬之時有一人擔揭草器而過孔氏之門也按皇說是也說文八何儋也段注云何俗作荷猶儋之俗作擔也周易何天之衢王肅云何荷擔也凡經典作荷者皆後人所竄改今音擔何則胡可切然則阮謂何荷正俗字與段說同陸此本用俗字他本用正字

楚狂接輿音餘

閽人音昏本或作昏同〇注疏校勘記云釋文出閽人云云案周禮天官序官閽人注閽人司昏晨以啟閉者故字亦可省作昏箋曰注晨門者閽人也邢疏云晨門掌晨昏開閉門者謂閽人也按邢申何義是也說文門部閽常以昏閉門隸也日部昏日冥也銘音俱呼昆切則昏為閽人之音假字故陸以或本用昏

者與音餘

契契音苦計反一音苦結反〇箋曰本經云有心哉擊磬乎注云有心謂契契然邢疏云當孔子擊磬之時有擔揭草器之人經於孔氏之門聞其磬聲乃言曰有心契契然憂苦哉此擊磬之聲乎按邢說是也詩小雅大東云契契寤歎毛傳契憂苦也釋文契苦計反徐苦結反憂苦也則此一音本於徐讀也互詳彼箋

硜硜苦耕反

莫己音紀下斯己同〇注疏校勘記云莫己知也斯己而已矣各本上兩己字並誤作已案養

新祿云今人讀斯已而已兩已字皆如以考唐石經莫已斯已皆作人己之己而已作已止之已釋文莫己音紀下斯己同與石經正合集解此硜硜者徒信己而已皇疏申之云言孔子硜硜不宜隨世變唯自信己而已矣是唐以前論語斯己字皆不作止解由於經文作己不作已也已與己絕非一字宋儒誤讀斯己為以未免改經文以就己說也箋曰阮說是也此陸恐人誤讀故釋莫己連下斯己言之意二句連讀言世莫知己祇一己之孤行而已也與滔滔者天下皆是而誰以易之意正相同

則揭 起例反

揭揭 上起例反下起列反又皆起例反○箋曰本經云淺則揭注包云揭揭衣也邢疏云爾雅釋水文也孫炎曰揭衣褰裳也按釋水淺則揭揭者揭衣也郭注謂褰裳也釋文則揭起例反褰衣渡水也下揭者為揭同揭衣起例反或丘竭反說文云高舉也丘竭即此起列則起例讀褰衣渡水之揭即此包注之義謂由膝以下也起列讀高舉之揭蓋為許書之義謂由膝以上至帶也兩義不同故音有去入之別耳互詳彼箋

末之難 如字或乃旦反

○箋曰注末無也無難者以其不能解己之道皇疏云我道深遠彼是中人豈能知我若就彼中人求無譏者則為難矣又論語後案云何解以難為詰難之難史記五帝本紀索隱曰難猶說也凡事是非未盡假以往來之辭曰難按皇黃所解何義俱

是周禮春官占夢遂令始難毆疫注杜子春難讀為難問之難釋文始難劉依杜乃旦反則此或音正為黃解何義詰難之讀莊子說劒瞋目而語難釋文語難如字艱難也即此首音之義言無難者以其不解我道欲求其無識則艱難矣此為皇解何義之讀陸從之故列于首

不解音蟹本今作不能解○攷證云皇邢本皆有能字箋曰古逸本與皇邢本同不解謂不曉我也則有無能字僅是語氣輕重之差殊耳蓋陸所見本無能字

諒音亮信也

陰如字默也鄭讀禮為梁鵪杜預解左傳為諒闇貌也○攷證云案鵪舊譌鴿禮記喪服四制高宗諒闇注諒古作梁楣謂之梁闇讀如鶉鵪之鵪闇謂廬也今據改正又春秋正義二後漢書注四十四引鄭論語注諒闇謂凶廬也是與禮注同義釋文校勘記云舊鵪誤鴿盧本據鄭注禮記喪服四制校改箋曰子張引書云高宗諒陰注孔云諒信也陰猶默也邢疏云謂信任冢宰默而不言也禮記作諒闇鄭玄以為凶廬非孔義也今所不取按邢申注義是也書無逸高宗諒陰偽孔傳解云信默則此何用孔傳陸音義蓋本於書矣禮記喪服四制引書作諒闇釋文依注諒讀為梁闇讀為鵪音烏南反下同徐又並如字是舊鵪誤盧改是今從之諒讀為梁從古字闇讀如鵪即作庵烏南正釋其音論語後案引惠半農云古之闇今之庵也釋名釋宮云草屋曰蒲又謂之庵庵掩也誅

茅為屋謂之翦屏非庵而何依此則鄭意高宗居梁庵守父喪梁庵猶言凶廬也說文十二闇閉門也鉉音烏紺切段注云借以為幽暗字烏紺即彼釋文徐如字之音是依杜預義則杜謂高宗居父喪處幽暗之地也陸此引鄭杜之說以明與孔音義俱異者各隨文而言之也

中興 丁仲反

治也 直吏反本今作治者〇孜證云邢本作治者皇本者也二字並有箋曰本經注孔云冢宰天官卿佐王治者則者為別事詞指其人也邢本是古逸本同皇本亦有者字以也為助語皆陸所謂本今作治者若作治也無者字則詞義不完當誤

上好 呼報反

易使 以豉反

病猶

難 乃旦反

原壤 而丈反

夷踞 音據

不孫 音遜

弟 大計反

長無 丁丈反〇孜證云案各本長下皆有而字陸本或無之抑誤脫也注疏校勘記云釋文出長無云云是陸氏所據本無而字箋曰按經文云幼而不孫弟長而無述焉老而不死是為賊此三句平列而字皆為承上之詞若長下無而字則與幼老二句不倫故各本皆有之盧謂陸本誤脫是也

叩其 音口又音扣

脛 戶定反

傳賓 直專反

者與 音餘

不差 初佳反一音初賣反

衛靈公第十五

凡四十九章

問陣直刃反注同本今作陳○攷證云案顏氏家訓書證云太公六韜有天陳地陳人陳雲鳥之陳論語曰衛靈公問陳於孔子左傳爲魚麗之陳俗本多作阜傍車乘之車蒼雅及近世字書皆無唯王羲小學章獨阜傍作車縱復俗行不宜追改六韜論語左傳也據此則陳字從車六朝時本已如此今皇邢作陳又後改也注疏校勘記云釋文出問陣云云案陣爲陳之俗字顏氏家訓書證篇云云箋曰注孔云陳軍陳行列之法也按陳本大皞虙戲氏之墟正字俗借爲敶列之敶說文三敶列也鋋音直刃切段注云此本敶列字後人假借陳爲之陳行而敶廢矣亦本軍敶字冃下云讀若軍敶之敶是也後人別製無理之陣字陣行而敶又廢矣依段說則陳爲敶之借陳又爲敶之俗經典陳行而敶廢矣俗書陣行而陳又廢矣故陸此本用俗字他本用借字

行列戶剛反

俎豆側呂反

絕糧音粮鄭本作粻音張云糧也○攷證云案粻糧也爾雅釋言文舊云字譌作下今據改正糧皇作粮字俗注疏校勘記云皇本糧作粮釋文出絕糧云云案糧正字粻粮

皆俗字校語錄云下疑云之譌箋曰蜀本下正作云今依正按
說文七糧穀食也鉉音呂張切段注云周禮廩人鄭云行道曰

糧按詩云乃裹餱糧莊子子适百里者宿舂糧适千里者三月
聚糧皆謂行道也許云穀食則兼居者行者言然則此經云在

陳絕糧是言行道之糧也音粮益以俗字釋本字爾雅釋言郭
注今江東通作粮釋文音張禮記雜記云載粻鄭注粻末糧也

釋文粻陟良切米糧也陟良音張
用字異則粻即糧也是後起字

從者才用反　**之難**乃旦反　**慍**紆問反下同　**見**賢遍反下同　**斯濫**力暫反何云溢也鄭云竊也　**者與**音餘下非與也與同

以貫古亂反　**鮮**仙善反　**而治**直吏反　**夫何**音符　**行篤**下孟反下行不篤敬

亦同　**蠻貊**亡白反說文作貉云北方人也○孜證云案貉舊譌
貌今改正說文豸部云貉北方豸種從豸各聲孔子

曰貉之為言惡也校語錄云貌當作貉見肅慎之命書序箋曰
貌江校亦作貉貉字是也今依正按段注貉下云鄭司農云北

方曰貉曰狄周禮大甸獵祭表貉注云貉讀為十百之百俗作
貊貉鉉音莫白切亡白莫白為舌音類隔然則經文用俗字陸

順當文故引許
書以明其正也

參於所金反注同　**在輿**音餘　**倚**於綺反注同　**夫然**

音扶　枙音厄本今作軛○攷證云皇邢皆作軛箋曰注包云衡軛也按軛為軛之隸變枙為其借字前鄉黨釋文枙於革反本今作軛於革音厄為直音反語用字之異詳彼箋　紳音申　大帶如字　史䲡音秋　行

直下孟反　卷而卷免反注同　不與音預　不忤五故反　知者音智　易

知以致反　之輅音路本亦作路　越席戶括反　黈吐口反　纊音曠　盡善津忍反下同　遠佞上于萬反下乃定反　好德如好色並呼報反下章好行音同　者與音餘

遠怨于萬反注同　怨咎其九反　禍難乃旦反　行小慧音惠小才知魯讀慧為惠今從古○攷證云案漢書昌邑王傳清狂不惠注心不慧韓詩外傳五主明者其臣惠顏氏家訓歸心云辨才智惠義並當作慧是慧惠古通今皇本尚作小惠注疏校勘記云皇本慧作惠注同釋文出行小慧云云案古多假惠為慧如韓詩外傳五云主名者其臣惠漢書昌邑王傳云清狂不惠列子逢氏有子少而惠是也箋曰本經云好行小慧注鄭云小慧謂小小之才知也論語後案云徒矜自私用智之謀而剛愎行之也按戴解鄭義是也說文慧下段注云慧古多假惠為之然則古論用

本字魯論用借字矣　才知音智　為質一本作君子義以為質鄭本略同○攷證云案正文為質當作義以
為質臧氏云下方云君子哉明不當先有君子注疏校勘記云釋文出為質云云案文義君子字不當有孝經三才章疏引亦
無君子字經義雜記云有者係衍文蓋先說義以為質四句然後言君子哉明不當先言君子也箋曰臧說是也按本經末句
為君子哉皇疏云如上義可謂為君子之行也是不當先有君子字故盧阯皆從之陸氏亦以有君子為他本也古逸本作義
以為質即同盧說　孫以音遜　不爭爭訟之爭　與比毗志反　誰譽音餘下及注同
借人子夜反注同　今亡矣夫音符○攷證云皇本作今則亡矣夫多一則字注疏校勘記云皇本
高麗本今下有則字朱子集注本矣作已案宋石經作矣石經攷文提要引宋本九經岳珂本亦作矣今集注本作已非箋曰
皇本則字實衍　衆惡之烏路反注同　衆好之呼報反　比周毗志反　餒在
奴罪反餓也　知及音智注及下同　涖之音利又音類　子曰父在觀其志父
沒觀其行集解無此章鄭本有云古皆無此章　吾見蹈徒報反　不復扶又反　有

種章勇反　為謀于僞反　文豔以驗反　晃見賢遍反　在處昌慮反

道與音餘　相師息亮反注同馬云相導也鄭云相扶也

季氏第十六

凡十四章

顓音專臾音瑜顓臾附庸國也　見於賢遍反　窔音窑又音伏本亦作伏○攷證云皇作窔邢作伏注疏校勘記云皇本伏犧作窔犧釋文出窔字云云案五經文字云窔論語注亦用作窔犧字音伏是唐時論語注俱作窔犧箋曰毁注說文窔下云此字經典作窑則此音窑即讀窑音伏讀伏故字又為伏矣　羲許宜反　過與音餘下同

相其息亮反　為之上音于僞反　夫顓臾音符下今夫疾夫夫如是並同　邦域邦或作封○攷證云惠云且在邦域之中孔氏云魯七百里之封顓臾為附庸在其域中依孔注邦當作封古字邦封同案邢疏云魯之封域方七百里顓臾為附庸在其域中也又云顓臾為附庸在此七百里封域之中也則邢作疏時本作在封域之

中不知何時依釋文正字改注疏校勘記云釋文出邦域云云案邦與封古字雖通然此處疑本作封字孔注云魯七百里之封邪疏云云又云云皆作封字可證箋曰釋名釋州國云大邑曰邦邦封也封有功於是也則邦以諸侯之土界言封以爵命諸侯之是土言說文土部𡉚古文封省邑部峕古文邦段注云從㞢田之適也所謂往即乃封古文封字亦從之土依此則封邦音義俱合故盧云古字同也邢本作邦非為封改陸故以此本用邦他本用封 **周任**音壬注同 **度己**待洛反 **焉用**於虔反 **相矣**息亮反注同下相夫子同 **虎兕**徐履反 **於匣**户甲反本今作柙〇攷證云皇邢皆作柙注疏校勘記云釋文出於匣云云五經文字云柙與匣同見論語案柙訓檻匣訓匱是柙為正字匣為假借字箋曰阮說是也本經云虎兕出於柙注馬云柙檻也按說文六柙檻也所以藏虎兕也廣韻胡甲切則皇邢俱用正字陸本為借字矣 **於櫝**音獨注同〇攷證云舊誤作下同今改正校語錄云下同盧改注同箋曰按本經云龜玉毀於櫝中注馬云櫝匱也下文無櫝字則盧改是故法從之今亦依正 **檻**户覽反 **匱也**其位反 **於費**悲位反注同 **必為子孫憂**本或作後世必為子孫憂〇攷證云案今皇邢本皆有後

世字然皇疏云不言季孫是貪顓臾欲伐取之而假云顓臾固而近費恐為子孫憂疑本無後世字注疏校勘記云釋文出必為子孫憂云云箋曰按盧引皇說乃申下經文孔子曰求君子疾夫之義若本經文皇疏則云子孫季氏之子孫也冉有又言顓臾既城郭堅甲利兵又與費邑相近在今日猶可撲滅若今不伐則後世必為季氏子孫之憂也依此則本又有後世字可見陸前已有此二本行世也故陸並著而不非之

舍曰 音捨注同

疾夫 音符○校語錄云疾夫條衍已見上注箋曰法說是也攷上文夫顓臾注云音符下疾夫同盧本删此四字是也然攷證未及

政治 直吏反本今作理○攷證云皇作治邢作理是唐已後本注疏校勘記云皇本理作治釋文出政治云云箋曰段注說文治下云按今字訓理蓋由借治為理則理為本字而治為借字以其時經文用借字故古逸本皇本俱與釋文同

離析 星歷反

邦內 鄭本作封內

盾 又作楯並食允反○攷證云皇邢本作楯注疏校勘記云釋文出盾字云云箋曰說文六楯闌檻也鉉音食允切段注云闌檻者謂凡遮闌之檻今之闌干是也古亦用為盾字按段說是也盾之義為敵經典謂之干本經孔注云干楯也則用借字陸用本字矣

不在顓臾 或作不在於顓臾○注疏校勘記云唐石經高麗本

在下有於字釋文出不在顓臾云云箋曰按經文云吾恐季孫之憂不在顓臾而在蕭牆之内也皇疏云汝恐顓臾而我恐季孫後世之憂不在於顓臾也然則陸言或本有於字蓋因皇疏而增之殊非經文之舊　乾侯音干　陪臣蒲回反　陪重直龍反　政逮音代音弟一　故夫音符　便辟上婢緜反下婢亦反注及下皆同○攷證云案公羊定四年傳疏云便辟謂巧為譬喻又云今世間有一論語音便辟為便僻者非鄭氏之意通人所不取矣據此則讀辟為譬本鄭注也馬融則讀為避與鄭義異故皇本注中作避乃惠云馬鄭皆讀辟為譬誤注疏校勘記云高麗本辟作僻案馬讀辟為避鄭讀辟為譬今高麗本作僻蓋與釋文同今既采馬注而字又作僻其誤甚矣箋曰注馬云便辟巧避人所忌以求容媚者也是馬讀辟為避論語後案云便辟者習慣其般旋退避之容一於卑遜是足恭也按黄說正為釋文婢亦之義便辟之本讀也高麗本作僻則義為邪僻廣韵芳辟切敷紐與便辟奉紐聲異阮謂作僻者與釋文同失審

便佞乃定反　三樂五教反下不出者同　禮樂音岳　驕樂音洛下宴樂同　佚遊本亦作逸音同○注疏校勘記云釋文出佚遊云云按佚逸字多通用箋曰注王云佚遊出入不知節也皇疏云心中所愛樂

忞於自逸悆悆而遨遊不用節度也則皇說以逸爲佚按說文八佚佚民也鉒音夷質切段注云論語微子篇逸民伯夷叔齊虞仲夷逸朱張柳下惠少連按許作佚民正字也作逸民者假借字古佚逸多通用與阮說同陸以此本用正字與經文同他本用借字與皇疏同 三愆起虔反 躁早報反魯讀躁爲傲今從古○孜證云案未及言而先自言之是以己所知者傲人之不知也注疏校勘記云釋文出躁字云云案荀子勸學篇云未可與言而言謂之傲鹽鐵論孝養章云言不及而言者傲也皆用魯論箋曰盧阮所說俱是也注鄭云躁不安靜邢疏云謂君子言事未及於己而輒先言是謂躁動不安靜也按躁依說文作趮趮疾也鉒音則到切則到早報用字異段注云今字作躁則鄭本古論用俗字按傲者倨也與趮韵同義近故魯論用之 隱匿女力反 之瞽音古 趣鄉許亮反本又作向 少之詩照反 在鬬丁豆反 在得或作德非○注疏校勘記引釋文在得云云箋曰本經云及其老也血氣既衰戒之在得注孔云得貪得也邢疏云老謂五十以上血氣既衰多好聚斂故戒之依注疏皆以此字即指得失言之直截自然若改爲道德字頗乖文義故陸言其爲非也 易知以豉反 恢疏苦回反 狎大户甲反

侮聖亡甫反　忿芳吻反　思難乃旦反　如探吐南反　蒲坂音反　華
山如字又戶化反　謂與音餘　陳亢音剛又苦浪反○攷證云案說文作伉注疏校勘記云說文云論語
有陳伉案亢字子禽與爾雅亢鳥嚨話訓相合作伉似非也然漢書古今人表陳亢陳子禽為二人段玉裁說箋曰說文之伉
云人名鉉音苦浪切亢云人頸引申為高舉之義鉉音古郎切古郎音剛為直音反語用字之異則此首音為亢本讀觀陸列
音其意亦以為亢字段說是也故阮從之　鯉音里伯魚名也　之遠于萬反　之稱尺證反下同
嫡妾丁歷反本又作適同○注疏校勘記云釋文出嫡妾云云箋曰儀禮喪服釋文言嫡本又作適同丁狄反丁狄
即丁歷互詳彼箋

陽貨第十七

凡二十四章

歸孔子如字鄭本作饋魯讀為歸今從古○注疏校勘記云釋文出歸孔子云云案歸饋古今字儀禮聘禮注今文歸

或為饋箋曰本經云歸孔子豚注孔云欲使往謝故遺孔子豚也皇疏云歸猶餉也既名孔子孔子不與相見故又遺人餉孔子豚也按皇申孔義是也前先進篇詠而歸釋文如字鄭本作饋饋酒食也魯讀饋為歸今從古與此同詳彼箋又按聘禮古今文疏義云士虞禮注云饋猶歸也饋與歸音義並通詳鄭意是魯論直以歸為歸還之歸與古論饋餉異義故鄭必從古作饋此經古文作歸者本與饋同義故不必改從今文作饋依胡說則鄭注論語與注儀禮各從所作儀禮古文不必與論語同阮以禮注釋之遽謂歸饋古今字殊非論語鄭義陸云如字者蓋即讀歸之本義也　豚徒門反　故遺唯季反

塗字當作途音徒○注疏校勘記云釋文出塗字云云按古道塗字多作涂從辵從土皆後出字箋曰本經云遇諸塗注孔云塗道也於道路與相逢也論語後案云說文無塗途字古用涂按黄說是也段注說文涂下云古道塗塗塈字皆作涂則塗途俱為後起分別文阮說是也涂為水名蒤亦假借字耳　不治直吏反　好從呼報反注同

而亟去冀反　謂知音智注同　數色角反　彊賢其丈反○釋文校勘記云葉本彊作强案五經文字云彊盛字本合作此字强者蟲名今經典相承通用之箋曰北館本書眉朱書云宋作强皇邢本及臧校並同說文

弓部彊弓有力也虫部强蚚也段注云假借為彊弱之彊然則此本為本字與說文同葉本用借字與皇邢本同

莧爾 華版反本今作莞○攷證云惠云周易夬之九五曰莧陸夬夬虞翻注云莧悅也讀如夫子莧爾而笑之莧是漢以來皆作莧唐石經作莞非廣雅莧笑也疑莧字小變皇邢本皆作莞爾注疏校勘記云釋文出莧爾云云案易夬莧陸夬夬虞注云云是仲翔所見本亦作莧字箋曰注莞爾小笑貌論語後案云文選東京賦薛注莞然舒張面目之貌釋文莞作莧喜貌李氏周易集解夬卦注引虞翻曰莧說也讀夫子莧爾而笑之莧是虞氏所據論語本作莧然則莧為聲借字莞為後出字廣雅釋詁一疏證引本經及注云云莞各本作莧乃隸書之譌

焉用 於虔反 易使 以豉反注同 從

行 才用反 弗擾 而小反 以費 悲位反 不說 音悅 夫名 音符 佛 音弼 肸 許密反

磨而 末多反○箋曰摩在戈多在歌此時歌戈混用學而釋文摩一本作磨末多反治石曰磨是其比

不磷 力刃反薄也 涅而 乃結反說文云黑土在水中者也○攷證云舊涅作涅非今改正釋文校勘記云通志堂本涅誤涅水誤木盧本校改校語錄云涅盧改涅謂字疑衍木當作水箋曰本經云涅而不緇注孔云涅可以染皁言至

白者染之於涅而不黑按孔申經義是也說文十一涅黑土在水中者也從水土日聲段注依本書補者字鉉音奴結切奴結
即乃結則作涅非字盧改阮校俱是也陸引說文已有云字法言謂字衍文亦是俱依正之　不緇側其反　皁
才早反　能汚汚辱之汚一音烏又烏故反○校語錄云烏故反與汚辱之汚無異再通攷箋曰說文十一洿濁水
不流也鉉音哀都切汚薉也鉉音烏故切段注云薉者蕪也地云蕪薉水云汚薉皆謂其不潔清也然則此言汚辱之汚與烏
故皆為其本讀一音而有二反語書亂征釋文汚烏故反汚辱之汚是其證音烏哀都為直音反語之異一音即又音葢
讀汚為洿洿汚義畧同故假借洿音為汚也　匏瓜上薄交反下古花反　焉能於虔反　瓠戶故
反　一處昌慮反下同　六蔽必世反　知音智　吾語魚據反　好仁呼報
反下同　所適丁歷反　相為于偽反　也絞交卯反　妄抵丁禮反　夫
詩音符　以興許應反注同　以觀如字注同　切磋七何反　怨刺七賜反
邇之音爾　召南上實照反下及注同　也與音餘　淑女受六反下如字　如鄉許亮

反又作向同　**内荏**而審反柔也　**穿踰**音瑜本又作窬音同說文作窬穿木戶郭璞云門邊小竇音臾

一音豆○攷證云案舊本引說文作穿窬本戶今據本書訂正唐韻窬羊朱切皇疏引傳云篳門珪窬窬竇也據孔注窬窬牆也陸氏作踰則當讀為孟子踰東家牆之踰乃皇邢本皆作窬義疏釋文說多混注疏校勘記云釋文出穿踰云本又作窬音同案孔注云窬窬牆也則字當從踰校語錄云本疑木之譌盧校改作說文作窬穿木戶也箋曰王校墨筆云當云說文作窬穿木戶然說文之意乃謂圭竇之竇與郭璞同意將無穿窬者謂穿通其窬而入邪按皇疏云小人為盜或穿人屋壁或踰人垣牆可見皇意亦以孔說窬牆之窬為孟子踰東家牆之踰與陸氏此用字同者蓋二人皆依孔注為釋也說文七窬穿木戶也錠音羊朱切羊朱即音瑜為用字異則此音又為窬之讀陸引作穿窬木戶盧校王校俱謂當作窬穿木戶是也今依移之禮記儒行篳門圭窬鄭注圭窬門旁窬也穿牆為之如圭矣釋文窬徐音豆說文云穿木戶也郭樸三蒼解詁云門旁小窬也音臾左傳作竇杜預云圭竇小戶也則此一音為或音或音者謂又有作此音者蓋本於徐讀矣音臾即音瑜皇疏引傳篳門圭窬者謂孔注窬義與之同穿窬穿牆為孔也言穿孔而入竊故云窬竇也窬讀音或同竇即陸引證郭樸門邊小竇之意也

與音餘　鄉原如字又許亮反○箋曰邢疏云舊解有二周曰所至之鄉輒原其人情而為意以待之是賊亂德也何晏云一曰鄉向也古字同謂人不能剛毅而見人輒原其趣嚮容媚而合之言此所以賊德也然則鄉有二義周之言為鄉里謂人若凡往所至之鄉何之言為趣向謂見人輒趣向以求合陸云如字即讀鄉之本音依周義作釋也許亮反蓋讀作向向上文如鄉許亮反又作向同可證則依何義作釋也

是敗亂敗或作賊字○攷證云皇邢皆作賊陸作敗疑非注疏校勘記云釋文出是敗亂云云箋曰注周云所至之鄉輒原其人情而為意以待之是賊亂德也論語後案云己無立志復使鄉人迷於正道故賊德孟子引之曰亂德亂賊同依黃說賊德即亂德則此陸作敗亂德不誤蓋所見本如是耳

趣鄉許亮反本今作向○攷證云案皇作向此承一曰鄉向也來不宜仍作鄉字邢本作嚮亦通注疏校勘記云皇本嚮作向釋文出趣鄉云云箋曰古逸本與皇本同段注說文鄉下云鄉者今之向字漢字多作鄉今作向則向為其借字古逸本皇本用之嚮為後出分別文邢本用之陸書作鄉蓋順經傳之文非誤詩標有梅釋文鄉本亦作嚮又作向同許亮反是其比耳

則傳直專反　說之音悅　與哉音餘本或作無哉○攷證云案作字當衍注疏校勘記云釋文

出與哉云云箋曰本經云鄙夫可與事君也與哉注孔云言不可與事君按經傳釋詞四云歟古通作與與為問詞與哉同義連言之則曰與哉禮記檀弓曰我弔也與哉論語陽貨篇曰鄙夫可與事君也與哉是也陸此云本或作無哉則失此語氣疑無為與形近之譌因知盧謂作字衍文非是 **邪媚** 上似嗟反下武冀反 **廉** 魯讀廉為貶今從古 **忿**

戾 力計反 **惡紫** 烏路反下同 **閒色** 閒厠之閒 **其邪** 似嗟反 **覆** 芳服反注同

能說 音悅本今作悅 **天何言哉** 魯讀天為夫今從古 **孺悲** 而樹反字亦作⿰子耎〇孜證云⿰子耎乃俗孺字注疏校勘記云釋文出孺悲云云案五經文字云孺經及釋文或作⿰子耎與孺同箋曰禮記雜記下釋文⿰子耎悲而樹反云云本亦作孺與此大小字互易者以其各有所本也按孺之作⿰子耎蓋為偏旁之需隸變作耎如濡之作渜襦之作䙕是其比則盧謂⿰子耎為俗字是也

為其 于偽反 **令將** 力呈反 **期已久矣** 音基下同一本作其〇孜證云按疑當作朞箋曰說文七稘復其時也鉉音居之切段注云言帀也十二月帀為期年中庸一月帀為期月左傳旦至旦亦為期今皆假期為之期行而稘廢矣居之音基為直音反語用字之異尚書堯典朞三百釋文朞居其反正讀期為稘若期

說文月部會也鈕音渠之切盧疑期當作朞殊不審朞為期之隸變即讀作居之切之𥝩矣陸此作期正順當文音基則依經義為釋也

鑽子官反　燧音遂　期可居宜反　更火古衡反一音古孟反　柘章夜反

柞楢上子各反下羊久反又音由　槐音懷　食夫上音嗣下音符下同　衣於既反

不樂音洛　昊天胡老反　博弈音亦　為其于偽反　擄樂五教反又音洛○攷證云舊謌音樂今改正校語錄云盧改音洛箋曰說文六樂五聲八音總名鈕音玉角切玉角即為樂之本音五教則讀愛好之樂音洛即讀哀樂之樂俱為其引伸之義此注馬云為其無所據樂善生淫慾也是非樂之本讀盧改是也蜀本正作洛今依正之

淫慾音欲又羊住反本今作欲○攷證云皇作慾邢作欲注疏校勘記云皇本欲作慾下有也字釋文出淫慾云云按欲慾古今字箋曰阮說是也段注說文欲下云古有欲字無慾字後人分別之製慾字殊乖古義與阮說同禮記學記釋文情慾音欲一音喻音喻羊任為直音反語用字之異互詳彼箋

有惡烏路反除稱人之惡注為惡三字餘同音

好稱呼報反　而訕所諫反　而窒珍栗反魯讀窒為室今從古○攷證云惠云韓勑修

孔廟後碑亦以窒為室漢書功臣表有清簡侯室中同史記作空中徐廣曰空亦作窒知室與窒通注疏校勘記云釋文出而窒云云案室乃窒之省文隸釋載漢韓勑修孔廟後碑以窒為室箋曰注馬云窒窒塞也珍栗為窒之本音陸音從馬說也隸書從穴從宀每每相混魯論作室正其比

徼以古堯反鄭本作絞古卯反○注疏校勘記云釋文出徼以云云案敫聲交聲古音同部故得通借箋曰注孔云徼抄也抄人之意以為己有論語後案云孔訓徼為鈔邢疏引曲禮毋勦說以證之徼鈔勦音同又徼訓遮見司馬相如封禪文鈔遮義相足按黃說是也曲禮注云勦猶擥也謂取人之說以為己說釋文勦初交反與鈔音義俱同古堯即為徼之本讀莊子寓言作邀釋文邀古堯反玉篇云抄也遮也可證古卯蓋為絞之音與徼雙聲鄭本作絞者是以聲借也

為知音智

抄也初交反

不孫音遜下同

訐以居謁反攻人陰私說文云面相斥字林紀列反○箋曰注包云訐謂攻發人之陰私也論語後案云訐者發人細失誣人陰過也唐太宗以上書者多訐人細事立禁以讒人罪之此惡發人細失者也宋蔣之奇誣奏歐陽永叔陰事當時惡之者以陰事無可徵據而誣之也按黃舉證以申包義是也居謁為訐之本讀陸從包說也說文三訐面相斥罪相告訐也鉉音居謁切陸引之者明包訐

音義正同也紀列蓋讀如蹤廣韵集韵十七薛蹤紐俱無之則呂讀或方俗語之轉音也　近附近之近　遠之于萬反　見惡烏故反注同　善行下孟反

微子第十八

凡十四章

紂之直又反　行異下孟反　三息暫反又如字　黜勑律反　焉往於虔反　當

復扶又反　枉道紆往反　齊人歸如字鄭作饋其貴反○攷證云案書中歸字鄭本多作饋箋曰注孔云桓子使定公受齊之女樂皇邢云歸猶餉也季子使定公受齊之餉也其貴即為饋餉之讀皇讀歸為饋與鄭本同從古論陸云如字則讀歸之本音從魯論也陽貨篇歸孔子豚釋文如字鄭本作饋魯讀為歸今從古詳彼箋　女樂並如字注同　不朝直遥反注同　接輿音餘下同　乃見賢遍反　可復扶又反下同

辟亂音避下同　殆而魯讀期斯已矣今之從政者殆今從古○注疏校勘記云已而已而今之從政者殆而釋

文出殆而云云箋曰皇疏云殆而者言今從政者皆危殆不可復救治之者也邢疏云而皆語辭也論語後案云歌語哀追為韵哀古音以齊綫之讀為正已殆殆為韵詩蒹葭節南山已采殆韵三而字亦韵按依邢黄說此陸故云今從古

孔子下包云下車也鄭云下堂出門也○攷證云案莊子人間世云孔子適楚楚狂接輿遊其門曰鳳兮鳳兮何如德之衰也云云可為下堂出門之證注疏校勘記云高麗本孔子下有之門二字案有頗與古合蓋接輿乃楚狂之名過孔子者過孔子之門也莊子人間世言孔子適楚楚狂接輿遊其門正指此事故鄭君注孔子下云下堂出門最為明確包咸以下為下車誤甚箋曰皇疏引江熙曰言下車明在道聞其言也此申包義與陸列於首意同阮氏校記據鄭義謂上節當依高麗本作過孔子之門而引莊子人間世之説為證則又一義也故陸並存而不言有是非也又按皇疏云時孔子適楚而接輿行歌從孔子邊過孔子初在車上聞之感切於己故下車欲與之共語也然則包説亦通阮以下車為誤殆失陸旨矣

長沮七餘反 **桀溺**乃歷反 **耦而**五口反 **廣**古曠反 **夫執**音符 **丘與**音餘 **言數**所角反 **處也**昌慮反下同本今無也字 **孔子之徒與**音餘一本作子是本今作孔丘之徒與○攷證云案

此正文當作是魯孔子之徒與一本作子是即是魯二字之異文注疏校勘記云釋文出孔子之徒與云云案史記孔子世家作子孔丘之徒與箋曰按依史記則子是非是魯二字之異文云子孔丘之徒與子是孔丘之徒與則詞句有主語云孔子之徒與是魯孔丘之徒與則詞句省主語俱承上文仲由言之故於文義無殊也

滔滔吐刀反鄭本作悠悠○攷證云案史記孔子世家載論語云悠悠者天下皆是也裴駰集解引孔安國曰悠悠者周流之貌也又文選四十九干令升晉紀總論悠悠風塵注所引亦同是古論作悠悠鄭孔皆同何晏依魯論作滔滔采孔注而改之妄甚注疏校勘記云釋文出滔滔云云案史記孔子世家亦作悠悠文選晉紀總論注引孔注云悠悠者周流之貌也鄭作悠悠亦從古論今注中仍作滔滔當是何晏從魯論妄改箋曰注孔云滔滔者周流之貌也文選十四班固幽通賦引作慆慆李注引曹大家曰慆慆亂貌段注說文慆下云古與滔互假借則慆慆蓋滔滔之假借吐刀即滔之本讀是陸意孔原作滔滔故引鄭本作悠悠明二家用字形音不同而義則一也

治亂直吏反

空舍音捨

辟人音避○攷證云皇作避蔡邕石經論語殘碑亦作避世箋曰儀禮釋文賔辟音避音避即讀辟作避此以本字釋借字皇作避者用本字也

耰音憂○攷證云案說

文木部櫌摩田器從木憂聲論語曰櫌而不輟字不從耒蔡邕石經作櫌不輟注疏校勘記云漢石經耰作櫌案說文亦引作櫌與漢石經合五經文字云櫌音憂覆種見論語經典及釋文皆作耰箋曰注鄭云櫌覆種也皇疏云覆種者植穀之法先散後覆也按皇申鄭義是也說文櫌下段注云鄭曰耰覆種也與許合許以物言鄭以人用物言齊語深耕而疾耰之以待時雨韋曰耰摩平也然則耰為櫌之後出字櫌從木言其器為木所製者耰從耒言其人用之摩田如耒也故說文用櫌經典及釋文皆用耰

不輟張劣反

覆種章勇反下字同

憮音呼又音武○箋曰本經云夫子憮然注云為其不違己意而便非己也邢疏云憮失意貌謂不違己意而便非己也按邢說是也說文十憮一曰不動鉉音文甫切段注云論語夫子憮然三蒼曰憮然失意貌也於此義近文甫音武為直音反語用字之異則此又音為本讀音呼蓋讀如呼集韻模韻呼紐憮注云憮然失意貌依本書首音矣

徒與誰與並如字又並音餘○攷證云宋今本皆作徒與而誰與箋曰本經云吾非斯人之徒與而誰與注孔云吾自當與此天下人同羣安能去人從鳥獸居乎邢疏云與謂相親與我非天下人之徒衆相親與而更誰親與言吾自當與此天下人同羣安能去人從鳥獸居乎按孔注邢疏俱是也如字為與之本

讀即孔所謂吾自當與此天下人同羣言吾必與人為徒也音餘蓋讀為歟即邢所謂我非天下人之徒衆相親與而更誰親與而語辭也陸所見本無

子路從才用反荷何可反又音何蓧徒弔反本又作條又作莜○攷證云案說文莜艸田器從艸條省聲論語曰以杖荷莜是莜為正字論語本與說文合條乃條杖字說文云小枝枝論語作荷條於六書為假借今作蓧不省集解載包咸注蓧竹器與說文異皇本竟作篠疏云以杖擔一器蘿篚之屬則其誤已久注疏校勘記云皇本蓧作篠釋文出蓧字云云案說文玉篇竝引作莜是莜為本字蓧為假借字條又為蓧之省者文史記孔子世家引包氏注蓧草器名也字當從艸無疑今包注作竹器竹乃艸字之訛皇本竟改從竹作篠並蘿篚之屬誤益甚矣箋曰論語後案云蓧據邢疏說文引此作莜云芸田器也今說文作艸田器邢所見說文本作芸田器當依邢與韵會合蓋芸田所用之器也皇本蓧作篠者疑後人因包注云竹器而誤改從竹邢不辨從艸從竹之異邢氏本當從艸與說文合也按黄說與阮校同是也段注說文即依韵會改艸田作耘田竝云子路見丈人手用杖莜加於肩行來至田則置杖於地用莜芸田植杖者置杖也云以杖荷莜置杖而芸則莜為芸田器明矣集解包曰莜竹器此有脫誤然則莜為本字條為借字後人因莜為艸田器遂於條

字加艸頭作蓧隸書從艸從竹相混又變作蓧包注釋為竹器皇疏遂以為籮篋之屬盧阮俱謂為誤是也

不分 包云如字鄭扶問反云猶理○箋曰本經云五穀不分注包云不分植五穀論語後案云釋文引鄭君注分猶理皇疏分播種也義兩通按黃說是也如字即讀分播之義禮記儒行釋文分散方云反是其音扶問則為部分之讀奔喪注晝夜之分釋文分扶問反可為證矣

而索 所白反

植其 音值又市力反○攷證云案隸釋載石經殘碑植作置古置植字通箋曰說文六櫃為植之或字鉉音常職切段注云植之引伸為凡植物植立之植置亦直聲也故盧謂置植古字通常職即市力按包注云植倚也皇疏植豎邪疏倚立正此又音之義謂文人荅子路問豎立其所荷之杖也音值蓋讀種植之植

而芸 音云多作耘字芸香草也○攷證云案隸釋載石經作耘注疏校勘記云漢石經芸作耘釋文出而芸云云案耘為本字芸乃假借字箋曰注孔云除草曰芸皇疏云芸除田中穢草也按芸訓除草依說文䢀除苗間穢或從芸作蕓段注謂今字省艸作耘然則省艸之耘俗字也陸言多作者香草之芸借字也即陸此本所作者

倚也 其綺反

拱 居勇反 **而食** 音嗣 **見其** 賢遍反 **以語** 魚據反 **長幼** 丁丈反 **已**

知音紀一音以○攷證云案皇疏云濁世不用我道而我亦反自知之也邢疏云孔子道不見用自己知之也則皆音紀然音以是箋曰音紀即讀自己之已皇邢說是也音以則讀巳經之已言孔子之仕所以行君臣之義故已知其道之不行一音即又音也

朱張並如字衆家亦為人姓名王弼注朱張字子弓荀卿以比孔子鄭作侏張云音陟留反○注疏校勘記云釋文出朱張云鄭作侏張云音陟留反案鄭氏不以朱張為人姓名故讀朱如周朱周一聲之轉書譸張為幻本或作侜張亦作侏張此言逸民之行皆不合於正故云侏張猶師古注夷逸謂竄於蠻夷而遁亦不以為人姓名也箋曰皇疏引王弼曰朱張字子弓荀卿以比孔子今序六人而闕朱張者明取舍與己合同也則王意謂朱張之行與孔子同故不論也按此說與末節不合論語後案云鄭仲輿云朱張猶書之譸張即陽狂也校勘記以書譸張本或作侜張或作侏張朱周一聲之轉鄭注作者七人不數夷逸朱張知不以為人名也是則黄說與阮同陸言朱張並如字即讀人名之音依衆家之義陟留蓋讀作譸與侜譸張侜張俱非人名陸引王鄭為釋者所以明二家之讀音義皆異也

少連詩照反下同

齊與音餘

之朝直遥反

言中丁仲反下同

應倫應對之應下同

思慮息嗣反又如字

不復扶又反 廢中方肺反馬云棄也鄭作發動貌○箋曰注馬云遭世亂自廢棄以免患合於權也皇疏引江熙曰晦明以遠害發動中權也按江說申鄭義則馬鄭說兩通論語後案引曹據之云行則潔清廢則通變行與廢對其義自協則以馬義為勝方肺即為廢之音陸為經字作釋列馬說為首者即曹說之意耳 大師音泰 摯音至 亞於嫁反○攷證云亞舊倒在摯上今移正校語錄云盧移亞字條於摯字條下箋曰盧校是也按本經云大師摯適齊亞飯干適楚依次則摯字條當在亞字條上故法從之今依正 飯扶晚反下同 繚音了 缺窺悅反

播彼佐反搖也 鼗徒刀反亦作鞉○攷證云皇作鞀誤鞉邢作鼗注疏校勘記云皇本高麗本鼗作鞀釋文出鼗字云亦作鞉案說文鞀或從兆作鞉或從鼓從兆作鼗此作鼗乃鼗之變體箋曰皇疏云鞀鞀鼓也邢疏云鼗如鼓而小有兩耳持其柄搖之旁耳還自擊依說文則鞀為正字鞉鼗俱為或體鼗又鼗之變體矣阮說是也 少師詩照反 不弛舊音絁又詩紙反又詩豉反孔云以支反一音勑紙反落也並不及舊音本今作施○攷證云案皇邢朱皆作施集注云陸氏本作弛福本同注疏校勘記云釋文出不弛云本今作施案施弛古字通禮記孔子閒居引詩弛其文德注弛作施

周禮遂人以其施舍注云施讀為弛箋曰孔子閒居注云弛施也釋文弛徐式氏反一音式支反皇作施式支音施俱作施為直音反語用字之異則此舊音同彼一音舊音即或音陸言諸家並不及或音也式氏即詩紙則為弛之本讀是此又音本彼徐讀也互詳彼箋詩鼓蓋讀如翅亦為施之讀與首音平去相承以支則讀作移按此注孔云施易也不以他人之親易己之親施移讀同故陸以之釋孔義皇疏云是因不失其親也易訟釋文褫徐敕紙反王肅云解也則此一音即本於徐讀弛為褫其訓與王說同也

施易音亦下同

周有八士鄭云成王時劉向馬融皆以為宣王時○孜證云案晋陶潛集聖賢羣輔錄上云周八士見論語賈逵以為文王時晋語說文王即位詢於八虞賈逵誤唐云八虞周八士皆在虞官漢書古今人表載周八士在中上列成叔武霍叔處之前二人皆文王子則班固亦以為文王時箋曰論語後案云周書和寤解王乃屬翼於尹氏八士孔晁注八士武王賢臣則又為文武時人春秋繁露郊祭篇云四産得八男皆君子雄俊此天所以興周國以董子興周之言孜之當在文武時按黄引周書春秋繁露與賈班說同與鄭劉馬說異詩思齊疏引鄭君注以八士為周公相成王時所生是則陸孔所見鄭說同

伯适古活反

季騧古花反

四乳如注

反又如主反

生 所幸反又如字〇攷證云邢本云生八子與釋文合皇本作得八子注疏校勘記云皇本生作得案釋文明出生字是陸氏所見本亦不作得字箋曰注包云周時四乳生八子皇疏云侃按師說曰非謂一人四乳乳猶俱生也有一毋四過生生輒雙二子四生故八子也則皇說亦釋為生與陸意同如字即為生長之本讀所幸則讀生育之音集韻梗韻所景切生育也周時四乳生八子陸德明說正據本書所幸在耿本書耿梗混用

子張第十九

凡二十五章

焉 於虔反下同

為 如字無也

而矜 居陵反

賢與 音餘下同

距 具呂反雞爪也本今作拒下同〇攷證云案蔡邕石經及皇本皆作距邢作拒非注疏校勘記云漢石經皇本高麗本拒作距下並同釋文於拒賢與後出距字云本今作拒下同五經文字云拒與距同按距雞距字說文有歫無拒歫即拒也箋曰說文足部距雞距也鉉音求許切止部歫止也鉉音其呂切段注云許無拒字歫即拒也此與彼相抵為拒相抵則止矣漢石經論語其不可者距之

字作距許岠與距義別按段阮說同則距岠異義陸此本借距為岠求許其呂用字異也故石經與皇本皆同拒蓋岠之俗他本用之邢本字同

況芳劒反

恐泥乃細反注同○攷證云舊作下同誤今從官本正校語錄云下同盧改注同箋曰本經云致遠恐泥是以君子不為也注包曰泥難不通則下改注是故法從盧校今依正之

泥難乃旦反

謂好呼報反

不解音蟹

儼然魚檢反本或作嚴音同○攷證云皇本作嚴然邢本作儼然古嚴儼通曲禮儼若思釋文作嚴注疏校勘記云皇本儼作嚴釋文出儼儼然云云案古多借嚴為儼公羊桓二年傳注儼然人望而畏之釋文亦云儼本又作嚴箋曰段注說文儼下云陳風碩大且儼傳曰儼矜莊貌曲禮注同古借嚴為之與盧阮說竝同說文嚴教命急也與矜莊義別陸以此本用正字邢本同他本用借字皇本同

屬如字下屬己同王云病也鄭讀為賴恃賴也己居止反下同○攷證增補屬與己二大字於下別立為兩條云舊本自王云病也至居止反下同皆作小字連於上條之下誤也正文屬己之屬舊本無今皆為補正之箋曰本經云聽其言也屬注鄭云屬嚴正也下經云未信則以為屬己也注王肅云屬病也皇疏云屬病也君若信未素著而動役使民民則怨君行私而横見病役於己也由此可見兩經文屬

字音同而義別故陸云下同復引王義為釋也是則屬字不須增補己居止反作小字連於屬條下亦不為誤何別另立故法不言盧補是也今仍舊鄭本讀屬為賴者賴屬來紐聲轉言君若未施信於民而便勞役之則民以為在上恃賴於己也陸並著之者所以示其聲轉而義異也

屬 王云病也鄭讀為賴恃賴也

己 居止反下同

謗 布浪反己

洒埽 ○上色買反又所綺反正作灑經典下素報反本今作埽

攷證云案經典下有脫文當云經典相承作洒說文灑汎也洒滌也古文以為灑掃字經典中如毛詩論語及周禮隸僕國語晉語皆作洒埽是借用說文洒滌字也注疏校勘記云皇本閩本北監本毛本埽作掃釋文出洒掃云云案五經文字云灑經典或借洒為灑埽字埽經典及釋文多作掃是俗字校語錄云經典下疑有脫誤詳盧校箋曰說文十一篇下段注云洒灑本殊義而雙聲故相假借毛詩洒埽四見傳云洒灑也鄭注周禮隸僕韋注國語皆同皆釋假借之例若先鄭云洒當為灑則以其義別而正之以漢時所用字正古文也按陸此言正作灑與先鄭意同色買即讀作灑水之灑所綺又讀作灑埽之灑禮記內則釋文灑本又作洒所買反左襄十一年灑所蟹反舊所綺反所買所蟹俱即色買則此又音同彼舊音洒蓋灑之借字矣又按慧琳音義五十三因本經五埽博雅云埽除也

說文從土帚聲經作掃俗字阮說與之同內則釋文埽素報反與此音合盧謂經典下有脫文法從之是也當補相承作洒四字

應對抑證反

抑末本末之末字或作末非也○注疏校勘記云釋文出末字云云箋曰按經云小子當洒埽應對進退則可矣抑末也本之則無如之何注包云然此但是人之末事耳不可無其本也依經注文是末與本相對故非午未之未陸時有作未字者是末形相近之誤也時人不辨故陸直言其非也

曰噫於其反

先傳直專反注同

後倦其眷反

必先厭於豔反

區羌于反

以別彼列反注同

焉可於虔反

誣音無○注疏校勘記云案九經古義云漢書薛宣傳云君子之道焉可憮也蘇林曰憮同也兼也晉灼曰憮音誣師古曰論語載子夏之言謂行業不同所守各異唯聖人為能體備之家君曰蘇解得之據此是古本有作憮者當是古魯異傳箋曰論語後案引薛宣傳蘇林云云言君子之教人也可遽兼之也灑埽慎役應對慎言進退慎儀心之不容忽者也學者於日用動靜先以此為持循服習有素能存其敬遜之心而後可示以成德之方焉此不能遽兼之也按黄申蘇注憮字之義可證阮引惠說是也若誣說文訓加也鉉音武扶切段注謂玄應五引皆作加言加言者謂憑空構架聽者所當

審慎也攷本經云君子之道焉可誣也注馬云君子之道焉可使誣言我門人但能洒埽而已也其意蓋言君子傳學有次非僅教人以洒灑應對進退但能而止豈可憑空構架徒言大道手陸從馬説用誣字誣憮音同義異二説皆通當是古魯異傳惠説是也故阮從之

有卒子恤反 **而優**音憂 **行有**下孟反 **陽膚**方于反 **輕漂**匹照反 **惡居**烏路反 **以喪**息浪反 **孫朝**直遙反 **焉學**於虔反下焉不學同○攷證云案焉不學舊脱焉字今補釋文校勘記云舊注脱焉字盧本校補校語録云不學上疑脱焉字盧補箋曰本經云衛公孫朝問於子貢曰仲尼焉學子貢曰夫子焉不學則盧補是也故阮法俱從之今依增補反

語大夫魚據反 **於朝**直遙反 **州仇**音求 **闚**棄規反○攷證云皇本作闚邢本作窺注疏校勘記云閩本北監本毛本闚作窺朱子集注本亦作窺案五經文字云窺與闚同箋曰説文穴部窺小視也門部闚閃也鉉音俱去隓切去隓棄規用字異闚窺但形異耳義實不殊無須立説 **未墜**直類反

之好如字舊呼報反 **數仞**色主反仞一作刃音同○注疏校勘記云釋文出數仞云云案古多假刃為仞如書旅獒為山九仞左氏昭三十二年傳仞溝

洫釋文並云仞本作刃箋曰注包云七尺曰仞也按說文八仞伸臂一尋八尺段注引程瑤田曰言七尺者是也楊雄方言云度廣曰尋杜預左傳仞溝洫注度深曰仞二書皆言人伸兩手以度物之名據段引程說以仞言七尺為人度物之稱則此包注以度高言之與度深同本經謂夫子之牆數仞者言孔子聖量之深如數仞之高牆也是作仞為本字若刃說文訓刀鋻也非度物量名故阮謂為假借字耳　不知量音亮注同　為知音智下同　道之音導　綏之音雖

堯曰第二十

凡三章

玄牲茂后反　擅赦市戰反　不蔽必袂反　不與音預　大賚力代反賜也

權量音亮注同　權秤尺證反　則說音悅注同○攷證云皇本作公則民悅因注衍民字注疏校勘記云皇本悅上有民字箋曰注孔云言政教公平則民悅矣按邢本與釋文同是原書說上無民字陸所見本正如此故不言一

本作則民說盧謂皇本因注衍是也　故傳直專反　不費芳味反下同　敢慢武諫反

儼魚檢反　出尺遂反又如字注同　內如字又音納注同本今作納○攷證云皇作內邢作納古納字多作內俗人往往改之注疏校勘記云唐石經皇本高麗本納作內注同釋文出內字云云按內納古今字箋曰說文內入互訓本讀奴荅切後因分別其義遂以所入之處讀奴對切音既遠別遂不知其為一字故用同音之納為之說文十三系部納絲溼納納也

之吝力刃反舊力慎反○校語錄云吝字音說見泰伯篇箋曰泰伯篇釋文驕且吝力訒反又力慎反力訒力刃力慎俱為用字之異詳彼箋　難乃旦反又如字

孔子曰不知命無以為君子也魯論無此章今從古○攷證云案上子張問章亦稱孔子曰以此篇紀堯舜禹湯武王之事故稱姓以別之皇邢兩本皆與釋文同朱子本脫孔子注疏校勘記云朱子集注本無孔子案唐石經宋石經釋文皇本高麗本及閩本北監本毛本並有孔子據此則朱子作子曰者非也箋曰按盧阮所說俱是也　之分扶問反　別其彼列反

論語音義蜀本

右亦從士禮居翻雕香嚴書屋影宋鈔本校正並用點誌其每行字數據士禮居主人云兩種音義並孟子音義宋刻真本在揚州某家五硯樓主人曾見之親爲彼言今無論揚州前遭粤寇某家所藏宋刻真本存亡不可知即士禮居翻本傳聞版已散失亦不可得故備校於此以俟參證云戊午如月二十八日校畢邑侯甫識

經典釋文集說附箋卷第二十四終

①

請耶字換差下蓋讀之未審耳　五十六字為
謹案麻韻分二等三等，差初牙切，二
等，嗟子邪切，之等二之等字不通用，
法[illegible]校謂也差[illegible]為似差之誤，
實不必此差乃嗟之殘壞，而非似
与也之誤也。五十七字

2